语调格局

——实验语言学的奠基石

石　锋　编著

创于1897
商务印书馆
The Commercial Press

图书在版编目(CIP)数据

语调格局:实验语言学的奠基石/石锋编著.—北京:商务印书馆,2013(2023.8 重印)
ISBN 978-7-100-09290-6

Ⅰ.①语… Ⅱ.①石… Ⅲ.①语言学—研究—文集
Ⅳ.①H0-53

中国版本图书馆 CIP 数据核字(2012)第 151387 号

国家社会科学基金项目(08BYY055)
教育部人文社科项目(08JA740026)

语调格局——实验语言学的奠基石
石 锋 编著

商 务 印 书 馆 出 版
(北京王府井大街 36 号 邮政编码 100710)
商 务 印 书 馆 发 行
三河市春园印刷有限公司印刷
ISBN 978-7-100-09290-6

2013 年 2 月第 1 版 开本 850×1168 1/32
2023 年 8 月第 2 次印刷 印张 12⅝
定价:68.00 元

目　录

自 序

一 格局的意义

“语调格局”一词是我在1998年的一篇文章里讲到的。当时只是一种概括的朦胧的想法,觉得既然声调有格局,语调也一定有格局,所以就对语句内部调域之间的相对关系做了一些初步探索。

这就引出一个问题:格局是什么?其实格局并不神秘。当年鲁迅写的《孔乙己》一文,开头就是:“鲁镇的酒店的格局……”语言学中的格局应该是以此为基点引申出来的。吴宗济先生曾对于格局做过很简洁的说明:“言出于我口,入于尔耳。”尽管言者所说的每个音节和声调并不那么“到位”或规范,但由于人的听觉系统可以对听到的语音进行加工处理,通过大脑的分析、记忆、比较等功能的综合处理,只要听来的语音“框架”不差,语境相近,就能被理解。这个“框架”就称为“格局”[1]。

格局就是这种共有的语言框架。我们通过实验测算,按照统计数据作出表格图形,把隐性的框架变为显性的格局。格局就是可见的系统。萨丕尔很早就写过Sound Pattern in Lan-

① 吴宗济,《语音格局——语音学与音系学的交汇点》序,商务印书馆,2008。

guage[1] 一文发表。后来又有哈勒的 The Sound Pattern of Russian[2] 和乔姆斯基与哈勒合写的 The Sound Pattern of English[3]，以及很多关于 sound pattern 的书和文章。其中 sound pattern 译成汉语就是语音格局，只不过他们的格局是耳中听到的，我们则是把它变成了眼中看到的格局。

科学发现的基本途径就是观察。格局就是可以用眼睛进行观察的系统。把听见的系统转变为看见的系统，观察起来直观便利，容易进行对比，发现特征，找到规律。因此，格局是一种思路，是一种方法，是一种程序。或者就当作是一种像望远镜、显微镜一样的工具，让我们观察得更广阔、更细微。

二　缘起与历程

记得在上个世纪 80 年代初，有一次我和沈炯学长在北大校园漫步，他对我说："我这一辈子如果能把汉语语调搞出一点眉目，就心满意足了。"沈炯对语调情有独钟，而且立志要研究一辈子，这让我心中十分敬佩，暗自决定向学长学习。

毕业之后，每次看望业师胡明扬先生，他都一直鼓励我研究语调，还跟我讨论他对汉语语调的思考和设想。胡先生分析北京话语调的文章在出版之前，就多次给我讲过其中的内容。他还启发

---

① Sapir, Edward, Sound Pattern in Language, *Language*, Vol. 1, No. 2, Jun, 1925.

② Halle, Morris, *The Sound Pattern of Russian*, In The Netherlands. Mouton & Co. N. Y., Publishers, The Hague. 1959.

③ Chomsky, Noam & Morris Halle, *The Sound Pattern of English*, MIT Press. 1968.

我设法作出汉语语调的基线。这对我极有助益，使我在思想上有了一定的储备。

1998年，我指导的博士生梁洁分析失语症病人的声调和语调的表现，启动了我们团队的语调研究。2001年，荷兰莱顿大学的文森特教授到南开做报告，讲到了语调的共性问题，又给了我很大的促进。我们先后安排博士生江海燕、张彦和邓丹对汉语语调做了试探性研究，写出博士论文。她们的成功为我们的语调研究积累了经验，创造了条件，增强了信心。

2008年，我们全面推进语调格局研究。原因有二：一是吴宗济先生在《语音格局——语音学与音系学的交汇点》序言中写道："作者如能在此基础上，在不久的将来为汉语语句多变的韵律梳理出'格局'，更有望焉。"吴先生明确提出了期望，既是激励又是鞭策。二是我们经过多年努力，已经把声调格局、元音格局、辅音格局初步搞出了眉目，具备了向语调推进的基础和力量。于是，我们下定决心全力投入语调研究。我们几位老师加上几届本专业博士硕士研究生，近30人陆续加入梯队，研究方兴未艾，成果层出不穷。

这本《语调格局》就是从我们研究团队已经写出的几十篇语调研究文章中精选出来，作为一束鲜花，告慰吴先生的期盼和重托。

三　实验语言学

回顾我们走过的路，从声调格局的T值公式[1]到元音格局的

---

① 石锋，《天津方言双字组声调分析》，《语言研究》第1期，1986。收入《语音学探微》，北京大学出版社，1990。

V值公式[①]，用了20年；从“试论语音层次”[②]到“语调层级刍议”[③]，也是20年。这真是一个巧合。语音格局包括声调格局、元音格局、辅音格局。广义的语音格局应该包括语调格局。语调格局所涉及的因素远远超出语音学的范围。以语调研究为标志，进入了实验语言学领域。

语调格局研究是实验语言学的奠基石。语音格局的研究是语调格局研究的基础：元音、辅音组成音节，单字调在字音—语素层面，连读调属于词调层面，这都是负载语调的基础，是基层建构；语调是语句韵律的高层调节，语调内部又有不同的层面。语言是一个大系统，语音、语法、语义等则是互相关联的小系统。语调格局不仅仅是语音问题，它还涉及了语法、语义等，比如说边界、焦点和语气都是语法问题，所以单从语音学角度研究语调是不能解决问题的。

语音格局把实验语音学、实验音系学和实验语言学联系起来。语音格局的研究应该涵盖三个方面：声学格局、听感格局和生理格局。我们的实验也要有三种：物理声学的实验、心理听觉的实验和生理发音的实验。因此我们还在呼吸节律、眼动分析、ERP脑电和B超生理研究等方面做了初步尝试，特别在语音听辨方面做了较多努力。看来，声学的、心理的和生理的研究都是互相支持、彼

---

① 石锋，《实验音系学与汉语语音分析》，《南开语言学刊》第2期，2006。收入《语音格局——语音学与音系学的交汇点》，商务印书馆，2008。

② 石锋，《试论语音的层次》，《中国语言学报》第4期，1991。收入《语音学探微》，北京大学出版社，1990；又见《实验音系学探索》，北京大学出版社，2009。

③ 石锋，《语调层级刍议》，南开大学语言学沙龙报告，2011。

此补充的，最后都会殊途同归，帮助我们了解语言的奥秘。

四 梯队与接力

15 年来，先后有 40 多名博士生和 50 多名硕士生在我的指导下以团队的形式进行研究。每位研究生的工作有双重意义：完成自己的毕业论文，取得学位；同时为后面的工作打下基础，开通道路。这种梯队型、接力型的研究方式，使我们的工作避免了徘徊在起点处的低水平重复。大家目标一致，互帮互学，团结合作，用系统的观点、对比的方法、量化的工具，共同促进研究工作滚动式不断前进。

我们在教师主导下，实行立体设计，平行推进的原则。例如，我和王萍老师合作研究汉语陈述句和疑问句的起伏度，取得经验，指导全局。梁磊老师研究了语调的停延率和音量比。温宝莹老师研究汉语语调的习得。根据学生个人优势、知识背景，统筹规划研究方向和论文选题，充分发挥个人长处。比如，郭嘉是英语教师，做的是英语语调研究；日本的根本晃做的是日语语调；韩国金熹成做韩语语调；香港来的韩维新做的是粤语语调。再如，根据焦点调本身的特点，安排了三名硕士生，分别做焦点调的音高起伏度、音长停延率和音强音量比研究，他们的工作相互联系，相互补充，相互合作，都取得了很好的进展。

这样立体设计、平行推进的安排很有好处：一方面老师同时获得几个方面的结果，心中有数，总揽全局，掌握方向，便于指导；另一方面，学生的具体研究得到及时反馈，相互交流，彼此协调，不走弯路，便于深入。他们在团队中都学会了互助，学会了合作，这是最可宝贵的，也是最使我感到欣慰的。

五　开放与包容

语音格局是一种开放式、包容性的研究。我们曾多次申明，T值、V值、起伏度和停延率等计算方法并不唯一。我们采用的只是一种最简算法。记得2011年香港的国际语音学会议上，一位欧洲学者详细列举出十余种声调归一化的算法进行对照比较。当问到哪一种最好，答曰：各有优劣。这跟我的看法一样。常有学生问我同样问题，我说：没有最好，只有最爱。只要能够得出规律，我喜欢用简单的方法，喜欢奥卡姆剃刀[①]。

平和开放的心态与宽广包容的胸怀，来自对于自己的研究充满信心。做学问有两种：一是把简单的东西搞得很复杂，一是把复杂的东西搞得很简单。我喜欢后者，但不排斥前者。把事情变复杂很简单，把事情变简单却很复杂。排他性的做法是源于缺乏自信。学术研究中只有一种声音是危险的。学术为天下公器，需要合作共处。以前各派的研究文献，现在各家的工作成果，包括同行学者的实验报告，都值得我们认真参考和借鉴，都是我们继续探索的基础和阶梯。只有不同流派的观点和方法百花齐放，学术研究

① 奥卡姆剃刀原理是由14世纪逻辑学家、圣方济各会修士奥卡姆的威廉（William of Occam）提出。他在《箴言书注》2卷15题说："切勿浪费较多东西去做用较少的东西同样可以做好的事情。"又称为"思维经济原则"，概括起来就是"如无必要，勿增实体"（Entities should not be multiplied unnecessarily）。

才能和谐健康发展。

语调格局的研究只是刚刚开始，语音格局的研究也才初见眉目，还需要有很多继续补充和完善的工作。研究理论上的进展常常有赖于工具和方法的更新。我们高兴地看到，海内外已经有不少同行朋友利用语音格局去研究各种语言材料，设计课题项目，撰写学位论文。希望有越来越多的老师和同学来了解格局的理念，使用格局的方法，取得更多的研究成果，促进我们的语言研究不断进步。

石锋

2012 年 5 月 1 日

于南开园马蹄湖畔

第一章 总论

一 研究活的语言[1]

1.1 什么是活的语言

什么是活的语言？活有三种意义——有生命；能活动；有生气。第一，与活的语言相对的是死的语言。活的语言是有人说的，有人用的。死的语言是没有人说的，没人用的语言。最后一个说某种语言的人去世，这种语言就消亡了。如西夏语、吐火罗语。现在还有很多语言濒临消亡，属于濒危语言。这是另一个话题了。

第二，活还可以是能活动的，有活气的意思。语言有两种表现形式，一种是声音的形式，一种是文字的形式。语言首先是有声语言。语音是语言的直接表现；文字是间接的表现。文字是语音的记录，是无声的语言。如果说我们用声音说出来的语言是有生气的；那么用文字记录下来的语言就已经过滤掉很多活气。如果说

① 原文发表于《中国社会科学报》2011年10月18日第15版，标题为《量化与格局：实验语言学的方向》，收入本书时有改动。

语言是信息的载体，语音就是语言的载体，文字则是语音的载体。文字的信息与语音的信息比较起来已经丢失了许多，大为逊色了。当然，文字在时间和空间上有长处，文字对语言还有反作用。

第三，活还可以是有生气、鲜活的意思。语言是交际工具，活的语言就是实际交际中的语言，正在使用中的语言。活语言是真语言，不是学者在书斋里苦思冥想而造出的语言，也不是写文章时列举的例词例句式的语言。因为是活的，所以是真的。天然去雕饰。活的语言是最有规律的，研究活的语言最容易发现规律。对话的语言是活语言。所以刘勋宁提出研究对话的语言。要把正在交际中的语言"抓住"，像记者抓拍新闻镜头一样。得到活的语言并不容易，研究活的语言更不容易。

在中国，研究活的语言是有传统的。最早的是西汉末年的扬雄(前53—后18)。他的《方言》(全名是《輶轩使者绝代语释别国方言》)记录了两千年前的人们口中讲的语言，"常把三寸弱翰，赍油素四尺，以问其异语；归即以铅摘次之于椠"。(《答刘歆书》，并参阅《西京杂记》)罗常培认为，"这简直是现代语言工作者在田野调查时记录卡片和立刻排比整理的功夫。这真是中国语言史上一部悬诸日月而不刊的奇书，因为它是开始以人民口里的活语言做对象而不以有文字记载的语言做对象的。"(《方言校笺·序》，见周祖谟1950)本文所讲的"活语言"盖源出于此，就是"人民口里的活语言"。两千年前的扬雄犹如一道闪电，在他之后，就再没有人记录这种活语言了。直到明代的陈第(1541—1617)在《毛诗古音考》提出"时有古今，地有南北，字有更革，音有转移，亦势所必至"。什么是势呢？历史发展，人间正道。中国人在明代提出这样的想法，比历史语言学的先驱威廉·琼斯(1786)要早很多。

1.2 研究活的语言

在语言学理论中,一直有关于语言和言语的讨论。索绪尔虽然要划分语言和言语,但他不是完全反对分析言语,只是他强调要进行理论的分析。一讲到语音就被认为是言语的东西,排斥在语言研究之外,是曲解了他的想法。索绪尔(1982:67)认为,在我们耳朵里产生的印象不仅与器官的发动形象一样直接,而且是整个理论的自然基础。研究对象可以分为研究目标和研究材料。言语是语言学所要分析的具体事物,是语言学研究的素材,这是毫无疑问的(王维贤 2007:18)。实际上言语才是语言学研究的真实的客观对象(王维贤 2007:91)。如果现在还在语言和言语的分合上做文章,把言语排除在语言研究对象之外,就是迷失了方向。

当今的语言研究中,不少学者论述语言的句法平面、语义平面和语用平面,很少有讲到语音平面的。实际上,语音是语言中最基础的平面。语音有二重性。首先是语音中各类成分自成体系。同时,语音又是句法、语义和语用的物质外壳。所有句法、语义和语用的成分都离不开语音,都要通过语音表现出来。语音中包含着句法、语义、语用各方面的内容。如果不把语言的各个方面都考虑进去,研究语音就是一句空话。语音是立体的,自身有多个层级,覆盖各个平面。因此,语音平面很复杂,研究起来难度大,研究活的语言中的语音,难度就更大。目前的研究在观念、方法、语料、成果等方面都有很大的提升空间。我们要把语音研究的中心转到语言学方向(石锋 2009)。

1.3 静态的语言和动态的语言

静态和动态也可以有多种含义。首先，一般说来，语言的共时表现是静态的，语言的历时表现是动态的。实际上，共时当中就有过去演化的痕迹和将来发展的征兆；历时变化就是不同时期共时表现的层级叠接。这就好比一棵大树的年轮。

其次，在共时状态中，孤立的语言单位是静态的，连续的语言表现是动态的。幼儿牙牙学语就是从独词句经过双词句一直进步到连续的话语。我们做语音格局的分析从单字音开始，然后到双字、三字、四字、句子等等，慢慢从"静"变成了"动"。孤立和连续两者是互相联系的，是一个递渐变化的连续统。"飞鸟之影未尝动也"，天上的鸟尽管飞得很快，但是地上的影子不动。我们在飞机上总是感觉不出飞行速度，因为参照系是大地。

还有，从实际语言调查的角度，农村和都市的语言又是一种静态和动态的关系：如果农村的语言是静态的，那么都市的语言就是动态的。个体和群体的语言也是一种静态和动态的关系：个人的表现是稳定的，群体的分布是变动的。传统方言学和民族语言学调查农村的单个人的语言作为一种方言或语言的代表，这是有其中的道理的。每一个人的表现都是既有共性又有个性。从总体上考察，每个人的语言都自成系统。同一种语言或方言的个人语言系统具有对应一致性。个人语言具有一定的代表性。所以实际语言的调查又常常叫作语言的田野调查。现代方言学与社会语言学相结合，重在分析都市语言的各种变异，采用大样本取样调查方法（拉波夫 2001）。都市语言包括了不同地域不同阶层的群体语言之间的混杂接触。群体语言的数据分布虽有变化，却是有序的、有界限的。现代都市语言调查跟传统的语言田野调查在各个方面都有差异，现代汉语新方言的研究在观念、原则、方法等方面也都需要有新的探索（石锋 2008）。

上述的多种动静意义之间也是相互联系的。静态和动态实际上都是相对的。动中有静，静中有动；动中求静，静中求动。静态和动态可以相互转化。在一个层次当中的“静”，到另一个层次当中就可能成为“动”；在这个层次当中的“动”，到那个层次当中就可能成为“静”。这是相对和绝对的关系。为什么我们不觉得地球在动，因为我们相对于地球来说是不动的。如果以月球和太阳为参照物，地球动得很厉害，日行八万里。语音格局和语言格局的分析方法也是从静到动。共时和历时也是如此，孤立和连续也是如此，都不是绝对的。但无论动静，它们都是有规律的，都是在格局当中运动、在格局当中变化的。

静态和动态的观念是不断进步的。布龙菲尔德（1980）和霍凯特（1986）都曾经认为，语音的变化、语言的变化只有在结束后才能看到结果，在变化进行过程中是不能发现的。这是受到历史局限的观念。我们要有开放、进取的态度，多做积极的探索发现。既然是以动态的语言作为对象，我们的研究也要“动”起来。

1.4 研究动态的语言

为了研究动态的语言，拉波夫提出语言变异，王士元提出词汇扩散，利用语音实验结合抽样统计，证明了语言变化的过程是可以发现的，可以研究的。这些理论方法和研究成果拓展了我们对于动态语言的认识和研究实践。例如，张洪明(2009)最近基于汉语吴方言的连调变化在不同形态句法结构中扩散的实例，认为语言演变有语音、词汇、句法结构互动结合的九种扩散方式。再如，哪些语言成分先变以及哪些人先变的问题，通过对于天津话的抽样调查和实验统计表明，变化方向是朝向标准语还是背离标准语，会引起一系列截然不同的表现。在朝向标准语方向的变化中，低频词和书面语词先发生变化，女性走在变化的前列；在背离标准语方向的变化中，高频词和口语词先发生变化，男性走在变化的前列(石锋、王萍 2004；王萍、石锋 2009)。

语音格局就是量化的、可见的语音系统。元音格局、辅音格局、声调格局相对来说还是静态的分析(石锋 2008)。比较典型的动态表现是韵律和语调的研究。韵律格局和语调格局的关键是要解决语调结构和韵律层级的问题。决定韵律结构的相关条件有语音、语义、句法、语用、情感等等。韵律和语调研究的范围越大、内容越深入，动态的表现就越突出、越明显。研究处在静态的、孤立的样本的时候也许只是涉及到语音，但是随着研究范围的扩大，涉及到的词汇、句法、语义、语用都要包括进来，格局就会呈现为多维性。所以要善于在动态的、多维的变化中把握规律。

在实际的语言交际中，语音的表现是多方面的。我们过去所做的工作主要是语音格局在物理声学方面的表现，另外还有在生理发音和心理听辨方面的表现。目前我们已经开始在生理和心理方面进行实验探索，得到初步的成果。例如，呼吸曲线和结构单元的对应关系；阅读单元的眼动分析参数以及歧义结构的眼动特征分析（石锋、白学军、张锦玉、朱昭红 2009；石锋、于秒、阎国利 2009）。结合语言认知的过程进一步探索人类语言和大脑的彼此依存、相互关联，揭开人类语言的奥秘，是一个广阔的领域，要走很长的路。

1.5 语言动态研究的量化方法

语言研究需要统计学方法。关键是要注意区分统计学和语言学之间的差异。理论上的统计对象都是按同一个标准进行计算。实际上，在具体的语言中，不同音位之间的声学距离并不都是平等的，有的距离大，有的距离小，如果用一样的标准去衡量是否划分为不同的音位，那结果肯定不一样，而且也不准确。因此，这里就有一个问题。在语言研究当中，在语言实验数据处理当中，我们要对统计计算中的一律平等的计算结果要有一个清醒的认识和灵活的态度。采用适当的检验显著性的计算方法。这是我们今后研究中要解决的一个非常关键的问题。

语言研究中的数据可以格局化，还可以曲线化。特别是对于动态语言，用实验得出的数据都是可以做成曲线的。跟格局一样，数据只有变成曲线之后才便于分析观察。曲线就是动态的格局，就是起伏线。它可以最直观地表现对象动态变化的特点和规律。因此我们研究语音，不仅音高可以有起伏线，音长、音强都可以有起伏线。不同的起伏线之间还可以进行比较对照。将数据曲线化是研究语言动态变化的捷径。曲线化与格局化相辅相成。研究呼吸、眼动、脑波都是如此。

1.6 实验语言学的方向

我们要用系统的观念、量化的方法来进行语言学研究。从实验语音学到实验音系学再到实验语言学。语言有两个属性，即系统性和社会性。如果借用过去所讲的“所有的语言规律都有例外”，可以说明语言的社会性；“所有的例外又都有规律”，则可以说明语言的系统性。二者相互依存。系统性以社会性为基础，社会性又在系统性中表现出来。如拉波夫的研究，就是在语言的社会性表现中找到系统性的规律。我们通过实验应该可以发现和揭示语言的系统性与社会性之间的依存关系。

实验语言学（Experimental Linguistics）提倡采用实验的方法进行语言学研究，在国外已经是常见的术语。现代仪器愈益精密先进，电脑的性能不断快速扩展，软件的程序设计灵巧便利。我们不要怕语言实验，不要怕运行仪器，不要怕使用电脑，不要怕操作软件。最后的结果，都是要得到语言数据。中心问题就是如何分析处理语言数据。所以，语言学是数据之学。其实现代科学在某种意义上来说，都是数据之学，即如何根据本学科的基本原理和研究方向去获取数据、分析数据、处理数据。

现在我们已经有各种语音格局的研究范式、语言数据量化分析的程序、桌上语音工作室的软件工具，可以分析各种语言材料。通过精心设计的实验，得到语言数据，分析语言规律。我们不单是猜想、假设，而是在进行探索，在寻求发现。

二 汉语语调的基本模式[①]

2.1 引言

语调结构的基本模式,是指非强调(unemphatic)的陈述句,也就是自然焦点的陈述句的语调模式(basic pattern)。疑问、祈使、感叹等不同的功能句型以及焦点句和情感句等都是以基本模式为基础,通过参数的变化调整进而得到的变式。

国内外的多位学者都曾对语调的结构模式进行过深入探讨。赵元任(1929,1933,1935)将汉语语调分为单字声调、中性语调和口气语调。中性语调的规则是一城一乡一个样子的,口气语调是几乎全国一个样,甚至于跟外国语言也有好些相同的地方。耳朵所听见的总(resultant)语调是那一处地方特别的中性语调加上比较普通一点的口气语调的代数和。吴宗济(1984,1988,1996,2002)提出"变调块"的思想和"移调规则"。他把普通话声调的连读变调作为语调单元,认为它们是句调的基础。语句中的短语基调是因语气的不同而变动的,对一个合成的平叙句子,只移动其短语的基调,就能"生成"不同语气的语调。沈炯(1985,1994,1995)采用"声调音域"和"语调构造"概念,阐述了声学界面和全句语调问题。认为声调和语调分别落在不同层级、不同规模的音段母体上,在语言的功能系统中它们各不相干。声调和轻声使用低阶调

① 原文与王萍合作,发表于《南开语言学刊》2011年第2期。

节，直接用音区特征或曲拱特征，而语调类型则是对声调音域高低音线做的另一次调节，即高阶调节。胡明扬(1987)认为句末调，也就是语句边界调是不同功能语调信息的主要承载者。贺阳、劲松(1992)通过语音实验证明：北京话语调的音高特征是通过改变声调调域的高低来表现的，具体来说，陈述语调、命令语调、感叹语调和一般祈使语调属于中语调，求证语调属于低语调，质疑语调属于高语调。曹剑芬(2002a)的研究表明：汉语里不同语气的语调轮廓(即总体音阶走势)跟英语或其他语言中的相仿。这与赵元任先生关于口气语调的观点不谋而合。Bolinger(1978)将语调分为词汇层级和句调层级。以 Palmer(1922)、Halliday(1967)、Crystal(1969)、Cruttenden(2002)等学者为代表提出的"调型理论"，将英语语调分为调冠、调头、调核、调尾四个部分，而每部分都是由更小的音高运动特征(如升、降、平调)构成，语调模式可以说是听者对音高滑动感知的结果。以美国结构主义为基础的调阶理论把语调看作是"音高音位"(pitch phoneme)，语调是由具有区别性特征的音高调阶构成。Pierrehumbert(1980)开创了一种全新的语调研究的理论框架，即"自主音段—节律"理论(autosegmental metrical theory)，简称 AM 理论。在此基础上，她提出了英语语调结构的有限状态语法——边界调、音高重音、短语重音，并认为根据该语法可以产生所有理论上合格的语调结构。

前人的研究使我们对于语调的基本结构模式有了一定的认识，为我们的后续研究奠定了坚实的基础。但我们也看到：前辈学者的研究多以主观的经验直觉和理论假设为前提和依据，缺乏相对客观的实证性的分析和证明。基于此，目前，我们采用实验的方法对汉语语调进行细致的考察，具体来说，分别对陈述句和疑问句的语调模式（石锋、王萍、梁磊 2009；王萍、石锋 2010）、边界调和焦点调（石锋、王萍 2011）、下倾调和降阶调（王萍、石林、石锋 2011a）的作用域和量化表征、陈述句中句调域内部不同位置的词调域、词调域内部不同位置的字调域的同构性（王萍、石林、石锋 2011b）等问题进行深入探讨，下面我们将分别介绍上述研究。通过这些课题的探讨，我们对于汉语语调的认识逐渐清晰化、条理化，进而能够逐步系统地归纳出汉语语调的基本结构模式。

2.2 陈述句和疑问句语调模式的对比分析

基于语调格局（石锋 1999）的思路，石锋、王萍、梁磊（2009）和王萍、石锋（2010）运用“起伏度”的方法，分别对四位汉语北京话发音人的陈述句、不带疑问词的疑问句的语调结构进行定量分析，并将它们语调结构模式的音高表现进行细致的对比分析。

表 1　四位发音人疑问句与陈述句语句调域对比（半音值）

	甲	乙	丙	丁
疑问句	21.8 (3.2 - 25)	14.1 (17 - 31.1)	19.7 (7.6 - 27.3)	12.7 (15.2 - 27.9)
陈述句	21.2 (1.6 - 22.8)	14.6 (15.1 - 29.7)	17.7 (4.1 - 21.8)	11.1 (13.9 - 25)

表 1 显示：疑问句的语句调域大于陈述句（乙除外），尤其是丙和丁，分别是 2 和 1.6 个半音，这表明疑问句调域的整体扩展趋势。重要的是比较括号中的分布区间，四位发音人疑问句语句调域的上线和下线都是高于陈述句，上线提高的幅度大于下线。可见，疑问句与陈述句总体相比，表现为语句调域的提高与扩展。

表 2 四位发音人陈述句词调域(石锋、王萍、梁磊 2009)

	半音(st)			百分比(%)		
	首	中	末	首	中	末
甲	17(4.5－21.5)	18.9(3.9－22.8)	17.8(1.6－19.4)	80(14－94)	89(11－100)	84(0－84)
乙	12.9(16.8－29.7)	11.7(16.4－28.1)	11.9(15.1－27)	88(12－100)	80(9－89)	82(0－82)
丙	12.3(9.5－21.8)	10.5(9.7－20.2)	15.3(4.1－19.4)	69(31－100)	59(32－91)	86(0－86)
丁	7.4(17.6－25)	7.1(16.6－23.7)	10.1(13.9－24)	67(33－100)	64(24－88)	91(0－91)

表 3 四位发音人疑问句词调域(王萍、石锋 2010)

	半音(st)			百分比(%)		
	首	中	末	首	中	末
甲	16.9(5.5－22.4)	16.4(8.6－25)	20.9(3.2－24.1)	77(11－88)	75(25－100)	96(0－96)
乙	11.2(19－30.2)	11.2(18.5－29.7)	14.1(17－31.1)	80(14－94)	79(11－90)	100(0－100)
丙	13.2(9.4－22.6)	12.4(10－22.4)	19.7(7.6－27.3)	67(9－76)	63(12－75)	100(0－100)
丁	6.6(19.9－26.5)	5.3(20.2－25.5)	12.7(15.2－27.9)	52(37－89)	42(39－81)	100(0－100)

将表 2 和表 3 对照可知：句首和句中词调域的跨度多是疑问句小于陈述句；句末词调域跨度都是疑问句大于陈述句。各词调域的分布区间：首、中、末位置，都是疑问句比陈述句词调域抬高，句首和句中都是下线抬高的幅度大于上线，句末则是上线大于下线。疑问句各词调域的提升是跟疑问句语句调域整体提高的表现相一致的。句末词调域表现独特，调域跨度显著大于句首、句中词调域，相差达 3—8 个半音；百分比跨度多达到语句调域的 100%，表明句末调域的最大化扩展。

为把疑问句和陈述句的表现放在同一水平上比较分析，我们分别将每位发音人疑问句和陈述句的半音值数据放在一起，选择其中的最高点、最低点作为调域两极，计算它们的百分比和起伏度，具体数值见表 4。

表 4　陈述句和疑问句起伏度表(%)

发音人 \ 起伏度		起点值			句首－句中			句中－句末			句首－句末		
		上线	中线	下线	上线	中线	下线	上线	中线	下线	上线	中线	下线
甲	陈述句	85	49	12	－6	－1	2	15	12	10	9	11	12
	疑问句	89	53	17	－11	－12	－13	4	13	23	－7	1	10
乙	陈述句	91	51	11	10	6	3	7	7	8	17	13	11
	疑问句	94	59	24	3	3	3	－9	0	9	－6	3	12
丙	陈述句	76	50	23	7	3	－1	3	14	24	10	17	23
	疑问句	80	51	23	1	－1	－2	－21	－6	10	－20	－7	8
丁	陈述句	79	53	26	9	8	7	－2	9	19	7	17	26
	疑问句	90	66	43	7	2	－2	－17	9	36	－15	11	34

表 4 显示：全句的起伏度数据（句首－句末），疑问句上线全部为负（甲 －7，乙 －6，丙 －20，丁 －10），下线全部为正（甲 10，乙 12，丙 8，丁 34），说明疑问句的语调音高趋势为调域的整体扩展；陈述句上线为正（甲 9，乙 17，丙 10，丁 7），下线也为正（甲 12，乙 11，丙 23，丁 26），表明陈述句的语调音高下倾的趋势。

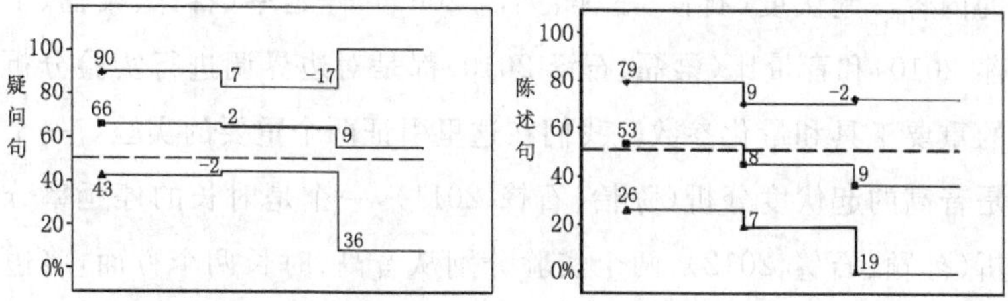

图 1　疑问句、陈述句语调音高格局对比图

对比陈述句、疑问句的句中词调域的分布（图 1）：它们各自的过渡效应不同：疑问句的句中词调域，上线以降为主，下线以升为主，在收敛中提高，为句末调域全面扩展提升做好准备；陈述句的句中调域的上线和下线都以降为主，为句末调域下降到最低点预备条件。

总之，疑问句的语调音高趋势为调域扩展；陈述句的语调音高趋势则为音高下倾。和陈述句相比，疑问句的语句调域整体提高，同时句末词调域的后字调域大幅度加宽，使句末词调域覆盖全部语句调域，成为疑问句语调音高表现的重要特征。句中词调域在句首、句末词调域之间的过渡效应，对于表达语气有一定的辅助作用。疑问句的句中词调域收敛提高，为句末词调域最大的提升扩展做好准备；陈述句的句中词调域适当下降，为句末词调域下降到最低点预备条件。

2.3 焦点调和边界调

边界调的表现可以通过音高、音长、音强来表现。边界调的音高表现同样是调域问题。边界调在韵律和语调研究中是一个重要的内容。起伏度（石锋、王萍、梁磊 2009）、停延率（石锋、梁磊、王萍 2010）和音量比（梁磊、石锋 2010）都是对边界调进行实验分析的重要工具和量化参数。我们在这里引证两个重要的实验。一个是音高的起伏度分析（陈怡、石锋 2011），一个是时长的停延率分析（孙颖、石锋 2012），两个实验分别从音高、时长两个方面，将边界调和焦点调的音高共现、时长叠加进行有效分离，进而得到二者各自的作用域和量化表征。

将各组强调焦点句跟自然焦点句的词调域和字调域分别作出对比统计图（见图 2），可以看到边界调和焦点调在音高方面的不

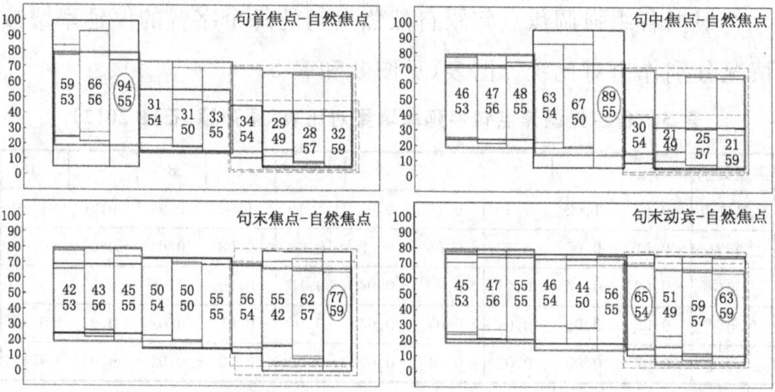

图 2　各强调焦点句(上面数据)跟自然焦点句(下面数据)的词调域和字调域对比(据陈怡、石锋 2011)

同表现:焦点调表现为焦点词调域上线的提高和下线的降低,以上线提高为主;边界调的表现则是重在下线的降低。这跟沈炯(1999)关于“低音线受到节奏结构需要的调节,高音线受到句重音和语调结构的调节”的观察是一致的。

从图 4 中除了看到强调焦点的词调域扩展,还可以看到焦点后的词调域上线大幅下降,造成词调域的显著压缩,这使得焦点更为突显。然而,不论焦点位置在哪里,不论焦点词调域扩展的程度大小,也不论焦点后词调域是如何缩小,在句边界和词边界位置上都保持了边界调的表现。即,句边界表现为句调域百分比最小值出现在句末词调域的下线,也就是句末词调域最低;词边界表现为词调域百分比的最小值出现在词末字调域的下线,也就是词末字调域最低。焦点所在的词调域同样如此。这表明边界调和焦点调各有不同,可以共现。

根据各组强调焦点句跟自然焦点句的每个字音的停延率增减情况分别作出对比统计图表(见图3和表5)。

表5 各组强调焦点句停延率增量对比表(据孙颖、石锋2012)

焦点类别	1	2	3	4	5	6	7	8	9	10
自然焦点	0.82	1.02	1.20	0.79	0.92	1.15	1.02	0.94	0.96	1.20
△句首	+0.01	+0.06	+0.12	-0.05	-0.03	-0.04	-0.08	-0.04	+0.01	+0.03
△句中	-0.07	-0.04	+0.01	+0.09	+0.04	+0.13	-0.10	-0.05	-0.01	0
△句末	-0.05	-0.05	-0.04	-0.01	-0.04	0	-0.01	+0.02	+0.01	+0.15
△动宾	-0.07	-0.05	-0.03	-0.01	-0.02	+0.02	+0.08	-0.02	-0.01	+0.11

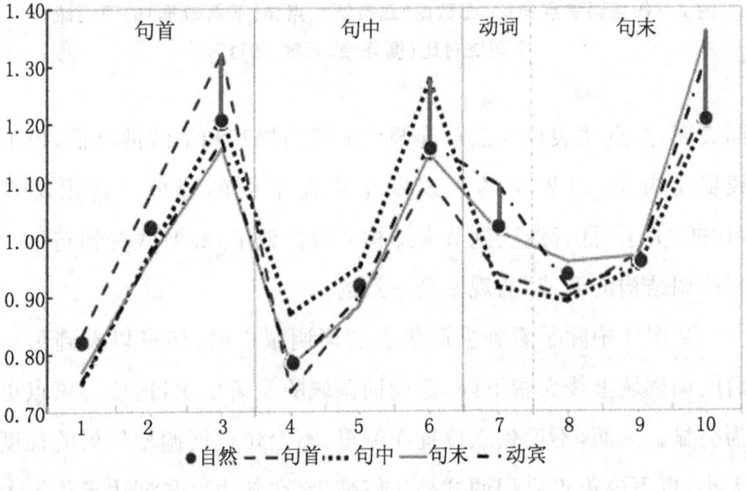

图3 各组强调焦点和自然焦点各音节停延率对比图(据孙颖、石锋2012)

从表5和图3中可以看到,各组强调焦点句跟自然焦点句相比,有两个重要表现:第一个,非焦点词都显示出末字时长的明显延长,延长程度跟自然焦点句相接近,也就是说非焦点词都保持了边界调的表现。第二个,焦点词的各字停延率都有增加,其中末字增加最为显著,成为句中所有字音时长的最大值。焦点词末字的延长是在自然焦点句边界调数值基础上的再增加。如图3中的垂直线段所表示的增量。不同位置的焦点词末字的增加程度不同。句首增加0.12,句中增加0.13,句末增加最多,为0.15。这增加的部分就是焦点调的表现。因此在焦点词的末字表现出的是边界调和焦点调的时长叠加。

通过上述音高起伏度和时长停延率的统计分析,证明了区分边界调和焦点调的重要性和可行性。时长方面跟音高方面一样,边界调和焦点调都可以叠加共现,却又可以划分出各自不同的作用域,如:焦点调重在调域上线的提高;边界调重在调域下线的降低。

边界调的韵律表现存在于话语中所有韵律词以上的单位,把音流中一个个单位划分出来。边界调划分的韵律单位跟语法单位并不完全一样,但是总体上是对应的。这就跟韵律词和语法词的关系一样,韵律词和语法词不是完全一样,但是总体上是对应的。

焦点调是在保留边界调基础上的增量。焦点位置的调域最大化扩展,时长显著延长。如果把自然焦点句的边界现象作为边界调的表现,在强调焦点下增加的那一部分,就是焦点调的表现。焦点调和边界调不同:边界调在每个边界都有,是全局的;焦点调只在特定的位置,是局部的。在宽焦点的条件下,焦点调的表现会扩大范围,降低程度。边界调和焦点调二者之间既有区别又有联系。

2.4 下倾调和降阶调

音高下倾(declination)指同一韵律单元内部各个成分的音高

绝对值逐次降低的现象。降阶(downstep)是指一个韵律单元内部高音成分的绝对调值在低音成分之后逐次降低的现象(Stewart 1983;Laniran 2003)。下倾和降阶属于人说话时普遍的自然现象,都与人的发音生理密切相关,只是二者形成的生理机制有所不同,前者是由说话时整体的气流机制决定的,是全局性的;后者是由于低音成分的介入而导致的声带振动频率降低,是局部的。下倾和降阶也同时并存于汉语中,而且它们在整体的语调结构中所处的层次、作用方式和程度均存在差异。音高下倾包含两个层次:全句的音高下倾(石锋、王萍、梁磊 2009)和句子内部词调域的音高下倾(王萍、石林、石锋 2011a)。降阶只在词调域这一层次上发挥作用,因此在词调域这一韵律层级上,降阶和音高下倾的作用是叠合在一起的。

2.4.1 句调域、词调域的音高下倾

我们把六位北京人的陈述句实验测算的音高数据以半音为单位取平均值做成下面的图,分别考察句调域和词调域内部的音高下倾表现。

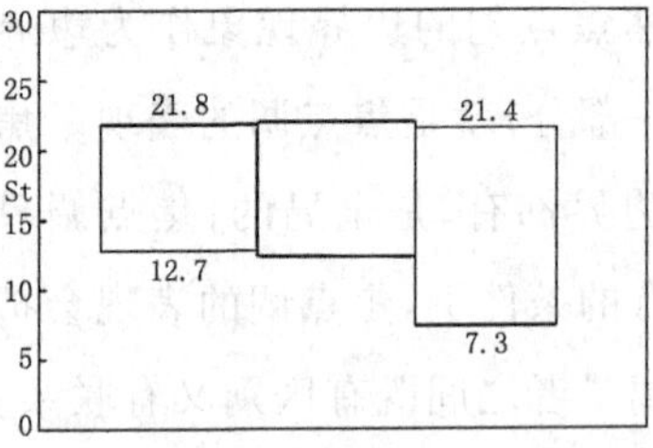

图 4 普通话陈述句句调域的音高下倾图(王萍、石林、石锋 2011a)

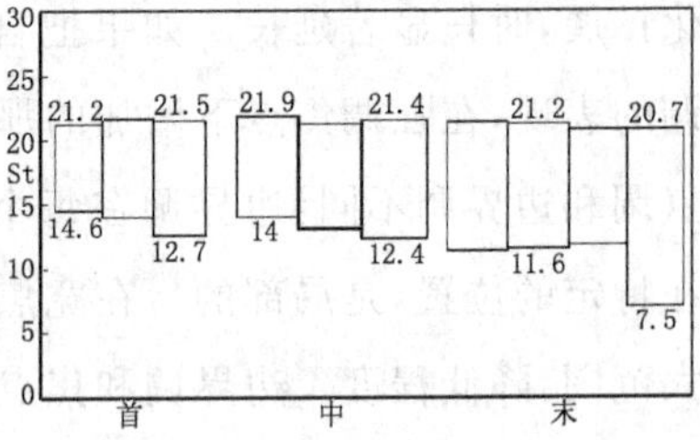

图 5 普通话陈述句词调域的音高下倾图(王萍、石林、石锋 2011a)

图 4 说明：普通话陈述句句调域，上线和下线的整体音高走势均为下倾，且下线的下倾程度比上线更显著。句中词调域相对于句首词调域，表现出很强的浮动性，无论上线还是下线，均有上升的情况。

图 5 表明：句首、句中和句末词调域的内部均出现了音高下倾，其中包括上线和下线的下倾。句首词调域上线没有表现为音高下倾，相反，为音高上升，但上升的幅度比句首词调域下线下降的幅度小很多。下线下倾度按照句末＞句首＞句中的顺序依次递降，且从数值上来看，句末词调域下线的下倾度与句调域下线的下倾度最为接近。

句调域的音高下倾，以词调域为基础，分层次、阶梯式下降；词调域的音高下倾，以字调域为基础，渐次下降。词调域的音高下倾是句调域音高下倾的基础表现和组成部分。

2.4.2　词调域内部的降阶

不同位置的词调域内部既有音高下倾的作用，又有降阶的作用，而且它们对于音高的影响常常叠加在一起。本文通过“降阶度”的计算，将二者的叠加作用进行分离，即将“下倾”的作用剥离出去，进而单独考察不同位置词调域内部的降阶作用的量化表现。

表 6　词调域内部的降阶度(王萍、石林、石峰 2011a)

		男(平均值)		女(平均值)		总体(平均值)	
		最高点	最低点	最高点	最低点	最高点	最高点
a.句首中字	(1+)1	17.9	17.3	26.2	25.8	22.1	21.6
	(3+)1	16.2	14	25.5	24.4	20.9	19.2
	降阶度(%)	21	40	8	16	14	28

续表

b.句首末字	(1+)1	16.6	16.1	25.8	25.7	21.2	20.9
	(3+)1	14.2	13.3	22.6	22.0	18.4	17.7
	降阶度(%)	29	34	37	43	33	38
c.句首末字	(1+)3	13.7	9.0	23.3	18.3	18.5	13.7
	(3+)3	13.1	8.4	23.2	17.7	18.2	13.1
	降阶度(%)	7	7	1	7	4	7
d.句末中字	(1+)1	16.7	15.8	25.7	24.8	21.2	20.3
	(3+)1	13.9	13.1	23.1	22.1	18.5	17.6
	降阶度(%)	24	23	16	17	20	20

注:"1"和"3"分别代表阴平和上声。

表6表明:词调域内部,降阶对于音高的降低作用表现稳定,且降幅普遍大于下倾作用。句首词调域内部,末字的降阶度显著大于中字的降阶度。降阶对于后接高调(阴平调)的作用要显著大于对于后接低调(上声调)的作用,因为上声调本身已经处于调域的下线,其下降的空间已经很小,如果音高继续降低,声带会非常紧张和费力,相反,阴平则处于调域的上线,其下降的空间很充裕,音高降低时,声带会比较放松和省力。句首和句末词调域内部的降阶度相差不大,而且最高点和最低点的降阶度存在互补性。

2.5 普通话陈述句中句调域、词调域的同构性

石锋、王萍、梁磊(2009)从节奏和停延的角度,将汉语的语调结构划分句调域、词调域和字调域三个层级。其中句调域内部的词调域、词调域内部的字调域,尤其是句末词调域内部的字调域,

它们的音高表现具有很强的同构性。这种同构性主要表现在音高跨度、音高起伏度、调域中线三个方面。

2.5.1 音高跨度的同构性

我们把六位北京人的陈述句发音材料实验数据以半音为单位计算字调域、词调域和句调域的音高跨度及分布区间，分别列表如下。

表 7 句调域、词调域音高跨度及分布区间(St)
(王萍、石林、石锋 2011b)

		句调域	词调域		
		全句	句首	句中	句末
男、女(平均值)	调域跨度	14.9	9.1	9.9	14.2
	分布区间	7.3－22.1	12.7－21.8	12.1－22	7.3－21.5

表 8 句首、句中和句末词调域内部字调域的音高跨度(St)
(王萍、石林、石峰 2011b)

	首字	中字	次中字	末字
句首词调域(St)	6.6 (14.6－21.2)	7.7 (14.1－21.8)		8.8 (12.7－21.5)
句中词调域(St)	7.9 (14－21.9)	8.1 (13.1－21.2)		9 (12.4－21.4)
句末词调域(St)	10 (11.4－21.3)	9.6 (11.6－21.2)	9.4 (11.3－20.7)	13.4 (7.3－20.7)

表 7 和表 8 表明：句调域内部，句末词调域音高跨度最大，而且显著大于其他位置的词调域；词调域内部字音，句首、句中和句末词调域内部均为末字音高跨度最大，句末词调域内部末字音高

跨度的扩展幅度最明显。句末词调域内部字音的音高跨度的表现与句调域内部各词调域音高跨度的表现最相似。以上分析说明不同韵律层级的边界效应（Pirrehumbert 1980；Ladd 1996）在音高等方面有规律性的表现。

2.5.2 音高起伏度的同构性

依据上文的半音数据转换为百分比数据，做成图6—图9，分别考察句调域与不同位置上的词调域内部的音高起伏表现。

图6表明：句调域中，句中词调域起伏方向不稳定，上升和下降的情况兼而有之。句末词调域的音高都呈现下降趋势，下降幅度最大，尤其是下线，说明句末词调域是陈述语气的主要负载者，同时也是句末边界效应（Pirrehumbert 1980；Ladd 1996）作用的结果。全句的音高呈现下降趋势。

图7—图9表明：各词调域内部上线最稳定，中线变化较大，下线变化最大。句末词调域中字的起伏方向不稳定，既有上升的情况，也有下降的情况。句首、句末词调域末字基本均表现为音高下倾，且下线降低的幅度最显著，这说明句末词调域的最大化跨展主要通过末字下线的降低来实现。但句末词调域末字的下降幅度显著大于句首词调域末字，而且数值上和句末词调域的下降幅度（32.1%）最接近，这说明随着边界层级的升高，其音高的变化幅度也会相应增大。句末词调域的整体走势为音高下倾。

中线对陈述语气的表达也起到了重要的标志性作用，句首词调域和句中词调域的中线均在50%以上，句末词调域的中线均在50%以下或接近50%。字调域，尤其是句末词调域内部，首字、中字和次中字的调域中线均在50%以上，末字的调域中线均在50%

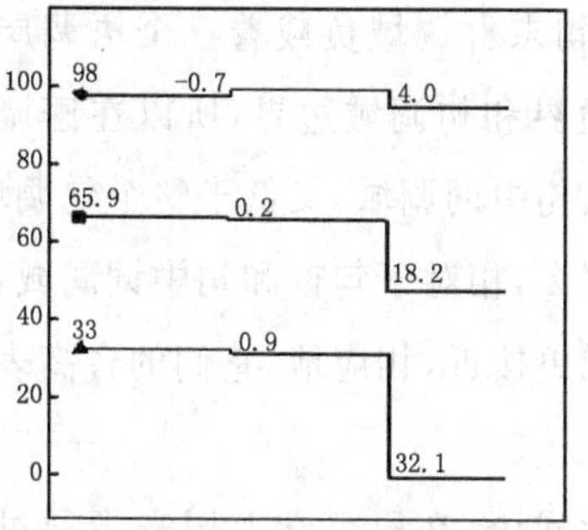

图 6　句调域音高起伏格局图
（王萍、石林、石锋 2011b）

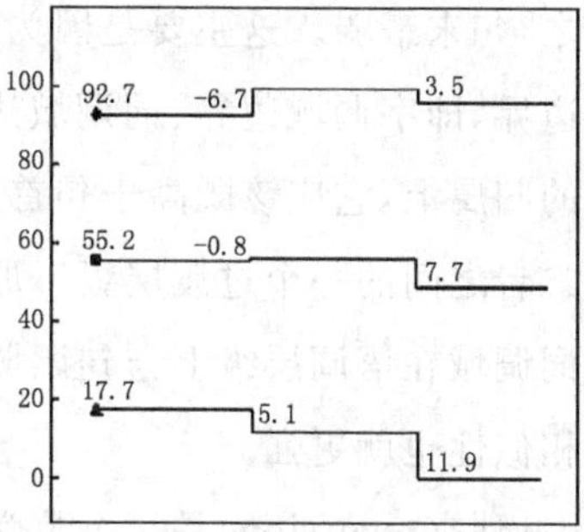

图 7　句首词调域音高起伏格局图
（王萍、石林、石锋 2011b）

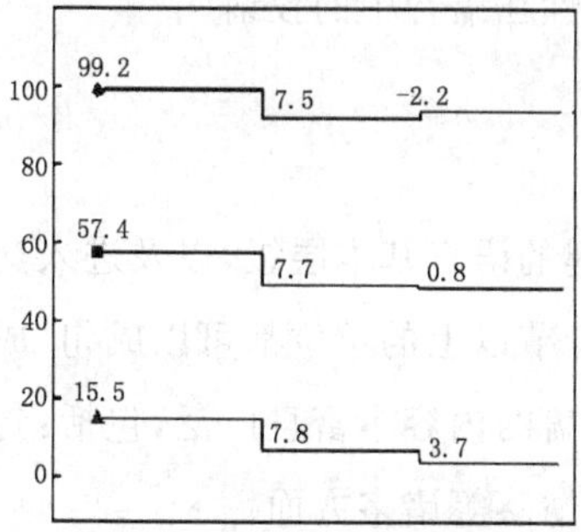

图 8　句中词调域音高起伏格局图
（王萍、石林、石锋 2011b）

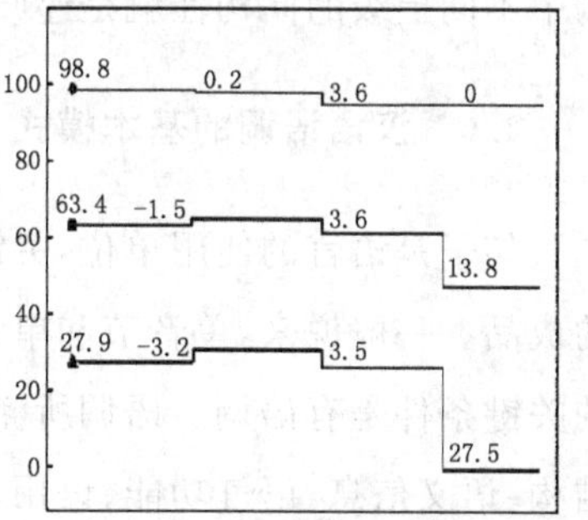

图 9 句末词调域音高起伏格局图
（王萍、石林、石锋 2011b）

以下或等于 50%。

句调域内部的不同位置的词调域，词调域内部不同位次的字调域，这两个语调层级具有一定的同构性，主要表现在音高跨度、音高起伏度以及调域中线三方面。三个位置的词调域中，句末词调域内部各字调域与句调域内部的各词调域的同构性最强，句首次之，句末最弱。这主要是因为句末群调域负载着三个语调层级的边界，即字调域边界、词调域边界和句调域边界，所以在语调层级的归属上，它应该既高于句首、句中词调域，又低于整个句调域，是二者之间的一个过渡层级。那么，相对于句首和句中词调域，句末词调域在语调层级上与句调域更接近，相应地，它们的音高表现的相似性也就更强。

递归（recursion）是一个数学术语，在语言学上用来指通过重复手段来延长句子的机制（何伟 2002）。这一研究结果证明：递归性原则并不是句法结构独有的，语音中也同样存在递归性，语调结构中不同层级的同构性就是递归性在语音中的投射。

2.6 汉语语调的基本模式

句子是语言的使用单位，关键的语言基本层级，以及进入交际的成品。一般说来，单音节和单音节以上的单位都可以成句，成句的关键条件是有语调。语调所涵盖的内容丰富且广泛，包括：句法结构、语义信息、语气功能、语用、情感等诸多方面。

"基本模式"和"变化模式"，它们是在语调中所做的划分。"基本模式"（Basic Pattern），是指非强调（unemphatic）的陈述句，也就是自然焦点陈述句的语调模式，简称为"基式"；"变化模式"（Variable Pattern），是指基本模式之外的各种非基本式，简称为"变式"。"基本模式"是语调构建的基础，语调研究的起点。语调单元在语句中出现下倾调、降阶调、边界调，这是在进入句子的同时就被它们各自的位次所决定的。字调域、词调域和句调域是语调基本模式中的不同层级单位。

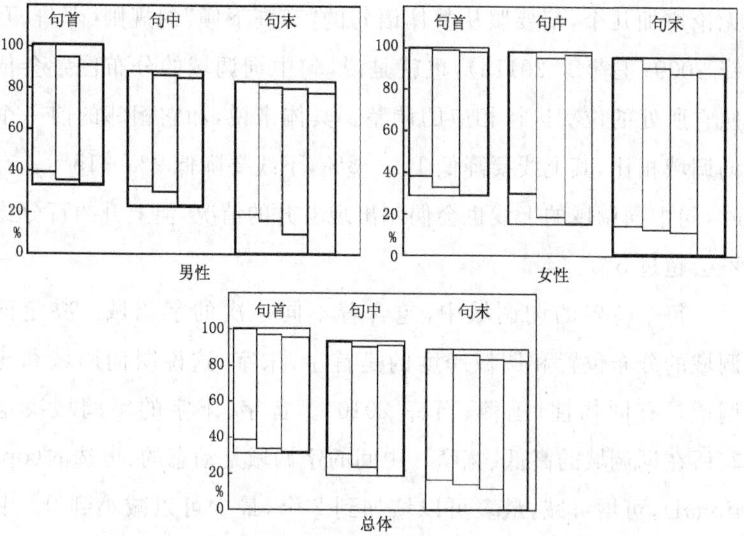

图 10　汉语语调基本模式图

图 10 是通过分析 6 位(3 男、3 女)北京话母语者的不带语气词的陈述句语料,得到的汉语语调基本模式的数学描述。基本模式的关键性问题就是句调域中词调域的定位,以及词调域中字调域的定位。

图 10 显示:一个句调域中包含三个词调域,它们分别是句首词调域、句中词调域以及句末词调域。其中句首词调域和句末词调域最重要,因为它们决定着整个句调域的分布位置和调域跨度。句中词调域是动态的、可选的(optional),即可增可减。如果句中词调域的数量增加到 1 个或 1 个以上,那么整个句调域就包含 3 个或 3 个以上的词调域;反之,如果句中词调域的数量减少到 0,那么整个句调域就只包含句首和句末两个词调域。中间的词调域

无论增加几个，都要服从整体语句的“音高下倾”的规则（邓丹、石锋 2009；王萍等 2011a），也就是说，句中词调域的分布位置会依照它所处的位次进行相应的调整。具体来说，和它相邻的前一个词调域相比，其上线要降低 1%—3%，下线要降低 9%—15%。有时，句中词调域的上线也会偶尔出现上升的情况，但上升的百分比不会超过 5%。

每个位置的词调域中，包含着不同位次的字调域。决定词调域的分布位置和调域跨度的是首字、末字，这说明词调域和句调域具有同构性（王萍、石锋 2010）。首字、末字的字调域决定其所在词调域的高低、宽窄。中间的字调域是动态的、可选的（optional），可增可减，最多可以增加到 2 个，最少可以减小到 0。中间的字调域，其位置的高低也要根据它在词调域中的位次进行相应的调整，即和前面相邻的字调域相比，其上线和下线要依次降低。

这就是语调的基本模式。除汉语外，我们所做的日语、韩语、粤语、英语的语调基本模式和汉语是一致的，它可以作为我们研究语调的平台。

得到汉语语调的基本模式，我们就能够在很大程度上摆脱声调的束缚。这就意味着，我们做语调的研究时，就不再需要每个位置上四个声调都齐全，任何一个声调进入基本模式这个固定的结构框架，其位次确定了，那么，它在整个调域中的相对位置也就确定了，也就是说它距离词调域甚至整个句调域上线/下线的相对位置也就确定了。关键的问题就在于每个调类对于调域的贡献，即“调域负担量”（石林 2011）是不同的。阴平、去声主要负担其所在词调域的上线，上声负担其所在词调域的下线。阳平主要位于调域的内部，对于调域的负担功能稍差。它的浮动性较强，有时距离调域的上线较近，有时距离调域的下线较近，有时距离上线和下线的距离相对平衡。

声调格局对于语调格局的贡献关键在于调域。在每个韵律词的实际发音中，一般情况是词首和词末的非轻声字音调型作用明显，其他字音的调型常常呈现跳板型过渡调。因此，决定词调域的往往就是这两个字音的调型中的音高极值。解决调域问题的关键就在于，根据"调域负担量"(石林 2011)，通过大样本的统计数据，得到各个位置的词调域内部，不同调类的首字和末字分别距离上线和下线的百分比值。目前，我们通过对 6 位北京话母语者的陈述句语料进行细致的统计分析，已经在这方面取得了一些阶段性的成果。

在基式的基础上，我们还可以继续研究"变式"。焦点、语气(疑问、命令、祈使)，以及情感都可以成为"变式"的影响因素。变式有两个，语言学的和副语言学的。语言学的有两个，焦点和语气。副语言学的也有两个，情感和情绪。基式包括：频域、时域、量域以及质域四种基本模式。频域就是音高的高低、宽窄的起伏变化，时域就是音长的延长或缩短，量域就是音强的强弱变化，质域就是音质的改变。在功能语气的"变式"中，频域和时域的作用较大，基本不涉及量域和质域的问题。但随着变式的升级，即从焦点到情感，量域的作用逐渐加大，逐渐增强特别是情感(情感已经不属于语言学，是副语言学)，量域的作用达到最强。情感，比如愤怒、忧伤，音量的大小起很大作用。一个人愤怒的时候一定要大声咆哮，一个人忧伤的时候一定要说话很细很低。今后的研究，要在基式的基础上，针对各种范畴的“变式”，通过起伏度、停延率、音量比等工具，建立这四种参数的统计性的数学描述。而且，汉语诸方言以及不同语言都可以得到这些参数的量化描述。因此，语调的基本模式框架十分重要，应用范围很广。

2.7　结语

语调结构的基本模式在语调研究中的作用非常重要，主要体现在：基式是一个枢纽，一个关键性的平台。以基式为基础，通过增加焦点、语气（疑问、命令、祈使），以及情感等因素，得到各种语调的“变式”。变式有两个，语言学的和副语言学的。语言学的有两个，焦点和语气。副语言学的也有两个，情感和情绪。从而离析出语调内部的不同层级，建立起语调结构的连续统。

乔姆斯基（2010）认为，语言由一些固定不变的原则组成，即“普遍语法”，语言的多样性是与参数系统联系在一起，即“特定语法”，但后者是基于前者深藏未变的元素，其现象性的结果是由自然法则所限制的。不同的语言，是参数的改变，如，汉语词调域、字调域都比较宽，但句调域比较窄，英语等重音语言则相反，词调域比较窄，而句调域的跳跃性比较大；同一语言内部，基式到变式，也是参数的改变。

今后的研究还要不断增加基式的样本，样本数量越大，基式越稳定，越可信。汉语各方言以及其他的语言，如英语、日语、韩语等，都可以依照这个思路来做，进而求出不同参数。语调的基本模式的意义就在于此。

三 普通话双音节韵律词的音高分析[①]

3.1 引言

汉语中两个或三个音节常常组合在一起，成为一个韵律词。韵律词不同于词典词，一个韵律词可以是一个词典词，也可以包括多个词典词或是一个词典词的一部分。普通话中的双音节韵律词是汉语普通话最基本的韵律结构形式。吴宗济(2003)对普通话双音节组合的连读变调进行了研究，他指出，双音节词中各种声调两两搭配，共有 16 种组合，除去上上变调，实际上只有 15 种声调组合。Xu(1997,1999)则对普通话二字组中的音高变化进行了研究，结果表明声调间顺向的作用主要表现为“同化”，而逆向的作用则主要表现为“异化”，普通话声调间的同化作用大于异化作用。

以上对双音节词音高模式的研究，都是采用孤立词或者负载句的方式进行的。在连续的语流中，音节的音高表现会随着语句中上、下文关系和所处位置的不同而产生相当复杂的变化，其变化规律与孤立词和实验室语句中可能有所不同。本文拟以吴宗济先生提出的 15 种声调组合模式为基础，对普通话双音节韵律词(以下简称双音节词)在大规模语料库中的实际表现进行研究。本文所说的韵律词主要指语音上结合紧密，经常在一起使用的音节组合，韵律词的获得主要是通过感知判断得到的。

---

① 原文与邓丹合作，发表于《南开语言学刊》2008 年第 2 期。

3.2 研究内容

3.2.1 材料

本研究的语料库由400个单句组成，均为陈述句，句子的平均长度为21个音节。发音人为一名女性专业播音员，年龄24岁。以自然的方式和正常语速朗读句子，没有特别的强调和感情色彩。通过感知判断，我们从语料库中一共切分得到2239个双音节词。

3.2.2 韵律短语标注

根据语图上是否存在较明显的静音段以及相邻两个短语间是否有音高重置，我们对该语料库进行了韵律短语标注。

3.2.3 声学参数的测量

用南开大学的语音分析软件“桌上语音工作室”对每个音节的音高分别进行了测量。在测量中，首先通过修改基频程序去除弯头和降尾，然后把每个音节等分为8段，依次提取了9个点的基频数据。根据研究的需要，我们对音高数据进行了两种规整：

一是对音高数据进行了由赫兹(Hz)向半音(St)的转换，

$$St = 12\lg(f/fref)/\lg2$$

其中“f”表示测量点的基频值，“fref”表示参考频率，设为65赫兹。

二是对每个点的音高值进行了T值(石锋1994)换算，计算公式为，

$$T = [(\lg x - \lg min)/(\lg max - \lg min)] \times 5$$

其中“x”为测量点的频率，“max”为相同位置同一个多音节声调聚合内调域上限的频率，“min”为相同位置同一个多音节声调

聚合内调域下限的频率。

3.3　实验结果

首先分别对前字和后字四个声调所有音节的 9 个测量点音高的半音值做了三因素方差分析(3×4×4),自变量分别为在韵律短语中的位置、所处的停延边界和后接声调。表 1 和表 2 分别是对前字和后字音高方差分析的主效应和后接/前接声调与短语位置的交互效应的结果,由于其他组间交互效应均是不显著的,所以表 1 和表 2 没有列出。

对前字的方差分析表明,韵律短语位置对四个声调所有基频值的主效应都是显著的;停延边界对阴平和去声所有基频值的主效应显著,对阳平前二个点和后三个点的基频值的主效应也显著,对上声所有基频值的主效应都不显著;后接声调对阴平和去声所有基频值的主效应都显著,对阳平后六个点的基频值的主效应显著,对上声后三个点的基频值也显著;后接声调与短语位置的交互作用只在上声上是显著的,而在其他声调上均不显著。

对后字的方差分析表明,韵律短语位置对四个声调所有基频值的主效应都是显著的;停延边界对阴平和阳声所有基频值的主效应显著,对去声后七个点的基频值的主效应也显著,对上声所有基频值的主效应都不显著;前接声调对阴平和阳平前三个点基频值的主效应显著,对上声前七个点和去声所有基频值的主效应也显著;前接声调与短语位置的交互作用只在阴平上是显著的,而在其他声调上均不显著。

方差分析的结果说明,韵律短语位置、停延边界和前/后接声调都会对音节的音高产生影响，其中韵律短语位置的影响更显著。前后接声调对相邻音节音高的影响还和该音节的原来的声调特征有关，总体来说，上声音节受相邻声调的影响较其他三个声调要小，后接声调主要对阴平、去声的全部以及阳平的后三分之二段的音高产生影响，前接声调主要对阴平和去声的全部以及阳平的前三分之一段的音高产生影响。

表1　前字音高的方差分析结果

因素	因变量	阴平	阳平	上声	去声
韵律短语位置	F01	8.136**	17.243**	14.455**	6.004**
	F02	7.022**	25.440**	15.884**	4.243*
	F03	6.003**	31.858**	20.319**	3.360*
	F04	5.434**	28.988**	29.588**	3.902*
	F05	5.452**	22.597**	38.742**	6.697**
	F06	4.387*	15.791**	39.592**	10.044**
	F07	3.994*	11.277**	37.000**	13.652**
	F08	4.072*	8.571**	33.169**	14.121**
	F09	4.950**	9.009**	29.842**	11.720**
停延边界	F01	3.209*	3.162*	1.102	3.349*
	F02	3.208*	3.048*	0.843	4.498**
	F03	3.205*	2.345	0.599	5.327**
	F04	3.179*	1.810	0.950	5.004**
	F05	3.293*	1.683	1.421	4.627**
	F06	3.688**	1.840	1.851	5.242**
	F07	3.090*	2.456*	2.282	5.049**
	F08	2.592*	4.263**	1.972	4.367**
	F09	2.616*	4.680**	1.352	4.226**

续表

后接声调	F01	3.386*	0.495	0.383	4.597**
	F02	4.263**	0.668	0.267	7.950**
	F03	4.949**	1.378	0.282	9.583**
	F04	5.795**	4.512**	0.484	10.147**
	F05	7.135**	12.075**	1.496	7.899**
	F06	7.779**	21.321**	2.343	6.462**
	F07	7.501**	24.209**	3.430*	5.768**
	F08	6.564**	15.311**	3.839*	5.907**
	F09	6.055**	6.824**	3.675*	7.058**
后接声调/短语位置	F01	0.825	1.476	3.276*	1.322
	F02	1.353	0.990	3.483*	1.464
	F03	1.544	0.765	3.818*	1.320
	F04	1.967	0.941	4.032**	0.975
	F05	2.006	1.226	4.862**	0.642
	F06	1.957	1.844	4.361**	0.587
	F07	1.359	2.105	4.886**	0.512
	F08	0.996	1.756	4.488**	0.262
	F09	0.695	1.383	2.976*	0.289

注：** 表示在 0.01 水平上显著，* 表示在 0.05 水平上显著。

表 2 后字音高的方差分析结果

因素	因变量	阴平	阳平	上声	去声
韵律短语位置	F01	19.708**	16.353**	9.210**	5.463**
	F02	21.684**	17.313**	7.680**	5.580**
	F03	21.494**	16.224**	7.631**	6.518**
	F04	22.339**	16.181**	7.954**	7.991**

续表

	F05	22.095**	14.729**	9.555**	9.487**
	F06	21.853**	11.634**	9.592**	11.146**
	F07	18.223**	7.581**	10.091**	9.745**
	F08	18.277**	6.267**	10.208**	8.515**
	F09	19.258**	5.898**	9.047**	8.193**
停延边界	F01	3.186*	6.068**	0.889	1.353
	F02	2.705*	6.222**	0.846	1.894
	F03	2.801*	6.883**	0.708	2.992*
	F04	2.892*	7.318**	0.727	5.023**
	F05	2.658*	6.674**	0.525	6.952**
	F06	2.564*	6.914**	0.611	8.611**
	F07	3.201*	6.845**	0.719	10.167**
	F08	3.277*	5.410**	0.670	10.721**
	F09	2.727*	4.285**	0.710	10.171**
前接声调	F01	13.738**	26.500**	13.136**	25.455**
	F02	7.609**	11.666**	14.005**	21.591**
	F03	3.397*	3.478*	11.729**	16.417**
	F04	1.722	1.460	9.974**	12.728**
	F05	1.248	1.010	6.209**	9.290**
	F06	1.093	1.459	4.612*	7.606**
	F07	1.167	2.003	3.381*	6.740**
	F08	1.207	2.642	2.932	8.242**
	F09	0.852	2.534	3.132	8.524**

续表

前接声调/短语位置	F01	3.701**	0.948	1.252	0.613
	F02	4.367**	0.850	1.247	0.365
	F03	4.200**	1.127	1.274	0.227
	F04	3.819**	1.707	0.572	0.223
	F05	3.421**	1.430	0.387	0.286
	F06	3.186**	1.258	0.356	0.226
	F07	3.037*	0.885	0.432	0.346
	F08	3.348**	0.627	0.529	0.225
	F09	3.606**	0.514	0.570	0.281

3.3.1 韵律短语位置对音高的影响

方差分析表明音节所处的韵律位置对其音高变化的影响最大,图 1 是普通话双音节词中四个声调在韵律短语首、中、末的音高表现。从中可以看出,普通话双音节词中无论是前字还是后字,随着其在韵律短语中位置的逐渐后移,四个声调的音高都逐渐降低,而且就双音节词内部而言,后字在整体调域中的位置也比前字偏低。这表明,和其他语言一样,在无强调的自然语句中,汉语普通话韵律短语内部也存在着较明显的音高下倾现象(王安红等 2004)。在任何位置上,普通话四个声调的调型都没有显著的改变,但阴平和阳平还是表现出了一些细微的变化。阴平的末尾部分有轻微的下降倾向,这种倾向在前字中比后字中更明显;除了韵律短语首的前字之外,阳平的开始部分有“凹”的特征。另外,上声的表现也和以往的认识有所不同,传统上认为上声在句中是低降

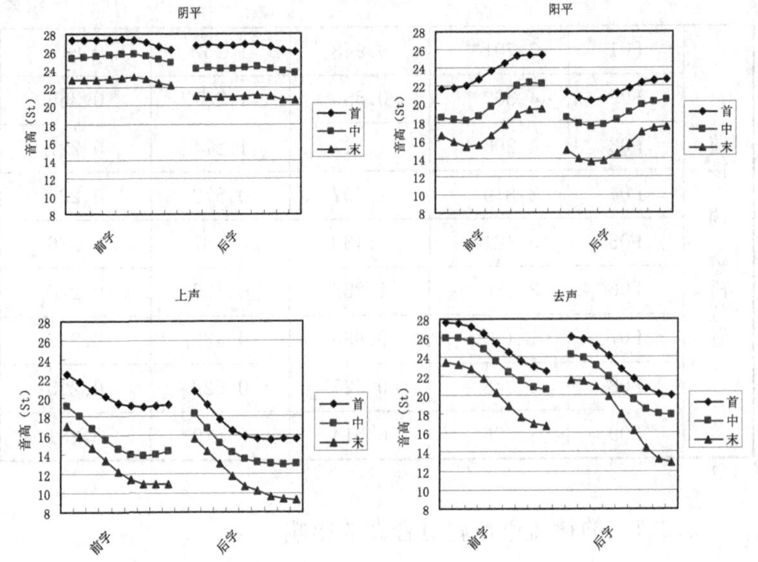

图 1　韵律短语不同位置四个声调的音高表现

调而在句末是曲折调，但本文结果显示，实际语流中普通话上声音节即使在句末时也倾向于表现为低降调，而不是曲折调。

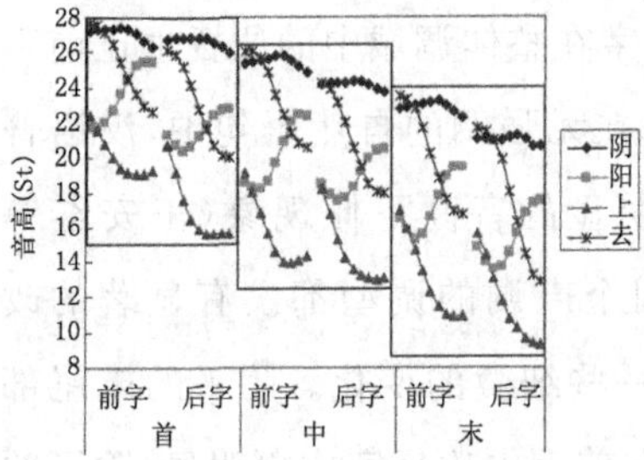

图 2　韵律短语不同位置的声调聚合

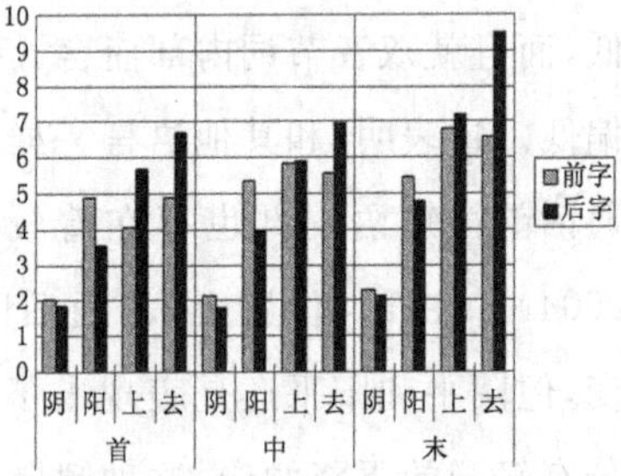

图 3　韵律短语不同位置各声调的音高变化幅度

为了进一步考察四个声调在韵律短语不同位置的音高表现，图2给出了普通话音节在韵律短语不同位置的声调聚合。石锋、王萍(2006)的研究指出北京话单字调中的声调特征点分别是，阴平为起点和终点，阳平为终点，上声为折点，去声为起点。本文结果表明，在实际语流中上声倾向于表现为低降调，所以上声的特征点往往就是上声的终点。从图2可以看出，去声的起点、阴平和上声的终点在整个调域中的表现一般比较稳定，其中去声的起点和阴平可以看作是调域的上限，上声的终点则可看作调域的下限。阳平的终点和去声的终点往往都不会达到调域的两极，二者的表现不仅和韵律短语的位置有关，还要受到其在词中位置的影响，一般来说，前字阳平或去声的终点均高于后字。根据语流中声调的特点，我们又考察了普通话四个声调组合在不同位置的调域，计算方法为相同位置声调聚合中调域上下限之差，计算结果如下：

表3　不同位置普通话双音节词各音节的调域

韵律短语位置	首		中		末	
词中位置	前字	后字	前字	后字	前字	后字
调域上限(st)	28.25	27.39	26.66	26.34	25.33	24.40
调域下限(st)	18.14	15.42	13.68	12.67	10.39	8.70
域宽(st)	10.11	11.97	12.98	13.67	14.93	15.70

表3的结果显示，普通话双音节词，随着在韵律短语中位置的逐渐靠后，各音节的调域逐渐变宽。这不仅表现在韵律短语末双音节词各音节的调域比韵律短语中和首的调域宽，不同位置双音节词的调域相差2st左右，而且在同一个韵律词中，词末音节的调

域也普遍比词首音节要宽,差值在1—2st之间。

虽然总体上看,随着在韵律短语中位置的后移,普通话音节的调域逐渐变宽,但是四个声调各自的音高变化幅度仍然存在一些差异。为了直观地表现不同声调音高变化的幅度,我们分别计算了各个声调音高最高点和最低点的基频差值,见图3。从图中可以看出,随着各音节在韵律短语中所处位置的逐渐后移,各声调的音高变化幅度也逐渐增大,而且后字增大的幅度比前字更为显著,这说明韵律短语末音节的音高变化幅度显著大于其他位置的相应音节。对比双音节词内部的差异可以看出,阳平和去声的差异明显大于阴平和上声。前字阳平的音高变化幅度显著大于后字阳平,前字去声的音高变化幅度则显著小于后字去声,阴平只表现出微弱的前字大于后字的倾向,上声在韵律短语中和末位置则表现出微弱的前字小于后字的倾向,但在韵律短语首位置,前字和后字上声音高变化幅度的差异却变得更为显著。我们认为上声的这种变化可能是因为韵律短语首的音节由于音高下倾的需要,其低音点不可能降得很低的缘故。这些结果说明,调型的不同使不同位置上的音高呈现有规律的变化。对升调来说,前字的音高变化幅度大于后字,并且随着其在韵律短语中位置的逐渐后移二者的差别也逐渐缩小。对降调来说,前字的音高变化幅度小于后字,在韵律短语首和末二者间的差别较大,在韵律短语中较小,其中高降调的表现比低降调更明显。对平调来说,不同位置前字和后字的音高变化幅度基本一致。

3.3.2 停延边界对音高的影响

方差分析表明,停延边界对普通话阴平、阳平和去声音节音高

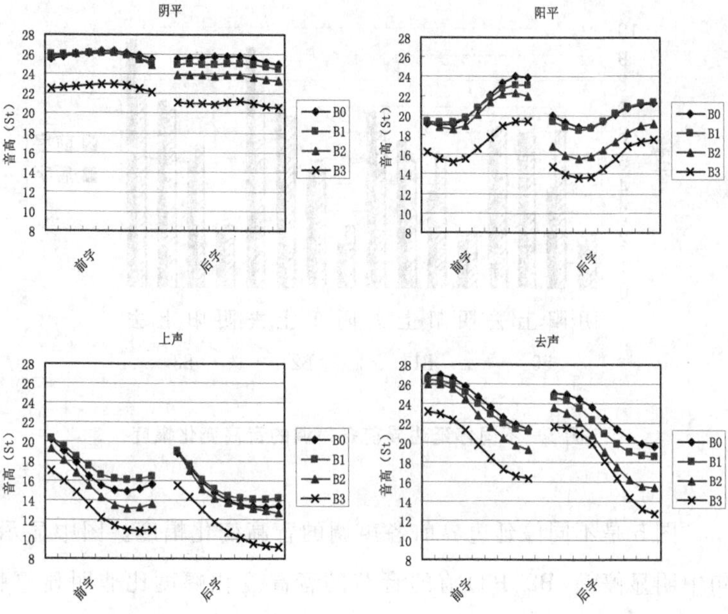

图 4 不同停延边界前四个声调的音高表现

变化的作用显著，对上声音节音高变化的作用不显著。图 4 是普通话四个声调在不同停延边界前的音高表现。图中显示，停延边界对四个声调调型的影响不大，对其音高变化的影响主要表现在，B3 边界前各声调的整体音高比其他边界前明显降低，在后字中 B2 边界前各声调的音高也比 B0 和 B1 边界前有所降低，但不会低于 B3 边界前的相应音节。由于音节所处的韵律短语位置和停延边界存在一定的交叉，本文的 B3 边界为句末边界，也都处于韵律短语末位置，因此，B3 边界前各声调音高降低的现象可以看作是韵律短语内部音高下倾的表现。

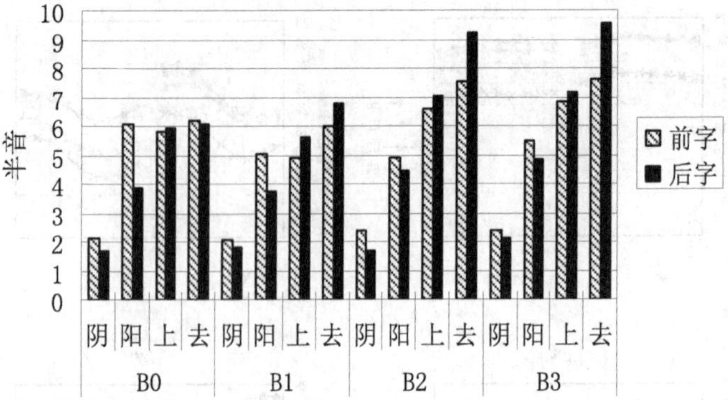

图 5　不同停延边界前各声调的音高变化幅度

图 5 是不同停延边界前各声调的音高变化幅度。图中显示，句中明显停顿（B2、B3）前的音节的音高变化幅度比非明显停顿（B0 和 B1）前的音节要大，这一规律在去声中表现得更为明显，唯一例外的是前字阳平的音高变化幅度在 B0 前最大。就双音节词内部的差异看，不同停延边界前，前字阴平和阳平的音高变化幅度分别大于后字阴平和阳平，无停顿前（B0），上声和去声的音高变化幅度在前字和后字中的表现基本一致，而在有停顿前（B1、B2、B3）则表现为后字大于前字。

3.3.3　相邻声调对音高的影响

上文分析表明，韵律短语位置对普通话各音节的音高存在显著的影响，它主要对各声调的整体音高产生影响，对调型的影响不大。为了排除韵律短语位置对音高的影响，我们用 T 值分别对韵律短语不同位置的音高数据进行了归一。

为了检验采用T值进行归一后的音高数据，是否可以有效消除韵律短语位置带来的影响，我们以双音节词前字阴平的数据为例进行了考察。分别对阴平9个测量点的半音值和T值进行了一元方差分析，自变量均是韵律短语位置，方差分析结果见表4。从表中可以看出，采用半音值对音高进行分析时，韵律短语位置的影响是显而易见的，阴平9个测量点的音高半音值的差异均是显著的，但是采用T值进行音高分析时，韵律短语位置对阴平9个点的影响却均是不显著的，这说明采用T值的方法对音高进行归一，可以有效消除韵律短语位置带来的影响。

表4 半音值和T值方差分析结果对比

因素	因变量	半音值	T值
韵律短语位置	F01	19.708**	1.076
	F02	21.684**	1.613
	F03	21.494**	1.515
	F04	22.339**	1.432
	F05	22.095**	1.132
	F06	21.853**	1.050
	F07	18.223**	1.301
	F08	18.277**	1.647
	F09	19.258**	1.295

对普通话双音节词音高的方差分析表明，前接/后接声调的不同对音高变化也产生一定的影响。为了排除韵律短语位置对音高的影响，我们在这部分的分析中一律采用T值数据。

3.3.3.1 后接声调对前字音高的影响

图6是普通话双音节词前字后接不同声调时的音高表现。从图中可以看出,前字的音高在后接不同声调时存在一些差异。具体表现为:

前字阴平的调值虽然都为55,但当后接不同声调时仍表现出一些变化。后接阴平时,它的整体音高比后接其他声调时偏低,而且前字阴平的音高也低于后字;当后接上声和阳平时,前字阴平的音高较高。如果将音高曲线前三分之一段称为调头,中间三分之一段称为调干,后三分之一段称为调尾,我们可以看出,上声和阳平前的阴平在调尾段有轻微的下降趋势。

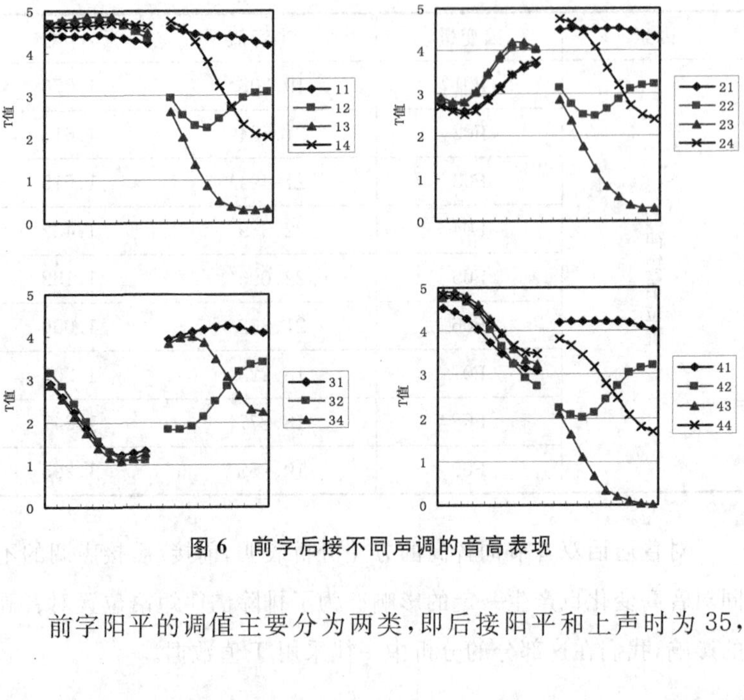

图6 前字后接不同声调的音高表现

前字阳平的调值主要分为两类,即后接阳平和上声时为35,

后接阴平和去声时为34。前字阳平的调头段有"凹"的特征,从调干处开始阳平的音高逐渐上升。前字阳平的音高在阴平和去声前较低,在阳平和上声前较高。另外,阳平和上声前的阳平的调尾段表现出轻微的下降趋势。

在四个声调中,上声受后接声调的影响最小,调值为31。阳平前上声的起点略高于阴平和去声前的上声,但它们之间的差距远远小于其他声调间的差距。后接声调对前字上声音高的影响在前字的调尾段也有所表现,根据其后接声调的不同,前字上声终点音高表现为阴平前>去声前>阳平前,而且阴平和去声前的上声还表现出一些轻微的上升趋势。

前字去声的调值主要分为两类,在阴平、上声和去声前为54,在阳平前为53。前字去声的非调尾段,在后接阴平时比后接其他声调时偏低,而其调尾段的音高则根据后接声调的不同表现出明显的去声前>阴平前/上声前>阳平前的趋势。

总之,后接声调起点的高低对前字的整体音高产生影响,即后接低起点的上声和阳平时,前字的音高较高,后接高起点的阴平和去声,尤其是阴平时,前字音高较低。后接声调对前字调尾的影响还表现出,后接低起点的上声和阳平时,前字调尾处音高较低,后接高起点的阴平和去声时,前字调尾处的音高较高。

3.3.3.2　前接声调对后字音高的影响

图7是普通话双音节词后字前接不同声调时的音高表现。从图中可以看出,前接声调的不同对后字的音高产生了一定的影响,主要表现为:

后字阴平的调值为55,前接声调主要影响后字阴平的调头段,根据前接声调终点音高的不同,后字阴平调头段的音高表现出阴平后/阳平后>去声后>上声后的倾向,而且由于上声后阴平的起点较低,在它音高曲线的开始段还出现了轻微的上升。

从调值上看,后字阳平在前接阴平和阳平时是434,前接上声时是24,前接去声时是34。从调型上看,在前接阴平和阳平时表现为先降后升的曲折调,而在前接上声和去声时仍然表现为升调。同阴平一样,前接声调主要影响后字阳平的调头段,根据其前接声调终点音高的不同,后字阳平起点的音高表现为在阴平和阳平后最高,去声后次之,上声后最低。由于阴平和阳平后阳平的起点较高,在这两类声调后,阳平的调头段出现了比较明显的下降,而且去声后的阳平也有轻微的下降倾向。

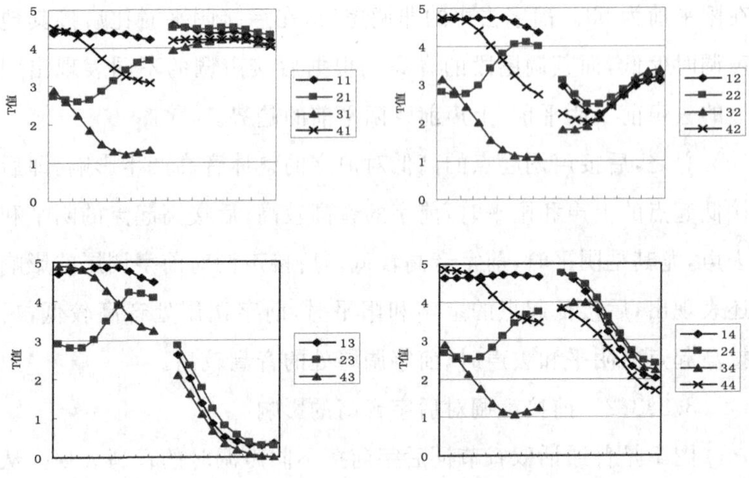

图 7 后字前接不同声调的音高表现

后字上声的调值都表现为31。前接声调对后字上声音高曲线的影响最小，前接声调的不同，主要影响上声整体音高的高低，对其调型变化的影响不大。阳平后的上声的音高略高，去声后的上声的音高略低，阴平后的上声则居于二者之间。

后字去声的调值在阴平和阳平后为53，在上声后为43，在去声后则为42。前接声调的对后字去声调头段的影响较大，前接阴平和阳平时，后字去声的起点较高，前接上声和去声时，后字去声的起点较低。上声后去声的调头段有轻微的上升，表现出“凸”的特征。相比之下，去声后去声的整体音高比其他三个声调后的偏低。

总之，前接声调终点的高低主要对后字调头段的音高产生影响，即前接高终点的阴平和阳平时，后字调头段的音高较高，前接低终点上声和去声时，后字调头段的音高较低，其中前接上声时后字的音高最低。

3.4 讨论

3.4.1 双音节韵律词中“峰”的表现

冯胜利(1997)指出，韵律词必须至少是一个音步，而音步就是一个最小的轻重二分支单元，它至少要由两个音节组成，而且这两个音节构成了一个“轻重”的片段。在重音型语言里轻与重的区别主要体现在音高上，声学表现为重读音节的音高突显，即在主重音位置出现一个“峰”。通过对普通话双音节韵律词的音高的考察，我们发现，和其他语言类似，汉语每个双音节韵律词的音高曲线上都会出现一个峰值，我们称之为韵律峰；也会出现一个谷值，称之为韵律谷。其中峰值是必有的，谷值是可选的。在语调的分析中，英语语句的音高曲线可以直接作为语调的表现内容;汉语因为音节带有声调,所以语句的音高曲线需要经过再分析才能得到语调的表现。在韵律的分析中也是如此。英语重音的一个主要表现就是音高的提升,英语的多音节词的主重音位置就是韵律峰值的位置;汉语中的韵律峰值位置的确定和峰值的高度都是需要经过声调特征优选来得出的。

根据石锋、王萍(2006)提出的普通话四个声调特征点在语流中的实际表现,我们可以把它们概括成三个级别,即:阴平和去声为全高,其中去声比阴平略高,但是二者的差异不大;阳平为次高;上声为低。阴平为前字时,峰值在前;去声为前字时,峰值在前;阳平为前字时有两种情况,即后字是阴平或去声,则峰值在后,后字是阳平或上声,则峰值在前,包括上上相连前字变阳平的情况;上声为前字时,峰值在后,不包括上上相连前字变阳平的情况。也就是全高相互组合,峰值在前;全高跟其他组合,峰值在全高处;次高相互组合,峰值在前;次高跟低特征组合,峰值在次高处;低特征相互组合一定会发生异化,以便产生一个峰值。还可以进一步归纳为,同级组合峰值在前,异级组合峰值在高,禁止低低组合出现。高调相连可以没有谷值,低调相连必须异化产生峰值,也体现出了高调的优势。

韵律峰出现的高度可以通过 T 值来考察,上文的分析结果显示,全高前字峰值为 5 度中,次高前字峰值为 5 度下。后字峰值的高度要受到前字的影响,全高后字峰值有两种情况,即前字为次高时,后字峰值为 5 度中;前字为低时,后字峰值为 5 度下。次高后字峰值为 4 度中。各类峰值高低的差异均在 1 度之内。可以归纳为，一般情况下全高峰值5度中，次高峰值5度下；前字为低时，全高峰值5度下，次高峰值4度中。同样有高低特征的优势作用，也有前后位置的因素影响，位置是高特征占优势，高度是低特征起作用。

韵律峰的形状主要有前峰型、后峰型、凹型和凸型四种。阴平在前主要出现前峰型，阴平在后主要出现后峰型；阳平在前主要出现后峰型或凸型，阳平在后主要出现前峰型或凹型；上声在前主要出现后峰型或凹型，不包括上上连读的情况，上声在后主要出现前峰型或凸型；去声在前主要出现凹型，去声在后主要出现前峰型或凸型。一般来说韵律峰的形状和各声调的调型有关，包含平调的组合中以前峰型或后峰型为主，包含升调或降调的组合则以凹型或凸型为主。

高特征的峰值和低特征的谷值可以指示声调音域的上限和下限的。次高特征的峰值可以称为半峰，非低特征动态段的谷值可以称为半谷。半峰和半谷不是指示声调音域的上限和下限的，但是可以形成语流中不可缺少的韵律的起伏。

3.4.2 影响音高的因素

由于大的停延边界往往就是韵律短语末位置所在，所以停延边界对音高变化的影响，在一定程度上主要还是表现了韵律短语位置对音高的影响，因此，我们认为影响音高的因素主要包括音节在韵律短语中所处的位置和相邻声调两方面，其中韵律短语位置的作用最为显著。

音高下倾的影响使得音节在韵律短语中的位置越靠后，它的音高就越低。音节在韵律短语中的位置主要影响声调曲线在整个调域中的高低,而不会改变其调型。相邻声调对音节音高的影响主要体现在对调头和调尾的影响上,一般不会对整个声调的调型产生影响。

另外,音高间的相互影响还和其原有的调型特征有关,普通话四个声调的调型分别为,"高平""中升""低降"和"高降"。其中阳平和去声的动态性比较明显,而阴平和上声则倾向于静态。具有静态特征的声调在语流中的表现相对比较稳定,受相邻声调的影响较小,而具有动态特征的声调则容易发生变化,受相邻声调的影响较大。

3.4.3 音高间相互影响的方式和范围

和 Xu(1997)的观察结果略有不同,本文的结果显示,对实际语流中的普通话双音节词来说,后接声调对前字音高影响的方式比较复杂,既包括同化又包括异化。同化主要发生在前字音高曲线的后三分之一段,即调尾段上,即后接起点音高较低的声调时,前字音高的终点较低,或出现下降倾向;后接起点音高较高的声调时,前字音高的终点较高。异化的作用范围则几乎涉及到前字声调的整个音高曲线,即后接低起点的声调时,前字音高曲线整体偏高。普通话双音节词中,前接声调对后字音高的影响主要来自于前接声调终点音高的高低上,影响的方式主要是同化,如果前接声调的终点音高较高,后字音高的起点也较高,如果前接声调的终点音高较低,后字音高的起点也较低。前接声调对后字影响的范围主要在后字音高曲线的前三分之一段,即调头段上。这说明双音节音步是普通话的基本节奏单位，声调间的相互影响主要表现在一个节奏单元的内部。普通话中声调间顺向的影响主要表现为“同化”，逆向的影响既存在“异化”又存在“同化”，“同化”和“异化”在逆向影响中的差异主要表现在作用范围的不同上，异化的作用范围要大于同化。同化主要发生在邻接边界的三分之一段内，而异化的作用范围则可能跨越整个音节。另外，前接声调对后字起点的影响大于后接声调对前字终点的影响，也说明顺向的影响比逆向影响更大。

3.5　结论

本文对普通话双音节韵律词的音高进行了研究，主要考察了韵律短语位置、停延边界和相邻声调对音高的影响。结果表明，韵律短语位置和相邻声调对普通话双音节韵律词音高的影响较大，停延边界的影响较小。具体表现为：1）韵律短语位置对普通话双音节词的音高的作用最为显著，它只对声调的整体高低产生影响，一般不会改变各自声调的调型，从韵律短语首到韵律短语末各音节的音高均呈现下降趋势。2）随着各音节在韵律短语中所处位置的逐渐后移，各声调的音高变化幅度也逐渐增大，双音节词内部的音高变化和调型有关。3）相邻声调对音高的影响主要表现在，后接声调起点的高低对前字的整体音高产生异化作用，对调尾段的音高产生同化作用，前接声调终点的高低对后字调头段的音高产生同化作用。4）普通话双音节词中存在韵律峰，峰值的出现位置和形状与各声调的特征有关，它的高度则可以通过 T 值来考察。

四 普通话两字组的音量比分析①

4.1 引言

汉语这种典型的声调语言，关于其词重音各个方面的讨论已经有很多。有的学者认为汉语没有词重音，而近些年来越来越多的学者认为汉语有词重音。在对汉语普通话重音的语音学研究中，林茂灿、颜景助、孙国华(1984)对带正常重音的两字组的声学分析表明，普通话两字组的正常重音在声学上的表现是具有较长的时长和较完整的音高模式。陈肖霞(2001)发现，重读音节常常伴随着频谱高频部分的音强增加，即所谓的频谱倾斜，而在低频部分，音强的作用是可以忽略不计的。仲晓波、郑波、杨玉芳(2002)的研究显示，普通话词重音的声学相关物至少包括时长、音高、频谱倾斜和音强这四个参数。汉语轻声语音性质的研究与此情况相似，对于各个声学参量的相互关系以及它们作用力的大小，学者们进行了很多探讨，但尚未达成共识。

从语音学的角度说，重音节与非重音节在许多方面表现不同，如更大、更长的发音动作，不易协同发音，更长的时长，更大的强度和响度，元音空间的扩展以及音高变化的出现等(van Heuven & Sluijter 1996)。下文我们从新的角度，运用新的方法对普通话后字为轻声和非轻声两字组的语音表现重新进行了探讨，提出了幅

① 原文与梁磊合作，发表于《南开语言学刊》2010年第2期。

度积和音量比的概念，以期对汉语轻重音声学性质的讨论提供新的思路。

4.2　幅度积与音量比

4.2.1　语音信号数字化

语音是典型的模拟、连续信号，计算机要对它进行处理，必须将它转换成为数字声音信号，即用二进制数字的编码形式来表示我们听到的声音。最基本的声音信号数字化方法是采样——量化法。采样(Sampling)，即在特定的时间段内对连续变化的模拟信号进行不断测量。采样得到的信号实质上就是连续变化的幅度值中的一个值，再用数字表示这个幅度值，那么所得到的信号就是数字信号。这里还需要解释一个相关概念，即采样频率(sampling frequency)，是指在一秒钟内对声音信号的采样次数。比如我们语音研究中常用的 11025Hz 采样率的声音就是要用 11025 个数据(采样点)来描述 1 秒钟的声音波形。采样频率越高，声音的还原就越真实、越自然。

4.2.2　幅度积和音量比

我们看到的语音软件中的波形图就是由各个采样点相连得到的。各采样点的绝对值对应于波形图的振幅。每个声音样本若用目前语音学研究中最常用的 16 位(16bit)表示，则其取值范围是 0～65536，请见图 1。

那么，某段语音的平均振幅可以由下面的计算得到：

(1)某段语音的平均振幅 = 各采样点绝对值之和 /(采样率×时长)

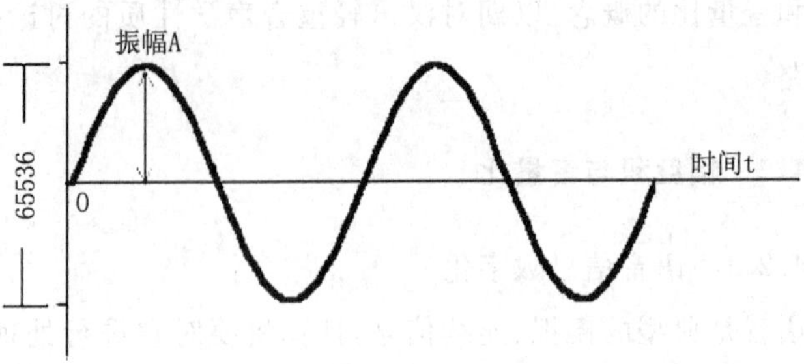

图1 语音数字化波形示意图

时长为所选段的语音时长,单位为“秒”。

公式中的“采样率×时长”表示的就是所选语音段内采样点的个数。我们这里引入一个新的语音参数——幅度积。所谓幅度积,我们可以把它定义为:所选音段内各采样点幅度的总和,综合考虑了幅度和音长两个语音参数。计算公式表示为:

(2)某段语音的幅度积=平均振幅×时长

时长为所选段的语音时长,单位为“秒”。

综合以上两个公式,也可以说一段语音的幅度积是由所选语音段每个采样点的绝对值之和除以采样率得到的,这样,幅度积就把采样率的因素排除了。但是,每个采样点的绝对值之和这一项本身是隐含时长因素的,因为采样点越多,则表明时长越长。而波形的幅度,决定了语音的音强。因此我们可以说,幅度积只和所选语音段的强度和时长成正比。

但是,采样点的值是由很多因素决定的,如发音人声音本身的强弱、发音人离麦克风的远近、录音设备的增益等设置情况。进

而,我们提出音量比的概念,即一个二字组的两个音节之间幅度积的比值,我们称其为E值。具体算法为:

(3)音量比(E值)= 后字幅度积 / 前字幅度积

这样,我们就把受多因素影响的幅度积转化为具有可比性、相对化的音量比。下面报告我们对普通话两字组进行的音量比分析。

4.3 实验过程

4.3.1 发音人

实验所分析语料来自四位发音人。两人为天津电视台的播音员,两人是南开大学中文系学生。这四人都能说标准的普通话。下文分别用M1(男播音员)、F1(女播音员)、M2(男学生)、F2(女学生)依次代表以上四位发音人。

4.3.2 实验材料

普通话所有可能的声调组合形成的两字组对子,即其中一个两字组包含轻声,另一个为两个正常音节。两个两字组除了唯一的轻声/非轻声音节区别外,其他特征全部相同,比如说北京话中的"包含/包涵"这样的组合。

4.3.3 录音和分析软件

录音是在南开大学中文系语音实验室,将发音人所发的实验语料通过麦克风直接录入电脑,保存为分析软件中.wav格式的数字声音文件,采样频率12800Hz。每位发音人的三遍发音被录音并用于分析和数据统计。

我们的实验分析采用南开大学中文系与计算机系的专家合作开发的语音分析软件"桌上语音工作室专业版(Mini-Speech-Lab)"。

4.3.4　实验项目

对两字组中的轻声音节及其前字进行测量和统计。重点在于分析轻声音节和非轻声音节的幅度积。幅度积与音长的数据从软件波形图窗口同时测量得到，图示如下：

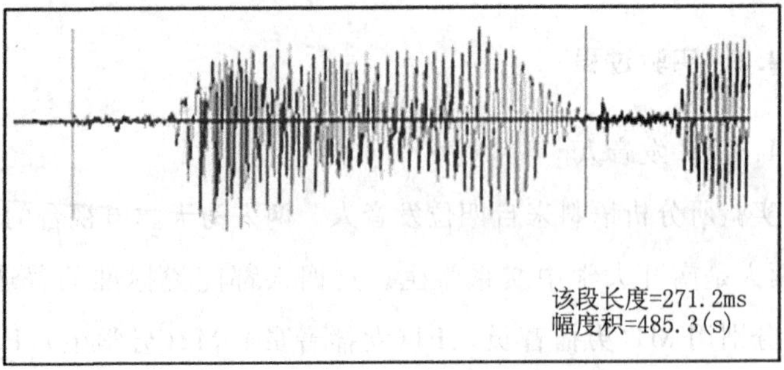

图 2　幅度积和音长测量示意图

4.4　实验结果分析

4.4.1　普通话两字组音量比

下面为我们的实验数据以及分析结果。

表 1　普通话两字组音量比统计表

($\bar{x}$ 为平均值，*Sd*. 为标准差，下同)

项目 / 发音人	后字非轻声 ($\bar{x}$ ±*Sd*.)	后字轻声 ($\bar{x}$ ±*Sd*.)
M1	1.25±0.61	0.55±0.59
F1	0.91±0.53	0.44±0.39

续表

M2	1.12±0.57	0.48±0.38
F2	0.92±0.57	0.51±0.36
平均值	1.05±0.17	0.49±0.05

两字组后字为非轻声的音量比平均值为1.05，表明其前后字的幅度积基本相等，后字稍大，可以认为等重①。许多研究已经表明，跟其他声调相比，轻声音节的音强不一定弱，音长也有时不短（曹剑芬1986），但我们的研究表明：其发音的幅度积相比要小得多，两字组后字为轻声的音量比平均值为0.49，无疑为前重。经T检验，后字非轻声与后字轻声音量比有显著差异（p=0.00）。这就有效地区分了轻声字与非轻声字。

下面表2—表5分别为四位发音人不同声调前字加不同原调轻声后字的两字组音量比统计表。

表2 后字轻声两字组音量比统计表（发音人：M1）

1=阴平；2=阳平；3=上声；4=去声；0=轻声；

0=阴平、阳平、上声、去声，即轻声的原调。下同

	1+0	2+0	3+0	4+0
0=阴平	0.23	0.45	1.42	0.30
0=阳平	0.17	0.43	1.03	0.15
0=上声	0.22	0.23	0.88	0.10
0=去声	0.19	0.39	2.27	0.40
平均值	0.20	0.38	1.40	0.24

① 这里需要说明，关于汉语词重音是左重还是右重已经有许多学者从诸多方面进行了讨论，尚未达成共识。我们的这个研究结果只是表明在单独发音的两字组的情况。详细分析左重、右重问题，我们另外撰文讨论。

表 3　后字轻声两字组音量比统计表(发音人:F1)

	1+0	2+0	3+0	4+0
0=阴平	0.27	0.37	1.23	0.14
0=阳平	0.16	0.42	1.27	0.31
0=上声	0.32	0.48	0.59	0.04
0=去声	0.16	0.22	0.95	0.04
平均值	0.23	0.37	1.01	0.13

表 4　后字轻声两字组音量比统计表(发音人:M2)

	1+0	2+0	3+0	4+0
0=阴平	0.26	0.27	1.39	0.56
0=阳平	0.19	0.39	0.89	0.31
0=上声	0.19	0.15	0.79	0.11
0=去声	0.09	0.38	1.10	0.61
平均值	0.18	0.30	1.04	0.40

表 5　后字轻声两字组音量比统计表(发音人:F2)

	1+0	2+0	3+0	4+0
0=阴平	0.35	0.46	1.49	0.31
0=阳平	0.24	0.48	0.76	0.27
0=上声	0.49	0.26	0.69	0.18
0=去声	0.24	0.75	1.00	0.12
平均值	0.33	0.49	0.99	0.22

从以上统计结果，我们可以看到：在轻声两字组中，前字为阴平、阳平和去声的音量比差异较小，四位发音人的平均值在0.49—0.13（表中用灰色底纹标示）之间，表明后字轻声的幅度积远小于前字；而前字上声的音量比则明显表现不同，四位发音人的平均值在0.99—1.40（表中用下划线标示）之间，表明前后字的幅度积基本相等，后字稍重。

为了更加清楚、全面地分析，我们又进一步把四位发音人后字轻声两字组的音量比数据平均值汇总在表6中。

表6　四位发音人后字轻声两字组音量比汇总统计表

项目 / 发音人	1+0 ($\bar{x}$ ±*Sd*.)	2+0 ($\bar{x}$ ±*Sd*.)	3+0 ($\bar{x}$ ±*Sd*.)	4+0 ($\bar{x}$ ±*Sd*.)
M1	0.20±0.03	0.38±0.10	1.40±0.62	0.24±0.14
F1	0.23±0.08	0.37±0.11	1.01±0.31	0.13±0.13
M2	0.18±0.07	0.30±0.11	1.04±0.27	0.40±0.23
F2	0.33±0.12	0.49±0.20	0.99±0.36	0.22±0.09
平均值	0.24±0.07**	0.39±0.08**	1.11±0.19	0.25±0.11**

经过T检验，四位发音人的1+0，2+0，4+0与3+0之间存在显著差异。（* 表示在0.05水平上差异显著，$p<0.05$，** 表示在0.01水平上差异显著，$p<0.01$。下同）曹剑芬（1986）的研究也曾发现，前字音节为上声时，轻声音节的音强几乎总是大于前字。这个现象该如何解释呢？

首先，我们来看后字为轻声时，不同声调前字的幅度积情况。

表7 后字为轻声的前字幅度积统计表

项目 / 发音人	阴平	阳平	上声	去声
M1	342.1	259.9	104.4	235.1
F1	298.6	206.4	82.5	215.7
M2	435.6	294.1	139.5	208.4
F2	220.6	177.6	111.0	243.1
平均值	324.2*	234.5**	109.4	225.6**

经过T检验，四位发音人的阴平、阳平、去声与上声之间均存在显著性差异，可以看出，前字上声的幅度积本身是四个声调里最小的。

其次，关于普通话轻声的音高表现已经有很多学者进行过探讨，比如赵元任(1968)提出轻声在阴平、阳平、上声和去声后的调值分别为半低、中、半高和低。我们基本可以概括为轻声在阴平、阳平、去声后的音高为低降调，在上声后为中升调，而其终点音高明显表现为上声后轻声最高，请参看图3。

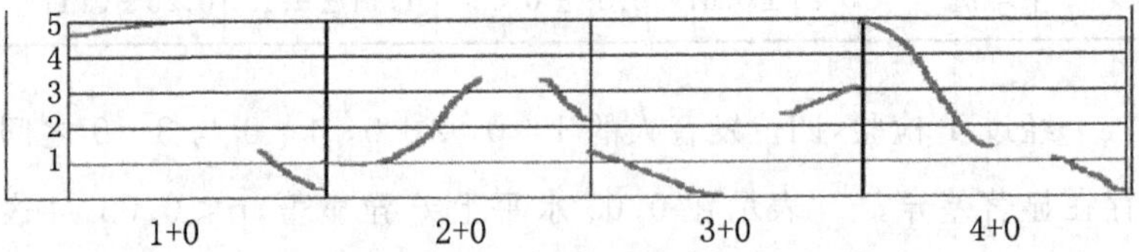

图3 普通话轻声在四声后的音高表现(引自梁磊 2002)

我们认为，上述现象表明音高和音强/音量有高相关度：音高较高，则音量也较高。因此上声这个接近发音人调域底线的低调和其后音高表现为中平调的轻声之间的轻重关系不能仅看音量比[①]。

4.4.2　与以前研究的比较

林茂灿等(1980,1984)分别讨论了北京话轻声和正常重音两字组的声学性质,他们的研究也考察了前后字的能量,认为:字音振幅与时间轴所包围的面积 S,跟产生这个字音所消耗的能量成正比。具体说,就是用面积 S(单位为平方毫米)来代表能量。其结果表明,两字组正常重音中多数前字能量大于后字。他们的研究还对同一字音在重读和轻读时的强度和能量做了相对的比较,轻读字音除以重读,把重读字音的音强和能量记作 1。结果表明,同一字音的能量轻读时毫无例外地比重读时减弱了。这里的能量与我们提出的幅度积可以认为有一致性,而相对化的方法不同,结果也有所不同。其研究也是具有重要意义的。

4.5　结论

我们认为,语音的轻重是个由复杂因素决定的特征,同语音的四个要素都有关系,应当是各个参量综合作用的结果,而不是仅同某一个声学参量相对应。进一步说,轻重音节之间的关系就表现为相对突显性,在语音上的对应值可以用音量比表示。音量比是研究重音问题的有效参数,特别是对于非低调的音节组合轻重对比有很好的区分作用,而对于研究语调等韵律问题也有重要的参

---

① 虽然上声的幅度积小于其后的轻声,但是这并没有让我们感觉轻声比上声更重。关于重音与轻声的知觉特征及其与声学特征之间的关系问题也很复杂,需要进一步地深入研究。相关的讨论,可参看王韫佳(2004)。

考价值。

当然,以上所得结论基于单独朗读两字组的实验语料,下面需要考察语流中的两字组以进一步验证、完善我们的发现。

五 韵律制约句法的实验研究①

5.1 引言

句子的合法性除了受到句法、语义的制约外,还和句子的节律、重音、轻重等语音要素密切相关,基于这样的认识,冯胜利(1997)提出了汉语韵律句法学的理论。该理论认为,一方面韵律受到句法的影响与制约,另一方面句法也受到韵律的影响与制约,二者相互作用、相互影响。具体到汉语来说,汉语的句法也必然要受到韵律结构的制约,这主要体现在句子的普通重音的指派规则上。这一规则认为,汉语句子的重音范域是以动词为中心建立起来的,一般来讲,汉语句子的普通重音要由最后一个主要动词指派给其右边的成分,若其后没有别的成分,重音就会落在动词上,每个句子都只能有一个普通重音,因此,汉语句子的主要动词后不允许有两个非弱读成分。如果违反了这条规则,句子就会变得"尾大不掉"而不可接受。

5.1.1 对动补带宾句的韵律句法学分析

---

① 原文与邓丹、冯胜利合作,发表于《中国语言学报》2008 年第 2 期(*Journal of Chinese Linguistics*, 36.2. 2008)。

以汉语韵律句法学的理论为基础，冯胜利(2000)、董秀芳(1998)对汉语动补带宾结构的韵律制约条件进行了考察，他们发现，在“动补＋宾”句式中，动补结构能否出现和其所拥有的音节数量密切相关，一般情况下，“动补＋宾”句式由双音节动补式加宾语构成，即“VR＋NP”(“V”代表单音节动词，“R”代表单音节补语)，如“老张打碎了杯子”。而两音节以上动补式的出现则很受限制。董秀芳(1998)认为，这是由于两音节动补式正好组成一个韵律词，单音节补语经过贴附式移位和前面的单音节动词组合成一个“复杂动词”，根据普通重音的指派规则，这个“复杂动词”可以将重音指派给后面的宾语，这样句子就变得合法了。而根据汉语韵律构词理论(冯胜利 1996)，当动词和补语的结合超过两个音节时，不能构成一个标准的韵律词，贴附式移位不再可能发生，句子的重音由动词后的补语获得，这时“动补＋宾”句式就变得不合法了。这也就是超过两音节的动补结构很难出现在这类句式中的原因。

同时董秀芳(1998)也指出，虽然动补带宾句式具有一种极强的选择双音节动补结构的倾向，但仍然有一些三音节动补结构可以出现在这种句式中，主要分为“VVR＋NP”型(“VVR”表示双音节动词＋单音节补语)和“VRR＋NP”型(“VRR＋NP”表示单音节动词＋双音节补语)。VVR 型三音节动补带宾句中的补语都由单音节形式构成，它们都有一个共同的特点，即词汇意义的虚化。如在“他为我们安排好了住处”这句话中，“好”所表示的语法意义是完成，近似于动态助词的用法。常出现在此类结构中的单音节补语有“好、完、住、到、掉”等，这种形式的补语数量有限，是可以穷尽性列举的。VRR 型三音节动补带宾结构的数量也很有限，能出现在这类结构中的补语主要包括两类，其一是双音节趋向动词，如“他推进来一辆自行车”，这些趋向动词的词汇意义已经虚化，并且全部轻读；其二是双音节形容词，如“他看清楚了小偷的脸”，这些形容词数量极少，并且第二个音节已经轻化。

5.1.2 问题的提出

上述对动补带宾句中动补式的出现条件的分析，都是从韵律句法学的角度出发的。由于句子的韵律特征和语音表现密切相关，因此，这也促使我们进一步思考，既然上述句法现象在韵律特征上存在差异，那么在语音上的表现是否也存在差异？具体表现形式是什么？

综合冯胜利(2000)和董秀芳(1998)的分析可以看出，动补带宾句中的动补式一般以双音节结构为主，可以出现在此结构中的三音节结构都有一个共同的倾向，即动补式中的补语部分出现了轻化的现象。汉语中的轻化主要反映在轻声音节中，有关轻声的语音学表现，很多学者都开展了研究。林焘(1983)从听觉感知的角度对汉语轻声音节的语音特性进行了研究，结果表明，音长在汉语轻声知觉中的作用最为显著，其次是音高，音强对轻声知觉的贡献很小。有些学者则运用声学测量的手段对普通话轻声音节的特性进行了研究。林茂灿、颜景助(1980)的声学分析结果表明，轻声音节的时长约是重音音节时长的50%。曹剑芬(1986)指出，总体来说轻声音节的时长约为前音节长度的60%，但二者之间没有始终一致的比例关系。林茂灿、颜景助(1980)，王韫佳(1996)还对轻声音节的音高进行了研究。以上这些关于汉语轻声的研究都是单纯从语音学的层面进行的，且大多数都是以孤立的含有轻声音节的词为研究对象的。本文试图结合韵律句法学和语音学的研究方法,对韵律制约句法的语音表现以及汉语轻声的韵律性质开展一些初步的研究,主要运用声学测量和感知评判两种方法,来考察受韵律句法规则影响的不同类型动补带宾句中补语的声学表现与句子可接受度之间的关系。由于林焘(1983)感知实验的结果表明,音长在汉语轻声知觉中的作用显著高于音高和音强,因此本研究中主要考察了补语的音长与句子合法性的关系。

5.2 研究内容

整个研究分为两部分,第一部分为句子合法性评判实验,目的在于对句子的合乎语法的程度作出等级评判;第二部分为声学测量实验,目的是考察不同类型句子的声学语音学表现。

5.2.1 语料

以董秀芳(1998)的研究结果为基础设计本研究的实验语料。主要由包括三类不同的动补结构的句子构成:

(1)双音节动补结构带宾语"VR + NP"("VR"表示单音节动词 + 单音节补语);

(2)三音节动补结构带宾语,其中补语为带轻声音节的双音节形容词"VRr + NP"("VRr"表示单音节动词 + 后音节为轻声的双音节词);

(3)三音节动补结构带宾语,其中补语为带正常重音的双音节词"VRR + NP"("VRR"表示单音节动词 + 带正常重音的双音节词)。

本实验的语料主要由10组句子组成,每组3句,分别包括以上三种不同的动补结构，这样共有30个实验句。为了尽量减少干扰因素的影响，每组句子的主语、动词和宾语完全一致，补语根据句子结构的不同而有所变化。具体内容见附录。实验语料中的音节是否轻读，均以《现代汉语词典》(1996年版)的标注为准。

5.2.2　发音人和录音过程

本实验的发音人共8名，其中3男5女，平均年龄为18.4岁。所有发音人均为北京人，从小在北京长大，均无发音和听力障碍。

所有的实验语句和若干干扰句，经随机排列后形成了录音的语料。整个录音过程是在安静的实验室进行的，录音所用的软件为Cooledit Pro，16bit分辨率，44.1KHz采样频率。录音前给发音人一定的时间熟悉语料，并进行了一些练习。录音时要求发音人在自然状态下，以正常的语速进行朗读，每句连续朗读3遍，句子内部尽量不出现停顿。

5.3　句子合法性评判

5.3.1　实验过程

本实验主要要求被试对句子的合乎语法的程度做出评判，评判采用5分制评分法，具体标准为：

5分——完全能够接受；

4分——基本可以接受；

3分——比较能接受；

2分——勉强可以接受；

1分——不能接受。

为了减少任务效应的影响，整个评判过程由两个相对独立的子实验组成，一个是以视觉呈现的方式进行的评判实验，另一个是以听觉呈现的方式进行的评判实验。另外，为了让被试形成比较一致的评判标准，每次评判前都进行了2分钟的练习。

被试　共有32名被试参加了整个评判实验，他们都是南开大学汉语言文化学院二年级和三年级的本科生，平均年龄19.8岁，都能讲流利的普通话，母语方言均为普通话或北方方言，均无听力和发音障碍。参加视觉评判的被试共12名，3男9女。参加听觉评判的被试共20名，2男18女。

视觉评判过程　视觉评判的语料同录音语料，所有的语料经随机排列后以幻灯片的形式呈现给被试，要求被试根据自己的语感在10秒钟之内，对幻灯片上所呈现的句子合乎语法的程度作出评判，每张幻灯片开始之前有铃声提示。

听觉评判过程　从8位发音人的录音中选取一位男生的录音作为听觉评判的对象，通过对录音进行句子切分和随机排列后形成了听觉评判的刺激语句。这些语句经过编辑后用音箱播放给被试，要求被试听完句子后，在规定的时间内，对句子合乎语法的程度做出评判。每个句子以相同的语速连续播发3遍，两两之间间隔3秒，每句播放结束后有6秒的时间让被试做出评判，然后再进行下一个句子，新句子播放之前有铃声提示。

5.3.2　实验结果

对每个句子的视觉评判得分和听觉评判得分分别进行统计，然后分别计算出每个句子在不同作用环境下的评判得分，评判得分=评判的总得分/相应的评判人数。

首先对两次评判的得分进行了相关分析，结果显示，听觉评判得分与视觉评判得分之间存在着显著的正相关，相关系数为r=0.907(p=0.000)。这表明两组评判得分之间高度相关，具有很好的一致性，这也说明无论是通过视觉呈现的方式还是听觉呈现的方式进行的句子合法性评判，都比较真实地反映了句子合乎语法的程度。

由于视觉评判得分与听觉评判得分之间高度相关，为了便于比较，我们又通过计算两组评判得分的平均值得到了每个句子的总的评判得分(以下简称评判得分)。图1给出了不同类型句子的评判得分。由于五分制评判中每个句子最高得分为5，最低得分为1，每组包括10个句子，因此，在图2中每类句子的最高总得分为50，最低为10。

图1 不同类型句子的评判得分

首先对三类句子的评判得分进行了一元方差分析，结果表明三类句子评判得分的差异显著(F=26.184，p=0.000)，多重比较的结果显示，两两之间的差异均是显著的。从图1可以看出，三类句子评判得分从低到高依次为：VRR＜VRr＜VR。在三类句子中双音节动补带宾句的评判得分最高，总得分为47.35，这说明这类句子最合乎人们的语感，也是在日常生活中最常用的一类句子。三音节动补带宾句，补语为带正常重音的双音节词的评判得分最低，总得分为24.95，这说明这类句子和人们的语感最不吻合，日常生活中很少说出这样的句子。三音节动补带宾句，补语为含有轻声的双音节词的句子的评判得分则介于前两者中间，为34.17。这说明这类句子和人们的语感也不是完全吻合，在日常生活中勉强可以使用。评判的结果和冯胜利(2000)、董秀芳(1998)运用韵律句法学理论进行分析得到的结果基本一致，通过等级评判使我们更清楚地看出了三类句子在人们语感中的合法性程度。

为了进一步比较每组内部不同类型句子的评判得分的差异，图2给出了所有句子的评判得分的均值。

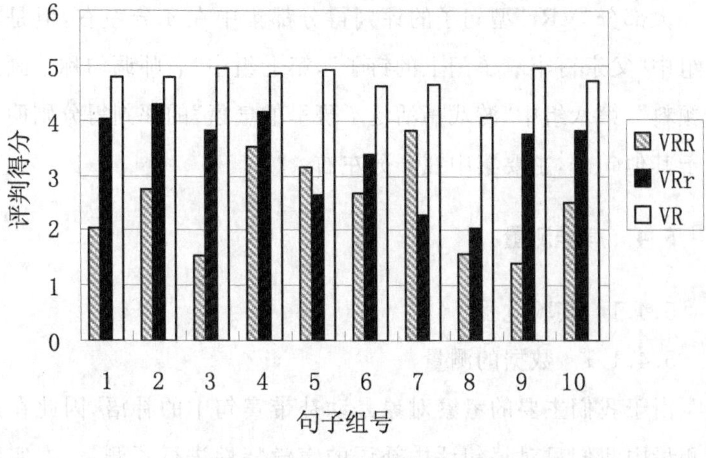

图2　所有句子评判得分均值

从图2可以看出，所有"VR"型句子的评判得分均集中在4—

5之间，分数大都相对集中，相比之下第八组中“游戏搞活了班里的气氛”的评判得分略低。我们认为，这主要是因为词语搭配不太常用造成的，“搞活”可以和“经济”“气氛”等搭配使用，但更常用的形式是与“经济”搭配，“搞活”与“气氛”之间搭配的使用频率较低是这句话评判得分偏低的主要原因，与句子的结构关系不大，因此，可以认为“VR”型句子是动补带宾结构中最常用的一种句式。

“VRR”型句子的得分主要集中在1.5—2.5分之间，但是第四组中“银行办妥帖了所有的手续”，第五组中“父亲钉牢固了门上的钉子”，第七组中“老师调均匀了画画的颜料”的评判得分则明显高于其他句子，得分集中在3—4分之间。值得注意的是，第五组和第七组中均出现了“VRR”型句子的得分高于“VRr”型的现象。

大部分“VRr”型句子的评判得分都集中在4分左右，但是第五组中“父亲钉牢靠了门上的钉子”，第七组中“老师调匀称了画画的颜料”，第八组中“游戏搞活泛了班里的气氛”的评判得分则明显低于其他句子，主要集中在2分左右。

5.4 声学测量

5.4.1 实验过程

5.4.1.1 数据的测量

由于我们主要的考察对象是动补带宾句中的补语，因此在声学测量中我们只对每句话中补语的声学特性进行了测量，本实验主要考察了这些补语的音长特征。我们用Praat软件对所有的录音进行了声学分析，在语图上测量了充当补语的每个音节的音长。

在测量中，我们测量的是整个音节的时长，其中塞音、塞擦音的时长包括闭塞段的时长。

5.4.1.2 数据的处理

考虑到普通话声母和韵母在固有时长上的差异，本文对音节的时长进行了归一化的处理，具体方法为：

Dnorm = Dreal/Dsyl - mean

其中“Dnorm”表示音节的归一化时长，“Dreal”表示音节的实测时长，“Dsyl - mean”为北京捷通语音技术公司汉语普通话语音语料库中与该音节的声韵调完全相同的所有音节的平均时长。对轻声音节进行归一处理时，“Dsyl - mean”数据采用与该轻声音节相应的本调音节的数据。归一化处理可以有效地消除不同声韵母固有时长间的差异，便于在不同音节间进行时长比较。

5.4.2 实验结果

分别统计每个音节的音长值，然后计算每个音节音长的平均值，计算公式如下：音长平均值 = 音长的总和 / (3×8)（“3”指每句重复的次数，“8”指发音人数）。

首先对三类补语中前音节和后音节的时长，分别进行了一元方差分析，结果表明，三类补语中前音节的时长差异不显著（$F = 0.825, p = 0.449$）。由于 VR 中只包含一个音节，因此在对后音节的方差分析中没有包括此类音节。方差分析结果表明，VRR 与 VRr 的补语中后音节的时长差异显著（$F = 652.711, p = 0.000$）。

对补语时长的分析表明，三类补语中不论是前音节还是后音节，均表现出一个共同的倾向，即轻声音节和非轻声音节的时长存在显著差异，轻声音节的时长明显短于非轻声音节，这和其他学者的研究结果基本一致。但是本研究中轻声音节的时长约为非轻声音节时长的85%，远远高于林茂灿、颜景助(1980)的50%和曹剑芬(1986)的60%，我们认为这一方面和个人的发音习惯有关，另一方面则和不同轻声音节在语流中的实际表现有关，具体讨论见下文。

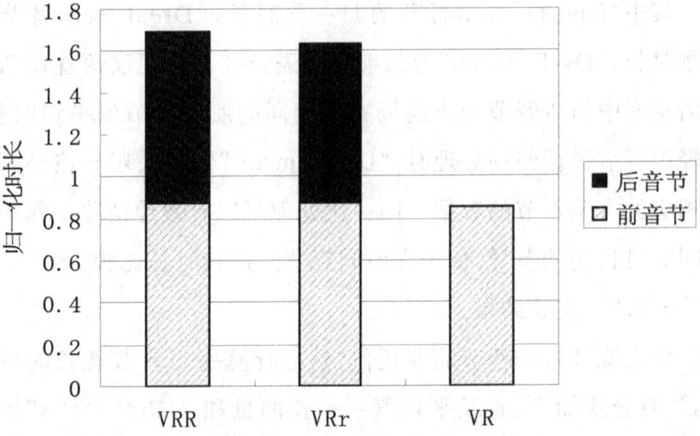

图3　三类句子补语的时长比较

图3是三类句子中补语归一化时长的均值。从图3可以看出，三类句子补语时长表现为：VRR＞VRr＞VR。补语时长的大小和所包含音节的类型和数量有关。双音节补语的时长明显长于单音节补语，而在双音节补语内，其时长又因所包含轻声音节数量的不同而不同，具体表现为，不包含轻声音节的补语时长最长，含有一个轻声音节的其次。

为了进一步比较每组内部不同类型句子补语的时长差异，表

1给出了三类句子的补语的时长数据的统计描述。

表1 三类句子时长数据的统计描述

位置	句子类型	个数	平均值	标准差	最小值	最大值
前音节	VRR	10	0.8722	2.533E-02	0.83	0.91
	VRr	10	0.8717	2.746E-02	0.83	0.91
	VR	10	0.8593	2.383E-02	0.83	0.90
	总计	30	0.8677	2.554E-02	0.83	0.91
后音节	VRR	10	0.8211	8.049E-02	0.63	0.89
	VRr	10	0.7569	5.573E-02	0.70	0.87
	总计	20	0.789	6.811E-02	0.63	0.89

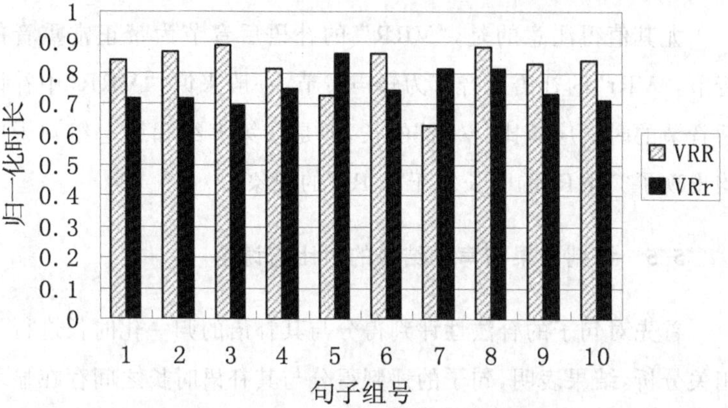

图4 VRR与VRr补语后音节的时长比较

对比表1的数据可以看出，对于前音节来说，三类句子的标准差都较小，说明三类补语的前音节的时长分布都相对比较集中。对于后音节来说，VRR和VRr的标准差都比较大，这说明VRR

和 VRr 中补语后音节的时长数据的分布相对比较分散。为了直观地考察 VRR 和 VRr 中补语后音节的时长变化，我们给出了 VRR 和 VRr 补语后音节的时长分布图（见图 4）。

从图 4 可以看出，“VRR”型句子中，其补语后音节的时长主要集中在 0.85—0.9 之间，但是第四组中“银行办妥帖了所有的手续”，第五组中“父亲钉牢固了门上的钉子”和第七组中“老师调均匀了画画的颜料”的时长却明显低于其他句子。

对“VRr”型句子来说，其补语中后音节的时长主要集中在 0.7 左右，但是第五组中“父亲钉牢靠了门上的钉子”，第七组中“老师调匀称了画画的颜料”和第八组中“游戏搞活泛了班里的气氛”的时长则明显高于其他句子。

尤其值得注意的是，“VRR” 的补语后音节为带正常重音的音节，“VRr”的补语后音节为轻声音节，一般来说，“VRR”中补语后音节的时长应该比“VRr”的长，但是在第五组和第七组句子中均出现了“VRR”的时长短于“VRr”的现象。

5.5 评判结果与声学结果的对比与讨论

首先对句子的合法性评判得分与其补语的归一化时长进行了相关分析，结果表明，句子的评判得分与其补语时长之间存在显著的负相关，相关系数 $r = -0.802$（$p = 0.000$），说明句子评判得分与其补语时长之间高度相关，评判得分随着其补语时长的增加而逐渐降低。

综合上述两个实验的结果，我们来重新考察一下合法性评判和音长对比中出现的一些例外现象。在“VRR”型句子中，“银行办妥帖了所有的手续”,“父亲钉牢固了门上的钉子”和“老师调均匀了画画的颜料”这三句的评判得分明显高于其他句子。而在声学测量实验中,这三个句子的补语后音节的时长却明显低于其他句子,因此,我们可以推测这三句话评判得分偏高的主要原因是由于其补语后音节音长缩短,即补语的后音节出现了一定程度的轻化造成的。有趣的是在我们的实验语料中,有两个句子的补语出现了“固”这个音节,即第五组中“父亲钉牢固了门上的钉子”和第十组中“售货员放稳固了新到的花瓶”,但它们的表现却不完全相同。对比图 4,我们可以看出第五组中“固”的时长明显短于第十组中“固”的时长,这表明在“牢固”这个词中,其后音节出现了轻化的现象,而在“稳固”这个词中,其后音节则比较稳定,没有出现轻化现象。同一音节在不同词语中的不同表现进一步说明,语言是处于不断变化的过程中的,这一变化主要是以渐变的方式进行的。

在“VRr”型句子中,“父亲钉牢靠了门上的钉子”,“老师调匀称了画画的颜料”和“游戏搞活泛了班里的气氛”的评判得分明显低于其他句子。而声学测量的结果显示,这三句话中补语后音节的时长却明显高于其他句子。对比两个实验的结果可以看出,这三句话中补语后音节音长变长,是导致了这些句子的评判得分偏低的主要原因。虽然“牢靠”“匀称”“活泛”的后音节在词典上均标注为轻声,但它们的时长表现却比其他轻声音节偏长,由于这些轻声词在现代青年人口语中已经较少用到,因此我们推测当这些词语再次出现在青年人口语中时,就有可能发生一些变化。邓丹(2004)在考察去声和轻声音节的韵律特征时发现,阳平后的轻声音节容易发生去声化现象。本实验中这三个词语的前音节均为阳平音节，因此可以认为这三个轻声音节发生了去声化现象。由于第五组和第七组中两个带正常重音的双音节词的后音节发生了轻化现象，而两个轻声词的后音节则发生了去声化现象，因此，使得这两组中出现了"VRR"的评判得分高于"VRr"，而"VRR"的补语后音节时长短于"VRr"的现象。

劲松(2002)考察了《现代汉语词典》中标注的轻声词在北京人口语中的变化情况，结果发现，轻声词在北京话里表现出一种不稳定的状态。一方面原有的轻声词存在衰减的趋势，原来读作轻声的词，现在很多人不读轻声，或变成轻声和非轻声两读了；另一方面现代轻声词呈现增长趋势，过去的一些书面词语和一些新词由于使用频率的增加，北京人会习惯性地读为轻声，这样就产生了一些新的轻声词语。从本研究的结果也可以看出，现代汉语中旧的轻声词不断衰减，新的轻声词不断增加的发展趋势。"牢靠、匀称、活泛"中的后音节的"去声化"体现出轻声词的衰减趋势，而"妥帖、牢固、均匀"中后音节的"轻声化"则体现出轻声词的增加趋势。尤其值得注意的是"牢靠"本是和"牢固"意思相近的一个轻声词，"匀称"本是和"均匀"意思相近的一个轻声词，但是随着语言的发展，原来读作轻声的"牢靠"和"匀称"在人们的口语中使用得越来越少，而原来为非轻声词的"牢固"和"均匀"则用得越来越多，在省力原则的作用下，北京人逐渐用他们所熟悉的"重轻"型的韵律模式去读那些更加常用的词语，于是原来的非轻声词逐渐向轻声词靠拢，相反原来的轻声词则由于使用频率的降低，为了增加其辨义功能，在实际使用中则逐渐产生出一个新的声调。也正是由于本实验的轻声词表现出比较明显的轻声变化的不稳定性，才使得实验结果中轻声音节与非轻声音节的时长比例明显高于林茂灿、颜景助(1980)和曹剑芬(1986)。

对比句子的合法性评判结果与补语的声学测量结果，我们可以看出，句子的评判得分为 VRR＜VRr＜VR，补语的时长表现为 VRR＞VRr＞VR。对这三类句子来说，评判得分的高低与其补语时长的长短呈明显的反比例关系。VR 的时长最短，其评判得分最高；VRR 的时长最长，其评判得分最低；VRr 无论其时长表现还是评判得分均介于 VRR 和 VR 之间。这也说明，双音节动补带宾句最容易被人们接受，含有轻声的三音节动补带宾句其次，不含轻声的三音节动补带宾句则最不容易被人们接受。我们认为补语时长与句子可接受度之间的关系充分体现了韵律对句法的制约作用。在动补带宾句中，韵律对句法的制约主要体现在对动词后补语音节时长的限制上，补语的时长不能达到或超过两个非轻声音节的长度。韵律学中最基本的韵律单位是音步，它是由轻重交替的二分枝结构构成的。由于汉语是声调语言，轻重对立在汉语中表现不明显，汉语的节奏主要体现在松紧的对立上(王洪君 2003)，因此我们认为决定汉语音步的语音形式主要是音节的时长。冯胜利(1997)指出，汉语中最小、最基本的音步是双音节音步。语音实验的结果表明，汉语非轻声音节的时长基本一致，约为200ms，这也就意味着汉语中的标准音步是由两个音长相等的非轻声音节组成的。由此看来，动补带宾句中的补语若达到或超过两个非轻声音节就会因为超过了一个标准音步的最大容量，而导致其失去指派重音的能力，由此产生出不合法的句子。

由于轻声音节的时长远远小于相应的非轻声音节,因此,含有轻声的三音节动补带宾句就在上述韵律规则的制约下拥有了一定的合法性,这也导致了 VRr 的评判得分远远高于 VRR。另外,在 VRR 和 VRr 中出现的例外现象也充分说明了韵律对句法的制约作用,虽然 VRR 型句子的可接受度很低,但是部分句子由于其双音节补语的后音节时长变短,使得句子的合法性程度大大高于其他 VRR 型句子;相反,在 VRr 组中部分句子则由于其带轻声的双音节补语后音节时长变长,使得句子的合法性程度大大低于其他 VRr 型句子。由此可见,在动补带宾句中,句子的合法性程度不仅要受到补语的音节数量和音节类型的制约,更重要的是要受到补语时长的制约,补语的时长如果达到或超过两个非轻声音节的长度,整个句子的合法性就要降低,甚至变得不合法;补语的时长如果小于两个非轻声音节的长度,整个句子就会变得合法而可以接受。

附录:实验语料

组号	实验句	组号	实验句
第一组	学生看清晰了黑板上的字。 学生看清楚了黑板上的字。 学生看清了黑板上的字。	第六组	主人铺平坦了新买的红地毯。 主人铺平整了新买的红地毯。 主人铺平了新买的红地毯。
第二组	班长讲明确了对方的来意。 班长讲明白了对方的来意。 班长讲明了对方的来意。	第七组	老师调均匀了画画的颜料。 老师调匀称了画画的颜料。 老师调匀了画画的颜料。

续表

第三组	保安关严密了单位的大门。 保安关严实了单位的大门。 保安关严了单位的大门。	第八组	游戏搞灵活了班里的气氛。 游戏搞活泛了班里的气氛。 游戏搞活了班里的气氛。
第四组	银行办妥帖了所有的手续。 银行办妥当了所有的手续。 银行办妥了所有的手续。	第九组	实验员抽干涸了水池里的水。 实验员抽干净了水池里的水。 实验员抽干了水池里的水。
第五组	父亲钉牢固了门上的钉子。 父亲钉牢靠了门上的钉子。 父亲钉牢了门上的钉子。	第十组	售货员放稳固了新到的花瓶。 售货员放稳当了新到的花瓶。 售货员放稳了新到的花瓶。

第二章　音高起伏度分析

一　汉语普通话陈述句语调的起伏度[①]

1.1 引　言

如何处理汉语声调和语调的关系是汉语语调研究的关键问题。赵元任(1933)曾用两个经典的比喻——“小波加大浪”和“橡皮带效应”生动地说明了汉语字调和语调的关系。吴宗济(1982,1984,1988)把普通话声调的连读变调作为语调单元,分析声调在不同的语调单元的变化,认为语调的变化跟基调有关。沈炯(1985,1992,1994)主张分析汉语语句中的声调音域,提出高音线和低音线的不同变化与语调的类型和功能相对应。胡明扬(1987)认为汉语的句末语调具有重要意义,实际上句末语调就是语句边界调。杨玉芳(1997)、王洪君(2000)、蔡莲红等(2001)、林茂灿(2002)、曹剑芬(2002b)、李爱军(2002)、郑秋豫(Tseng 2006)等许多学者都曾从不同角度对汉语语调进行研究,使我们对汉语语调

① 原文与王萍、梁磊合作,发表于《南开语言学刊》2009年第2期。

有了更深入的认识。

石锋(1999)曾经用“语调格局”的思路尝试分析过汉语语句的音高表现。认为“语调格局”就是指语句调型曲线的起伏格式及其所表现的各词调域本身的宽窄和相互之间的位置关系。本文将沿着这种思路探索分析汉语普通话陈述句的音高表现。

1.2　实验说明

本文的实验句是在沈炯(1985)的实验语句基础上适当修改而成,共有以下四个:

①张中斌星期天修收音机。

②吴国华重阳节回阳澄湖。

③李小宝五点整写讲演稿。

④赵树庆毕业后到教育部。

发音人共有四位:甲、乙是专业播音员,丙、丁是北京长大的三年级大学生;其中甲、丙为男性,乙、丁为女性。录音分别在天津人民广播电台的专业录音室和南开大学语音实验室进行。每位发音人都以自然状态平稳语速发音,不出现语义强调和情感色彩。每个实验句连续说3遍,句与句之间间隔4秒,共得到$3\times4\times4=48$个样品句。

使用南开大学“桌上语音工作室”对样品句进行声学实验,测算出音高数据,进行统计分析。计算内容包括:分别以赫兹、半音为标度并且以百分比方式得出不同发音人的句调域(总调域)、词调域(分调域),以及不同词调域之间的起伏度数据。从赫兹到半音转换的计算公式为:

$$St = 12\lg(f/fr)/\lg 2 \qquad (1)$$

其中“f”表示需要转换的赫兹数值，“fr”表示参考频率，设为64赫兹。

起伏度计算方法请见下文说明。全部计算使用Excel程序完成，并作出统计图表。

1.3 语句调域的相对化

把每一位发音人同一个句子的三次发音样品的实验数据进行平均，再把同一个发音人所发的四个句子的平均值画在同一个图中，语句的时长采用归一的方法。在语句内部划分出不同的语音词，分别作出各个词调域；各词调域中最高的上线就是全句调域的上限，最低的下线就是全句调域的下限。这样就得出句调域（全调域 full range）。分别采用赫兹值和半音值为音高标度，作出两种不同的句调域图，见图1和图2。

在句调域图中可以直观比较各个词调域（分调域 sub-range）的相对位置：甲的句中词上线高于句首词；丙的句中词下线略高于句首词；丁的句末词上线高于句中词。只有乙的各个词调域上线和下线依次递降。在句中词调域的上线和下线，都出现了音高的起伏。由此看来，陈述句音高下倾是一种总体趋势，宏观的结论，不能机械地理解和认识。说话人实际音高表现会有各种差异，需要周密深入的分析。

对照同一个发音人在图1和图2中的调域宽度，会发现有明显差异。这说明不同的标度单位对于分析结果会有重要影响。在表1中，以赫兹为单位的数据很难看出有一致的规律性；以半音为

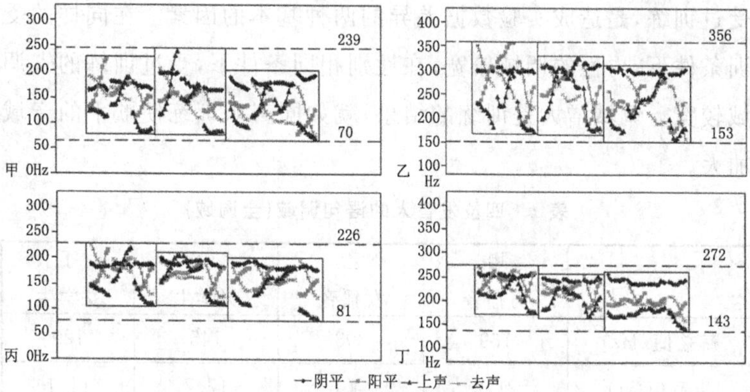

图 1　赫兹标度的语句调域图

(甲 男播音员;乙 女播音员;丙 男学生;丁 女学生)

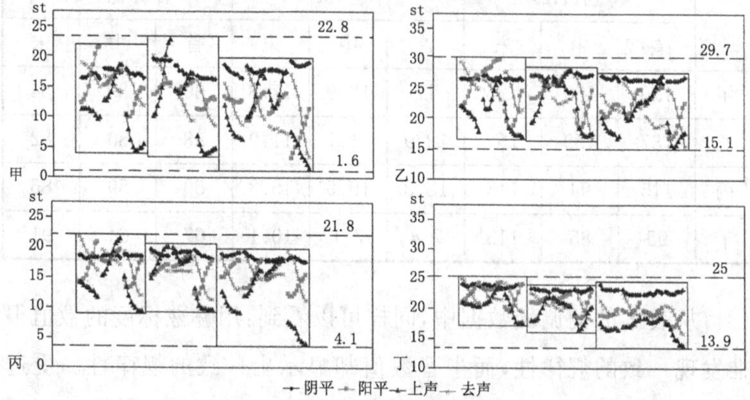

图 2　半音标度的语句调域图

(甲 男播音员;乙 女播音员;丙 男学生;丁 女学生)

标度的数据则表现出一致的规律性:男性的调域大于女性;受过训练的播音员的调域大于没有受过训练的学生。性别的不同和是否受过训练，是造成实验数据差异的两种基本的因素。在同样的受训条件下，男性的调域较宽；在性别相同条件下，受过训练的人调域较宽。调域增大是训练的结果，就如同声乐训练使歌手的音域加大。

表1 四位发音人的语句调域（全调域）

	甲 男播音	乙 女播音	丙 男学生	丁 女学生
赫兹值(Hz)	169	203	145	129
半音值(st)	21.2	14.6	17.7	11.1

表2 四位发音人的词调域（分调域）

	赫兹(Hz)			半音(st)			百分比(%)		
	首	中	末	首	中	末	首	中	末
甲	139	159	126	17	18.9	17.8	80	89	84
乙	187	159	151	12.9	11.7	11.9	88	80	82
丙	115	94	115	12.3	10.5	15.3	69	59	86
丁	95	85	113	7.4	7.1	10.1	67	64	91

从表2的词调域数据中，同样可以看到：用赫兹标度的数值很难发现一致的规律性，而半音数值却显示出一致的规律性。受过训练的发音人甲、乙在句首、句中、句末位置上词调域的宽度相差不大，约为1—2个半音；未受过训练的发音人丙、丁都是句末词调域较大，句中、句首的词调域较小，相差在3—5个半音。

音高的赫兹值是一种线性标度。半音的换算是以对数为基础，与人的听感是相对应的，半音是适于反映心理—声学的对应关

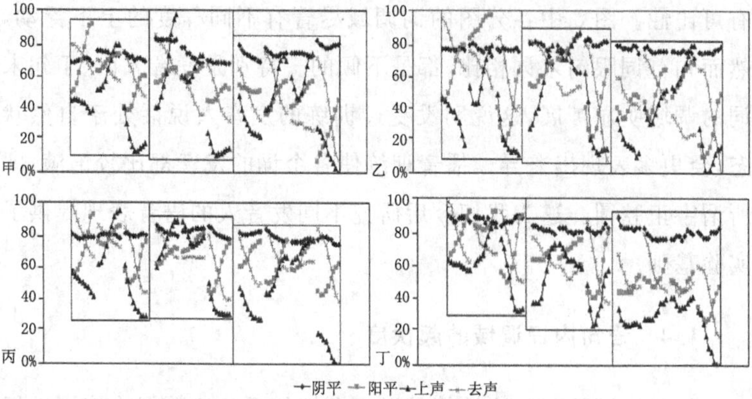

图 3 相对的语句调域图

（甲 男播音员；乙 女播音员；丙 男学生；丁 女学生）

系的语调研究单位（李爱军 2005）。半音为标度的数据在音高分析中具有优势。因此计算百分比数值选择以半音数值为基础。百分比数值的计算是一种相对化的归一算法，类似于 T 值（石锋 1986）的计算原理，计算方法如下：

$$Ki = (Gi - Smin)/(Smax - Smin) \quad (2)$$

$$Kj = (Gj - Smin)/(Smax - Smin) \quad (3)$$

$$Kr = Ki - Kj \quad (4)$$

其中 Gi 代表词调域上线半音值，Gj 代表词调域下线半音值；Smax 为语句调域上限半音值，Smin 是语句调域下限半音值；Ki 为词调域上线百分比，Kj 为词调域下线百分比，Kr 就是词调域的百分比数值。

按照百分比数据作出相对化的语句调域图（见图 3），可以过滤发音高低和调域宽窄方面的差异，使不同发音人的实验结果具有可比性。图3中各分图的词调域尽管有不同程度的上下浮动，然而句首词跟句末词相比，都是下倾的。特别是发音人丙、丁句末词的调域明显扩展，这说明没受过训练的发音人说话处于自然状态，会更多表现出差异。播音训练使各个词的发音都比较饱满，即所谓字正腔圆。这为我们今后研究不同发音人的语音表现提供了实验基础。

1.4 语句内词调域的起伏度

句子语调的起伏度计算是以词调域的百分比数据为依据进行的。起伏度数据可以将不同年龄和性别的发音人、不同语气和口气类型的语句放置在同一空间中对照比较，在可比性的基础上进一步具有可统计性，使语调研究进入量化分析过程。

语句起伏度用Q值来表示，Q值的类别和位置用下标加以区分。计算方法是：

$$Qx = Kx - K(x+1) \quad (5)$$

其中，x =1,2,3,……是词在语句中位次序列数；K是词调域的相对百分比数值。

一个词调域有上线和下线，把上线和下线相对数值相加的和除以2就能够得到词调域中线的相对数值。用a、b、c分别代表词调域的上线、中线和下线，可以分别计算上线、中线和下线三种起伏度，即上线起伏度Qa、中线起伏度Qb和下线起伏度Qc。

同时，一个句子语调的起伏状态需要利用Q值序列来作量化描述。Q值序列为Q0、Q1、Q2、Q3……Q。其中，Q0为起始点，分别指句首词调域上线、中线或下线的实际数值；Q为全句起伏度，等于Q1,Q2,Q3……的代数和,实际上就是句首词的百分比数值减去句末调群的百分比数值所得的差值。因此,在具体描述中,有时会用到双下标,如专指上线的Q值序列有Qa0、Qa1、Qa2、Qa3……Qa。采用上述方法计算出四位发音人语句中词调域的起伏度Q值序列数值,列为表3;并根据表3数据作出图4,模拟词调域起伏状态。

表3　语句词调域起伏度Q值表(%)

发音人 \ 起伏度		Q0	Q1	Q2	Q
甲	上线a	94	−6	16	10
	中线b	54	−1.5	13.5	12
	下线c	14	3	11	14
乙	上线a	100	11	7	18
	中线b	56	7	8	15
	下线c	12	3	9	12
丙	上线a	100	9	5	14
	中线b	65.5	4	18.5	22.5
	下线c	31	−1	32	31
丁	上线a	100	12	−3	9
	中线b	66.5	10.5	10.5	21
	下线c	33	9	24	33

分析表3的起伏度数据和图4的语句调域格局图形,基本上

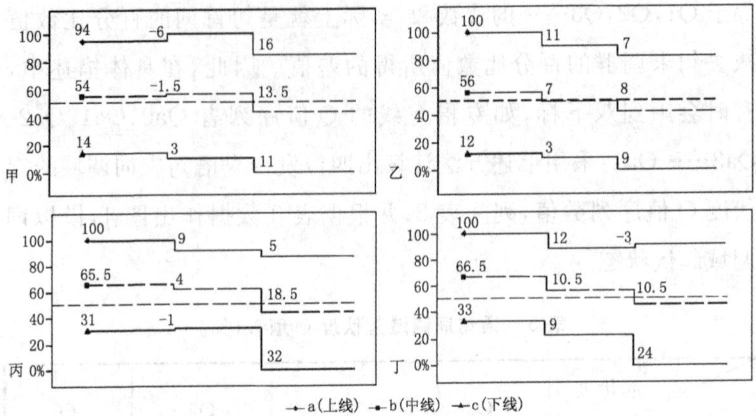

图 4 语句调域格局图

(甲 男播音员;乙 女播音员;丙 男学生;丁 女学生)

可以反映出汉语陈述句的起伏度 Q 值序列的分布特征。

句首词调域起点 Q0 的上线多为全句调域上限或接近上限 100,分布集中且稳定。中线和下线分布也较稳定,分为受过训的甲乙和未受训的丙丁两组,组内差异为 1 或 2,组间差异较大,下线在 20 左右,中线减半。以受训与否为条件的分组差异同样表现在以下分析中。

Q1 是句中词调域的起伏度,Q2 是句末词调域的起伏度。起伏度为正值表明音高下降,负值表明音高上升。从总体上看,Q1、Q2 数据中绝大多数是正值,最大值在 30 以上;只有个别负值出现,最小值为 -6。这表明陈述语句中音高下倾占主流,是无标记的,下降的程度可以很大;音高上升情况很少,是有标记的,上升的程度只能很小,受到制约。如果分项比较,还是分为甲乙和丙丁两组，受过训练的甲乙表现为个性差异，难有一致特征；未受训练的丙丁共同特点是最大值都出现在句末词调域的下线 Q2 中，达到 20—30 以上。这应该是边界调的一种重要表现。

Q 值表示全句的起伏度。表 3 中所有的 Q 值都是正数，说明陈述句从整体上是音高下倾的。其中丙丁组的中线和下线非常接近，表明了未受训的发音人的一致性。

从以上的分析中还可以看到：中线的表现比上线和下线更稳定，可望成为语调特征的表征之一；句中词的表现不稳定，跟句首词和句末词相比，具有一定的浮动性。实际上，下线的起点就是下线全句起伏度，也就是 Qc0 = Qc；上线的起点减去上线全句起伏度 Qa0 - Qa 就是句末词的调域宽度。在陈述句中都是这样。

1.5　字调域的起伏度

语音词内部各字音的声调音域可以称为字调域。同一词内的字调域之间的相对关系可以跟同一语句的词调域之间的相对关系相互对照比较，采用相同的计算方法和类似的分析程序进行考察。本文以四位发音人的句首词为例，做初步的探讨。

将四位发音人的句首词的字音调域依据半音值进行百分比的归一计算，作出相对化的词调域图（见图 5）。跟上文中相对的语句调域图（见图 3）对照比较，有一个发现引人注意：在语句中句首词调域最大的发音人乙，在词中也是首字调域最大；在语句中句末词调域最大的发音人丁，在词中也是末字调域最大。二者真的是有一定的对应关系。

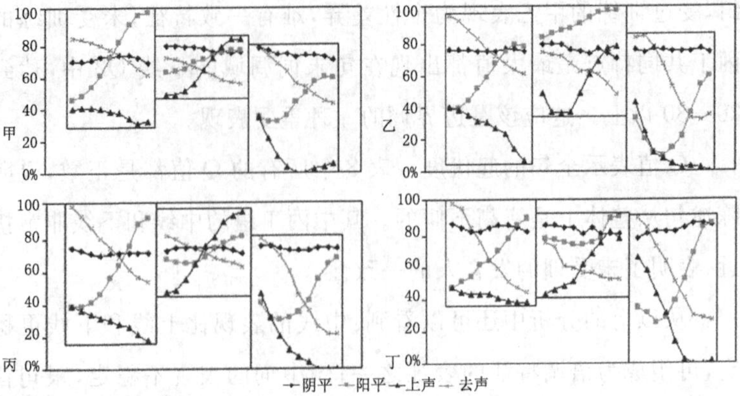

图 5 相对的句首词调域图

(甲 男播音员;乙 女播音员;丙 男学生;丁 女学生)

选择 q 值来表示词内部字音调域的起伏度,是为了区分语调分析的不同层次。q 值的计算方法和 Q 值相同,可参见上文中的公式(5)。采用相同方法计算出四位发音人句首词各字音调域的起伏度 q 值序列数值,列为表 4;并根据表 4 数据作出图 5,模拟字音调域起伏状态。分析表 4 的数据和图 5 的词调域格局图形,可以初步得出汉语陈述句词调域起伏度 q 值序列的分布特征,并且可以跟表 3 和图 4 的语句调域格局图形对照,比较 Q 值序列跟 q 值序列在分布特征上的同异之处。实际上,二者的分布特征在各个方面都具有相似性。

上线起点 q0 多为词调域上限或接近上限 100,分布集中。下线分布范围较大,从 7 到 38,影响到中线起点不稳。起点 q0 数值表现首字调域的定位特征。

表 4 句首词的字音起伏度 q 值表(%)

发音人 \ 起伏度		起点	q1	q2	q
甲	上线 a	100	16	5	21
	中线 b	65.5	－1	27	26
	下线 c	31	－18	49	31
乙	上线 a	98	－2	15	13
	中线 b	52.5	－15.5	25.5	10
	下线 c	7	－29	36	7
丙	上线 a	100	3	16	19
	中线 b	59	－13	31.5	18.5
	下线 c	18	－29	47	18
丁	上线 a	100	8	1	9
	中线 b	69	1.5	22	23.5
	下线 c	38	－5	43	38

q1 是词中字调域的起伏度。从相对位置来看，词调域的首字和末字较为稳定，中字具有浮动性。起伏度的负值都是出现在表 4 的 q1 中，且集中在下线。上线以降为主，如有上升，幅度很小；下线全部为升，幅度可接近 30，影响到中线升高。词中字 q 值的浮动性跟句中词调域 Q 值的浮动性相似，而且表现更为突出。

q2 是调群末字调域的起伏度。四位发音人一致表现出的显著特征是下线 q2 的大幅度下降，幅度在 36—49 之间。词内起伏度的最大值出现在末字调域下线的 q2 中；语句内起伏度的最大值

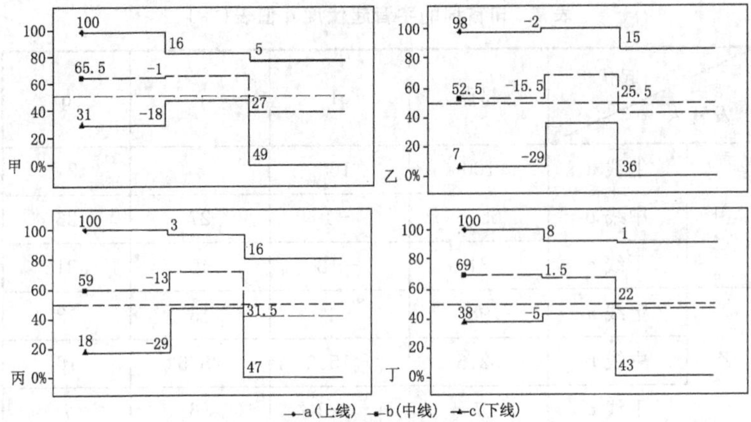

图 6　调群字音格局图

(甲 男播音员;乙 女播音员;丙 男学生;丁 女学生)

出现在句末词的下线 Q2 中。二者不是偶然的巧合,这是不同层级边界调的重要表现。

相邻字调域起伏度 q1 和 q2 之间有着此长彼消的相互关联:中字下线 q1 的升高幅度很大,在实现发音省力的经济原则的同时,为末字下线 q2 的大幅下降准备了条件,增强边界调的对比。边界调的术语具有活力,给人启迪,适用于各种层级边界位置的分析考察。

q 值表示词调域的总起伏度。表 4 中所有的 q 值都是正数,说明词调域从整体上也是音高下倾的(邓丹、石锋 2009)。实际上,下线的起点就是下线总起伏度,即 qc0 = qc;上线的起点减去上线全句起伏度 qa0 - qa 就是末字的调域宽度。跟上文所述 Q 值的表现对应一致。

词内部字调域之间的关系与语句内部词调域之间的关系具有同构性，q值和Q值分布特征的对应相似表现就是很好的证明。在语法上，“大的词组中可以包含与它关系不同的词组。各个层次上语法关系的类型是有限的，反复使用有限的句法规则，就可以构成复杂的词组和句子，这就是语法的递归性。”（邢公畹等 1994）递归性是系统性的一种表现。语调当中的同构性是语法上的递归性在语音上的投影，也是语调系统性的表现。采用语调格局的思路和方法来分析汉语的语调，就是探索和揭示语调在不同层次上的系统性和规律性。

1.6　结论

本文对四位汉语普通话发音人的陈述句语料进行的初步分析表明：划分句调域（总调域）和词调域（分调域），计算起伏度（Q值序列），进行语调格局的考察，可以定量分析发音人的语调表现，实现不同发音人和不同语句类型之间的可比性与可统计性。

为了区分语调分析的不同层次，用Q值表示语句中的起伏度，q值表示语音词中的起伏度。Q值序列跟q值序列的分布特征具有相似性。陈述句的句调域和词调域从整体上都是音高下倾的。词调域的中字q值的浮动性跟句中词Q值的浮动性相似，而且表现更为突出。

实验数据证明，音高下倾在陈述语句和词调域中都占主流，是无标记的，下降的程度较为自由；音高上升是有标记的，上升的位置和程度受到制约。

语句起伏度最大值出现在句末词的下线，词内起伏度的最大值出现在末字调域的下线。这不是巧合，而是边界调的重要表现。边界调的术语适用于各种层级边界位置的分析考察。

Q值和q值分布特征的对应相似性表明，词内部字调域之间的关系与语句内部词调域之间的关系具有同构性。语调当中的同构性是语法上的递归性在语音上的投影，也是语调系统性的表现。采用语调格局的思路和方法来分析汉语的语调，就是探索和揭示语调在不同层次上的系统性和规律性。

Tseng(2006)曾依据节奏、响度和停延停顿的分析，提出阶层式多短语韵律句群(Prosodic Phrase Group 简称 PG)的主张，说明调群、句子、句群甚至篇章都是不同的韵律层级，存在着相互依存、相互制约的关系。我们可以假设句群内部的各个句子之间的音高表现也可能会存在一定程度的"同构性"，需要在今后的研究中用实验的探索来加以证明。

二　汉语普通话疑问句语调的起伏度[①]

2.1　引言

赵元任(1933)曾用两个经典的比喻——"小波加大浪"和"橡皮带效应"生动地说明汉语语调的变化原理。吴宗济(1982,1984,1988,1997)将二字组、三字组、四字组的连读变调作为语调研究的基本单元，并用"底层调型"和"表层调形"、"必然的变调"和"或然

① 原文与王萍合作，发表于《南开语言学刊》2010年第2期。

的变调”、“跳板规则”和“多米诺规则”等概念来阐释汉语声调和语调的相互关系。

陈述语调、疑问语调、祈使语调和感叹语调是语言中四种基本的功能语调。汉语的疑问语调，已有胡明扬(1987)、Nien－chuang Chang(1958)、Xu(2002)等多位学者做过研究，他们的共识是：汉语语调不是音高的升降问题，而是调域高低的问题，通过提高或压低声调调域的方式来表现的；句末调，即句末重读字音的声调是疑问语气的重要表现。沈炯(1985，1992)提出疑问语调是高音线渐落形式和低音线上敛形式结合而成的。曹剑芬(2002b)认为，疑问句的平均音高总是高于相应的陈述句，其语调轮廓都是上升的或者相对趋平的；陈述句都是下降的。

本文基于语调格局的思路(石锋 1999)，在使用音高起伏度的计算方法初步分析汉语北京话陈述句语调(石锋、王萍、梁磊 2009)之后，再对四位汉语北京话发音人的无疑问词的疑问句语料进行定量分析，并与陈述句语调的音高表现对照比较。考察疑问句整体调域提高的程度，以及句末字音声调的表现方式，做出客观的量化描述。

2.2 实验说明

语音实验以是非问句中不带疑问词的质疑问句为研究对象。实验句是在沈炯(1985)实验语句基础上适当修改而成，共有以下四个：

①张中斌星期天修收音机？　②吴国华重阳节回阳澄湖？

③李小宝五点整写讲演稿？　④赵树庆毕业后到教育部？

发音人共有四位：甲、乙是专业播音员，丙、丁是北京长大的三年级大学生；其中甲、丙为男性，乙、丁为女性。录音分别在天津人民广播电台的专业录音室和南开大学语音实验室进行。每位发音人都以自然状态、平稳语速发音，不出现语义强调和情感色彩。每个实验句连续说3遍，句子之间间隔4秒，共得到3×4×4=48个样品句。

使用南开大学“桌上语音工作室”对样品句进行声学实验，测算出音高数据（半音值），进行统计分析。计算内容包括：每位发音人的句调域（总调域）、词调域（分调域），在半音值基础上计算百分比，得到不同词调域之间的起伏度数据。起伏度算法已有表述（石锋、王萍、梁磊 2009），下文中结合调域分析再加说明。使用Excel完成全部计算，并作出统计图表。

从赫兹到半音转换的计算公式为：

$$St = 12\lg(f/fr)/\lg2 \qquad (1)$$

其中“f”表示需要转换的赫兹数值，“fr”表示参考频率，设为64赫兹。

2.3 语句调域的分析对比

把同一位发音人同一个句子的三次发音样品的实验数据进行平均，再把同一个发音人所发的四个句子的平均值画在同一个图中，语句的时长采用归一的方法。在语句内部划分出不同的语音词，分别作出各个词的调域；各词调域中最高的上线就是全句调域的上线，最低的下线就是全句调域的下线。这样就得出语句调域（如图1）。

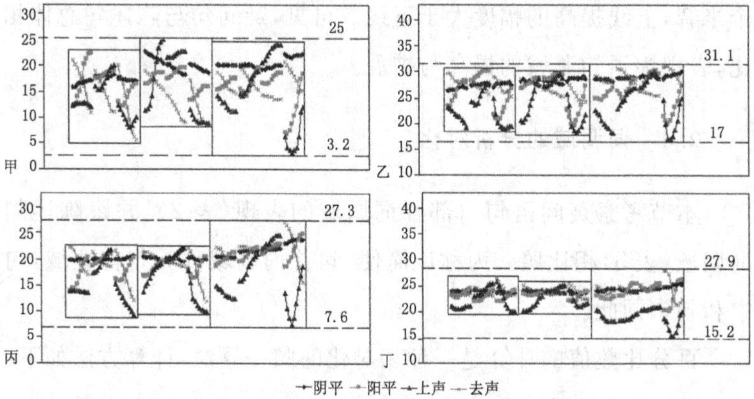

图 1　半音标度的疑问语句调域图

(甲 男播音员;乙 女播音员;丙 男学生;丁 女学生)

在语句调域图中可以直观比较各个词调域的相对位置:四位发音人的句首词上线均低于句末词,句首词下线均高于句末词;句末调域覆盖全部语句调域(甲除外)。

表 1　四位发音人疑问句与陈述句语句调域对比(半音值)

	甲	乙	丙	丁
疑问句	21.8 (3.2－25)	14.1 (17－31.1)	19.7 (7.6－27.3)	12.7 (15.2－27.9)
陈述句	21.2(1.6－22.8)	14.6(15.1－29.7)	17.7(4.1－21.8)	11.1(13.9－25)

表 1 列出疑问句和陈述句语句调域的对照。从表中可看到:疑问句的语句调域大于陈述句(乙除外),尤其是丙和丁,分别是 2 和 1.6 个半音,这表明疑问句调域的整体扩展趋势。重要的是比较括号中的分布区间,四位发音人疑问句语句调域的上线和下线都是高于陈述句,下线高出 1.3—3.5 个半音,上线高出 1.4—5.5

个半音，上线提高的幅度大于下线。可见，疑问句与陈述句总体相比，表现为语句调域的提高与扩展。

2.4 词调域的分析对比

本节考察疑问语句内部各词调域的表现（表2），并跟陈述句词调域（表3）相比照。为称说简便，句首词调域称为句首调域，句中和句末同此。

百分比数值的计算是一种相对化的归一算法，计算方法如下：

$$Ki = 100 * (Gi - Smin)/(Smax - Smin) \quad (2)$$

$$Kj = 100 * (Gj - Smin)/(Smax - Smin) \quad (3)$$

$$Kr = Ki - Kj \quad (4)$$

其中 Gi 为词调域上线半音值，Gj 为下线半音值；Smax 为语句调域上线半音值，Smin 为下线半音值；Ki 为词调域上线百分比，Kj 为词调域下线百分比，Kr 就是词调域的百分比跨度。

按照百分比数据作出相对化的语句调域图（图2），可以过滤发音高低和调域宽窄方面的差异，使不同发音人的实验结果具有可比性。

表2 四位发音人疑问句词调域

	半音(st)			百分比(%)		
	首	中	末	首	中	末
甲	16.9(5.5-22.4)	16.4(8.6-25)	20.9(3.2-24.1)	77(11-88)	75(25-100)	96(0-96)
乙	11.2(19-30.2)	11.2(18.5-29.7)	14.1(17-31.1)	80(14-94)	79(11-90)	100(0-100)
丙	13.2(9.4-22.6)	12.4(10-22.4)	19.7(7.6-27.3)	67(9-76)	63(12-75)	100(0-100)
丁	6.6(19.9-26.5)	5.3(20.2-25.5)	12.7(15.2-27.9)	52(37-89)	42(39-81)	100(0-100)

表 3　四位发音人陈述句词调域（石锋、王萍、梁磊 2008）

	半音(st)			百分比(%)		
	首	中	末	首	中	末
甲	17(4.5-21.5)	18.9(3.9-22.8)	17.8(1.6-19.4)	80(14-94)	89(11-100)	84(0-84)
乙	12.9(16.8-29.7)	11.7(16.4-28.1)	11.9(15.1-27)	88(12-100)	80(9-89)	82(0-82)
丙	12.3(9.5-21.8)	10.5(9.7-20.2)	15.3(4.1-19.4)	69(31-100)	59(32-91)	86(0-86)
丁	7.4(17.6-25)	7.1(16.6-23.7)	10.1(13.9-24)	67(33-100)	64(24-88)	91(0-91)

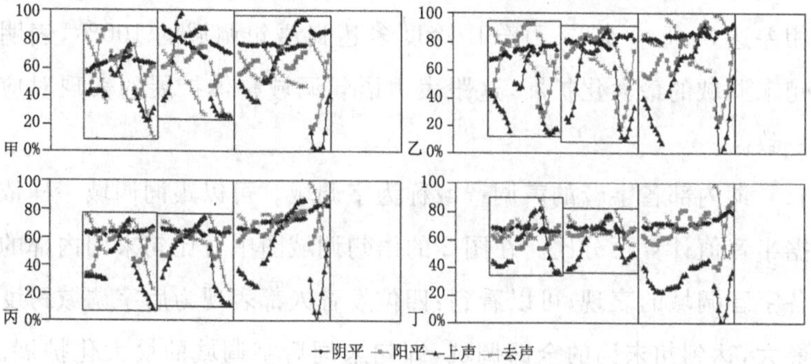

图 2　百分比标度的疑问语句调域图
（甲 男播音员；乙 女播音员；丙 男学生；丁 女学生）

在表 2 和表 3 中比较同一发音人在同样位次上的数据，首先来看各词调域的跨度：句首和句中调域的跨度多是疑问句小于陈述句；句末调域跨度都是疑问句大于陈述句。疑问句句首小 0.1—1.7 个半音（丙虽然半音值大，但是百分比值还是小的），句中小（丙除外）0.5—2.5 个半音。疑问句句末调域跨度大于陈述句 2.2—4.4 个半音。

再看各词调域的分布区间，首、中、末位置上都是疑问句比陈述句词调域抬高。句首上线提高 0.5—1.5 个半音，下线提高 1—

2.3个半音；句中上线抬高1.6—2.2个半音，下线抬高0.3—4.7个半音；句末上线抬高3.9—7.9个半音，下线抬高1.3—3.5个半音。句首和句中都是下线抬高的幅度大于上线；句末则是上线大于下线。

疑问句各词调域的提升是跟疑问语句调域整体提高的表现相一致的。句末调域表现独特，调域跨度显著大于句首、句中调域，相差达3—8个半音；百分比跨度多达到语句调域的100%，表明句末调域的最大化扩展，这跟表1语句调域整体扩展的表现对应一致。

词内部各字音的声调音域称为字调域。可以跟词调域一样依据半音值计算百分比。在图2的语句调域图中对比句末词内部的各字音调域的表现，可以看到：四位发音人都表现为后字调域跨度最大，达到句末词的全部调域，即句末词后字调域的最大化扩展。这是疑问语句的句末词的调域最大化扩展的源头。

2.5 疑问语句音高起伏度的分析

起伏度（Q值）是进行语调量化分析的重要指标。语句音高的起伏度计算是以词调域的百分比数据为依据进行的。计算方法就是前一词调域的百分比数值减去后一词调域的百分比数值所得的差值。从句首到句末，依次进行，上中下线同样办理。正值为降，负值为升。按照Q值作出语调格局图，可以将不同年龄和性别的发音人、不同语气和口气类型的语句放置在同一空间中对照比较，实现语调研究的量化分析（石锋、王萍、梁磊2009）。

图3是语调音高格局图，依据表4列出的四位发音人语句音

高起伏度 Q 值作出。可以在图中直观考察句子语调的起伏状态。

分析图 3 的语调音高格局图形和表 4 的起伏度数据，基本上可以反映出北京话疑问句的起伏度的分布特征。四位发音人可以按照不同的条件分组对比：甲乙对丙丁是播音员跟普通人的不同，前者受过发音训练；甲丙对乙丁是男女性别的不同。

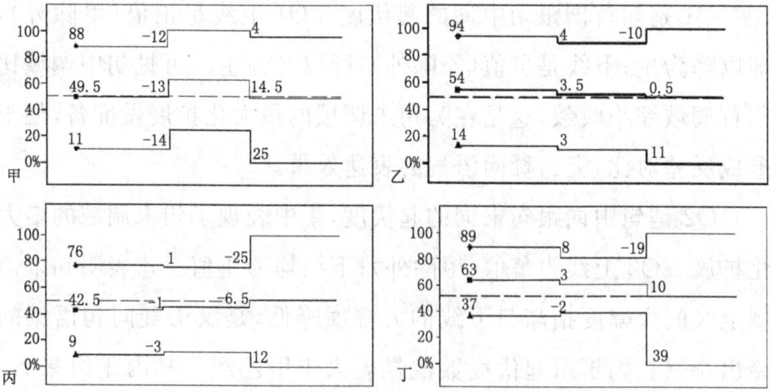

图 3 疑问句语调音高格局图

(甲 男播音员；乙 女播音员；丙 男学生；丁 女学生)

表 4 疑问语句调域起伏度 Q 值表(%)

起伏度 / 发音人	起点 Q0			Q1			Q2			Q		
	上线	中线	下线	上线	中线	下线	上线	中线	下线	上线	中线	下线
甲	88	49.5	11	－12	－13	－14	4	14.5	25	－8	1.5	11
乙	94	54	14	4	3.5	3	－10	0.5	11	－6	4	14
丙	76	42.5	9	1	－1	－3	－25	－6.5	12	－24	－7.5	9
丁	89	63	37	8	3	－2	－19	10	39	－11	13	37

句首词起点 Q0 的上线分布较集中，分布范围 76—94，甲乙组

内相差6,丙丁组内相差13,甲丙组内相差12,乙丁组内相差5;下线分布分散,分布范围9—37,甲乙组内相差3,丙丁组内相差28,甲丙组内相差2,乙丁组内相差23。由此可见,受过训的甲乙组内差异显著小于未受训的丙丁组,并且男性甲丙组内差异显著小于女性乙丁组。

Q1是句首词跟句中词的起伏度。Q1上线是正值(甲除外),即以降为主;下线是负值(乙除外),即以升为主。可见句中调域比句首调域缩小收敛,这是在为句末调域的最大化扩展做准备,便于形成反差对比,突出疑问语气的表达效果。

Q2是句中词跟句末词的起伏度,集中表现了句末调域的最大化扩展。Q2上线为负值(甲除外);下线均为正值。这表明句末调域上线的大幅度抬高与下线的大幅度降低,是汉语疑问句语调的突出特点。丙丁组起伏度数值显著大于甲乙组。从丙丁组来看,男性调域相对较低,其上升的空间相对较大,以上线提高为主;女性调域相对较高,其下降的空间相对较大,以下线降低为主。提高和降低的结果都是实现调域扩展的最大化。

Q值等于Q1、Q2的代数和,表示全句的起伏度。Q值上线都为负数,即上线抬升;下线都为正数,即下线降低。说明疑问语句调域的整体扩展。其中丙丁组的全句起伏度大于甲乙组,跟句末词表现一致,说明受训和未受训之间存在系统性差异。

Q2的绝对值总体上显著大于Q1,表明句末词是疑问语气功能的主要承载者。句中词作为句首、句末词之间的过渡,对于疑问语气的表达起到了一定的辅助作用。

2.6　疑问句跟陈述句语调起伏度的对比分析

表 2 和表 3 中的疑问句和陈述句的最高点都为 100%，最低点都为 0%，但实际半音值是不同的。为把疑问句和陈述句的表现放在同一水平上比较分析，我们分别将每位发音人疑问句和陈述句的半音值数据放在一起，选择其中的最高点、最低点作为调域两极，计算它们的百分比（表 5）和起伏度（表 6），作出各自的语调音高格局图（图 4）。

表 5　疑问句、陈述句语句和调群调域对比表（%）

	陈述句				疑问句			
	全句	首	中	末	全句	首	中	末
甲	91(0－91) 76(0－76)	73(12－85)		81(10－91)	93(7－100) 89(7－96)	72(17－89)		70(30－100)
乙	91(0－91) 74(0－74)	80(11－91)		73(8－81)	88(12－100) 88(12－100)	70(24－94)		70(21－91)
丙	76(0－76) 66(0－66)	53(23－76)		45(24－69)	85(15－100) 85(15－100)	66(23－89)		54(25－79)
丁	79(0－79)	53(26－79)	51(19－70)	72(0－72)	91(9－100) 91(9－100)	47(43－90)		38(45－83)

从表 5 中可以得出各项对比数值：(1)全句调域跨度，疑问句减陈述句数值，甲乙为 2、－3，丙丁为 9、12。(2)全句调域上线，疑问句高，甲乙同为 9，丙丁为 24、21。(3)全句调域下线，疑问句高，甲乙为 7、12，丙丁为 15、9。(4)全句最高点位置，陈述句在句首，疑问句在句末（甲除外）。(5)全句最低点位置，陈述句和疑问句同样都在句末。

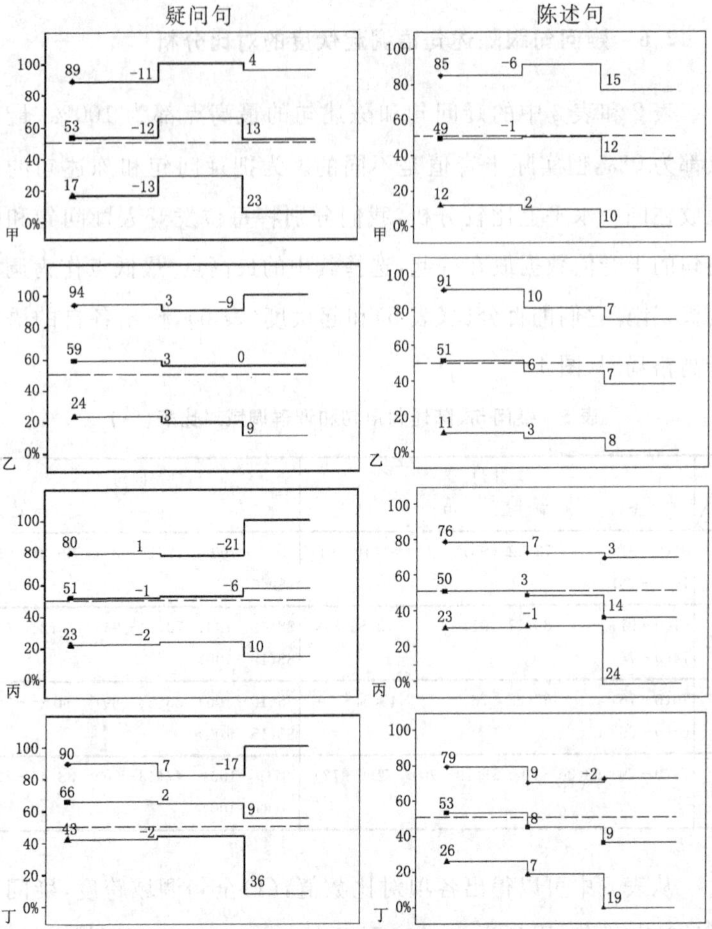

图 4　疑问句、陈述句语调音高格局对比图
(甲 男播音员;乙 女播音员;丙 男学生;丁 女学生)

比较全句的起伏度 Q 值数据:疑问句上线全部为负(甲 -7,乙 -6,丙 -20,丁 -10),下线全部为正(甲 10,乙 12,丙 8,丁

表6　陈述句和疑问句起伏度Q值表(%)

发音人 \ 起伏度		起点Q0 上线	起点Q0 中线	起点Q0 下线	Q1 上线	Q1 中线	Q1 下线	Q2 上线	Q2 中线	Q2 下线	Q 上线	Q 中线	Q 下线
甲	陈述句	85	49	12	-6	-1	2	15	12	10	9	11	12
	疑问句	89	53	17	-11	-12	-13	4	13	23	-7	1	10
乙	陈述句	91	51	11	10	6	3	7	7	8	17	13	11
	疑问句	94	59	24	3	3	3	-9	0	9	-6	3	12
丙	陈述句	76	50	23	7	3	-1	3	14	24	10	17	23
	疑问句	80	51	23	1	-1	-2	-21	-6	10	-20	-7	8
丁	陈述句	79	53	26	9	8	7	-2	9	19	7	17	26
	疑问句	90	66	43	7	2	-2	-17	9	36	-15	11	34

34)，说明疑问句的语调音高趋势为调域的整体扩展；陈述句上线为正(甲 9，乙 17，丙 10，丁 7)，下线也为正(甲 12，乙 11，丙 23，丁 26)，表明陈述句的语调音高下倾的趋势。

从图 4 和图 5 对比词调域中线的分布：疑问句的各词中线的分布都在 50%以上；陈述句的句中词和句末词中线都小于 50%，句首中线在 50%上下。这可以看作中线在区别两种功能语气时所起的标识作用。

句中词的过渡效应不同：疑问句的句中调域，上线以降为主，下线以升为主，在收敛中提高，为句末调域全面扩展提升做好准备；陈述句的句中调域的上线和下线都以降为主，为句末调域下降到最低点预备条件。

本文设计分析的语料均为无焦点的疑问句和陈述句，而发音人甲的句中调域明显高于句首，使得音高数据多处例外。这是他习惯性地将时间状语作为焦点来重读造成的。他的数据可以立此存照，我们将在以后考察强调句语调时加以分析说明。

2.7　结语

汉语北京话疑问句语调主要表现为两个特征：一是调域提高，二是调域扩展。调域提高包括语句调域上线和下线整体升高，各词调域上线和下线的提升，其中句末词上线抬高的幅度显著大于下线。调域扩展包括全句调域的扩展，特别是句末词调域的最大化扩展，达到全句调域的跨度；其中后字的字音调域跨度最大，达到句末词的全部调域，是调域最大化扩展的源头。这样就形成疑问语句中句末词的后字调域就是句末词的调域，也是疑问语句的词。这就是句末词后字（非轻声）声调是疑问语气的主要承载者的音高表现。其实，无论是陈述句还是疑问句，起主要作用的都是句末词，而在句末词中起主要作用的都是后字字音调域的高低敛展。

把疑问句和陈述句放在同一水平上进行语调起伏度的对比分析：疑问句的全句调域跨度比陈述句大；疑问句的全句调域上线和下线都比陈述句高；陈述句全句最高点位置在句首，而疑问句在句末；陈述句全句最低点位置和疑问句同样都在句末。说明疑问句的语调音高趋势为调域扩展；陈述句的语调音高则具有下倾的趋势。

句中词在句首词、句末词之间的过渡效应，对于表达语气有一定的辅助作用。疑问句的句中调域收敛提高，为句末调域最大的提升扩展做好准备；陈述句的句中调域适当下降，为句末调域下降到最低点预备条件。

疑问句跟陈述句一样,发音人的背景会使起伏度数据表现出不同的分布特征。受过发音训练的播音员句调域和词调域都比较宽,音高起伏度较小。男女性别也造成差异,例如在疑问句末调域扩展中,男性调域相对较低,调域扩展重在上线提高;女性调域相对较高,调域扩展重在下线降低。

本文以上结论都是采用起伏度的计算方法,分析语调音高格局得到的。语调起伏度数据使不同发音人和不同语气之间可以进行计量的比较。起伏度是进行语调音高量化分析的重要指标,可以客观描述汉语各种语调的音高表现,是一种具备可操作性的实验计算分析方法。

决定语调表现的因素除音高之外还有音长、音强和其他方面的影响。我们希望对于这些因素逐步实现计量化的分析,以便对于汉语语调有更多的了解。

三 香港粤语无标记疑问句和陈述句语调的对比分析[①]

3.1 引言

在现代语音学研究领域里,语调研究是备受关注的论题。国内外学者用不同的方法从不同的角度对语调进行了大量的研究工作。赵元任(1929)提出汉语的语调是字调和语调的“代数和”,还

① 原文与韩维新、王萍合作,发表于《南开语言学刊》2012年第1期。

提出声调的叠加有两种模式:一种是同时叠加,一种是连续叠加。连续叠加有上升的结尾,是指在句子的最后一个字调后面加上一个尾巴。疑问句上升尾巴的表现是:55→56,35→36,214→216,51→513。末尾的"6"是外加的音高,汉语疑问句上升的边界调是通过最后一个重读音节整体提高达到的。石锋(2008)提出语音学和音系学有一个很好的结合点,就是语音格局。语调格局就是指语句调型曲线的起伏格式及其所表现的各词调域本身的宽窄和相互之间的位置关系。王萍、石锋(2010)提出陈述句和疑问句的差异,起主要作用的都是句末词,而在句末词中起主要作用的都是后字字音调域高低敛展。林建平(2002)提出了香港粤语句段语调五种,句末语调三种,以及曲折调尾出现的条件。林美玉(2006)对普通话和粤语中四种疑问句的语调特点进行了对比研究。麦爱道(2004)研究了普通话陈述句和疑问句对字调的影响。字调受句调的调节,表现在音阶升降、调域伸缩,但字调始终保持其原有调型。霍东尼、陆镜光和林家乐(2008)提出粤语语调系统分两大部分:句干语调和句末语调,疑问句比陈述句的语调高,语调有标示句法结构的功能。

我们借鉴普通话疑问句语调研究的成果和方法,研究香港粤语无疑问词疑问句语调与其相邻的前一个音节不同字调的关系,音高变化的特点和规律。粤语的句调和声调是分离的,句调是不受声调支配的自主超音段。而句调是由带有声调的字音按照句调的模式输出来实现的。粤语疑问句上升的边界调是靠最后一个重读音节音阶的整体提高,同时提高最后音节音高曲线的斜率来完成的。如果前一个音节原来就是升调,按照连续叠加的方式叠加继而提高音阶提高原来的声调来完成。如果前一个音节是平调或降调,首先提高音阶,进而变成升调来承载疑问语调的语气。

3.2 实验说明

本文根据香港粤语声调的实际情况,借鉴王萍、石锋(2010)中的实验语句的设计方法和原则,我们制作了粤语九类是非问句中不带疑问词的疑问句为研究语料如下:

1 張思欣天蒙光聽收音機?

2 史喜普九點九想飲補酒?

3 季幼信過聖誕唱錯晒戲?

4 黃華棋羅湖橋尋紅孩兒?

5 李美美每五晚買暖馬奶?

6 趙令裕病重后住第二座?

7 畢德克即刻識織竹蟋蟀?

8 薛客国赤雪閣殺八隻鴨?

9 葉逸桀 十六日食六盒肉?

以香港粤语为母语的在校大学生男女各二人作为发音人,用 Cool Edit Pro 2.0 软件进行录音,用自然流畅的语速,不带任何感情色彩的方式,每句读三遍。四位发音人共得到 $9 \times 3 \times 4 = 108$ 个样本句。录音语料用南开大学"桌上语音工作室"软件对样本句进行声学实验,分别算出每个音节用赫兹和半音标度的音高值。用下面的公式将赫兹值转换成半音值:

$$St = 12lg(f/fr)lg2 \quad (1)$$

其中“f”需要把赫兹值转换成半音的数据，“fr”表示的是参考频率，男发音人用55赫兹，女发音人用64赫兹。

全部数据及绘制图表用Excel软件完成。

3.3 疑问句和陈述句句调域和词调域的音高对比分析

音高的赫兹值是一种线性标度。吴宗济（2004：322）提出用“赫兹”单位计量的调域的高低音阶和域宽变化很大。换算成“半音”单位以后，调域显得非常一致。以半音值标度的数据在音高分析中具有优势。因此，我们用对数公式将“赫兹”值转换成半音值。计算内容有：分别算出男性、女性半音的平均值，用本文4节的公式（2）、（3）、（4）把不同发音人疑问句的句调域（总调域）、词调域（分调域）、字调域半音的平均值转换成百分比。男女两组发音人，不同声调疑问句的句调域和词调域的半音音高跨度，相对化的数据如表2所示。根据表2六个舒声调疑问句和陈述句全句调域音高跨度对比，男性提高2个半音，女性提高0.9个半音；词调域句末男性提高3.9个半音，女性提高3.1个半音；词调域的句首、句中疑问句和陈述句对比男性分别低0.5个半音和0.3个半音，女性分别低0.9个半音和0.3个半音。三个入声调疑问句和陈述句对比，词调域句末男性提高1.9个半音，女性提高0.6个半音。全句及词调的句首、句中，男性女性疑问句都比陈述句低。

六个舒声调疑问句句末男性和女性百分比数据分别比陈述句句末提高19%、18%，而句首和句中男性，女性疑问句都比陈述句低。王萍、石锋（2010）的研究结论是疑问句的全句调域的上线和下线都比陈述句高。

表 1 四位发音人疑问句与陈述句语句调域对比

				全 句	词调域		
					首	中	末
6个舒声	男平均	疑问句	st	13 (9.8－22.8)	6.9 (12－18.9)	7.5 (10.9－18.4)	13 (9.8－22.8)
			%	90(3－93)	50(16－66)	51(10－61)	90(3－93)
		陈述句	st	11 (8.1－19.2)	7.4 (11.8－19.2)	7.8 (10.6－18.4)	9.1 (8.1－17.2)
			%	87(0－87)	58 (29－87)	61 (19－80)	71 (0－71)
	女平均	疑问句	st	13.5 (13.8－27.3)	8.2 (16.4－24.7)	8.6 (15.1－23.7)	13.5 (13.8－27.3)
			%	90(5－95)	55(23－78)	57(14－71)	90(5－95)
		陈述句	st	12.6 (13.2－25.8)	9.1 (16.7－25.8)	8.9 (15.7－24.6)	10.4 (13.2－23.7)
			%	71(19－90)	64(26－90)	62(19－82)	72(3－75)
3个入声调	男平均	疑问句	st	10.8 (12－22.8)	5.6 (12－17.6)	3.9 (12－15.9)	10.4 (12.4－22.8)
			%	78(16－94)	31(23－54)	30(16－46)	76(18－94)
		陈述句	st	11.2 (9.7－20.9)	8.1 (12.8－20.9)	7.9 (11.5－19.4)	8.5 (9.7－18.2)
			%	88(12－100)	64(36－100)	61(27－88)	67(12－79)
	女平均	疑问句	st	8.6 (18.7－27.3)	5.9 (20.1－26)	6.2 (18.7－24.9)	8.4(19—27.3)
			%	57(38－95)	39(47－86)	41(38－79)	56(39－95)
		陈述句	st	9.2 (16.4－25.6)	6.0 (19.6－25.6)	6.5 (17.6－25.0)	7.8 (16.4－24.2)
			%	65(25－90)	54(46－90)	53(33－86)	56(25－81)

3.4　疑问句和陈述句语调起伏度的对比分析

我们采用石锋、王萍、梁磊(2009)论文中提出的百分比计算公式算出每位发音人的百分比数据，语调百分比的计算公式如下：

$$K_i = (G_i - Smin)/(Smax - Smin) \tag{2}$$

$$K_j = (G_j - Smin)/(Smax - Smin) \tag{3}$$

$$K_r = K_i - K_j \tag{4}$$

其中 G_i 代表调群调域上线半音值，G_j 代表调群调域下线半音值；Smax 为语句调域上限半音值；Smin 语句调域下限半音值；K_i 为调群调域上线百分比，K_j 为调群调域下线百分比，K_r 就是调群调域的百分比数值。

表 2　疑问句和陈述句起伏度对比表(%)

发音人 \ 起伏度				句首调群起点	句首－句中	句中－句末	句首－句末
6个舒声调	男平均	疑问句	上线 a	66	5	－32	－27
			中线 b	41	5	－12	－7
			下线 c	16	6	10	16
		陈述句	上线 a	87	7	9	16
			中线 b	58	8	14	22
			下线 c	29	10	19	29
6个舒声调	女平均	疑问句	上线 a	78	7	－24	－17
			中线 b	50	8	－8	0
			下线 c	23	9	14	23
		陈述句	上线 a	90	8	7	15
			中线 b	58	7	12	19
			下线 c	29	7	16	23

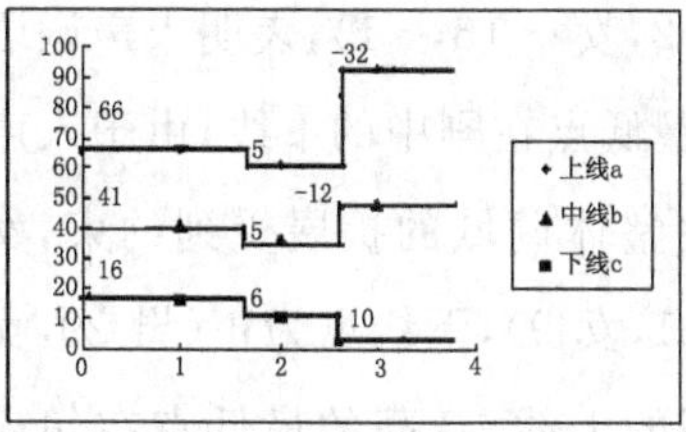

图 1a 疑问句(男平均)

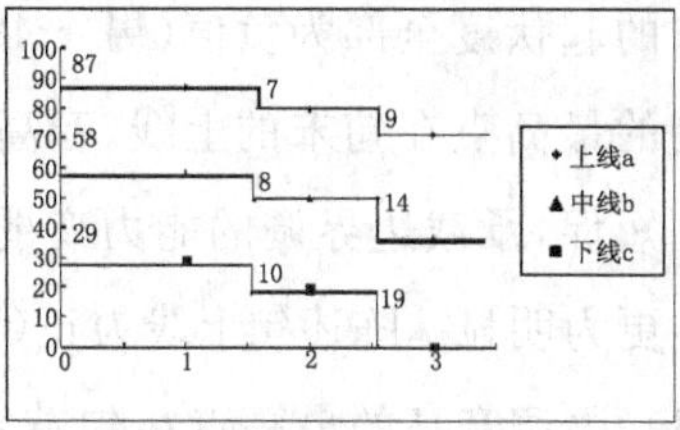

图 1b 陈述句(男平均)

图 1 六个舒声调疑问句、陈述句语调音高格局对比图

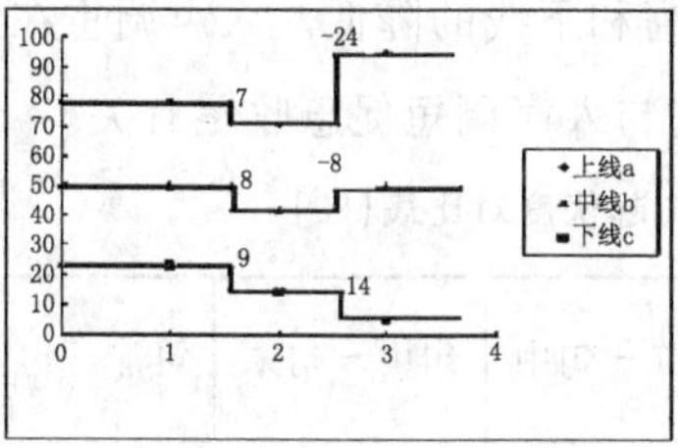

图 2a 疑问句(女平均)

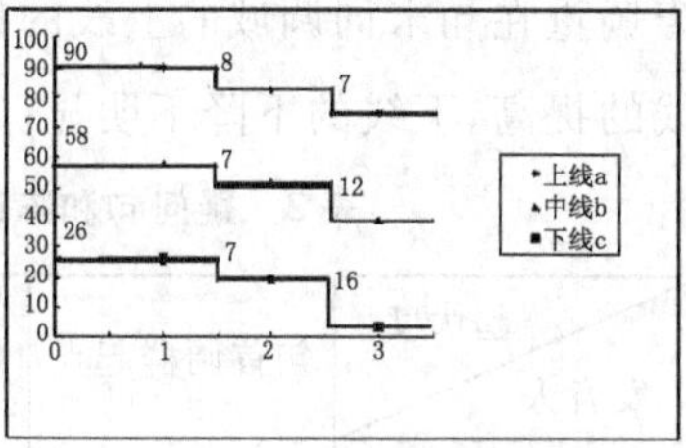

图 2b 陈述句(女平均)

图 2 六个舒声调疑问句、陈述句语调音高格局对比图

根据表 3 和图 1、图 2,对比全句起伏度 Q 值数据:疑问句上线全部为负值(男 -27,女 -17),下线全部为正值(男 16,女 23),句末 Q2(男 -32,女 -24),音高的最高点在句末的上线,音高的最低点在句末的下线,表明六个舒声调句末语调调域扩大;陈述句上线为正(男 16,女 15),下线也为正(男 29,女 23),音高的最高点在句首的上线,音高的最低点在句末的下线,表明陈述句语调音高整体下倾的特征。男性,女性语调变化规律一致。

根据表 4,图 3、图 4,对比 3 个入声调全句起伏度 Q 值:疑问句全部为负值(男 -40,女 -9),下线全部为正值(男 5,女 8),句末的起伏度全部为负值(男 -48,-2,女 -16,-1),表明入声调语调的最高点在句末的上线,音高的最低点在剧中的下线,由于入声调短促,承载边界调的能力变弱,使整体调域的扩展受到约束,女性更为明显。陈述句上线为正(男 21,女 9),下线也为正(男 29,女 21),语调音高的最高点在句首音高的上线,音高的最低点在句末的下线。显示出陈述句语调音高下倾的趋势,女性承载边界调的能力比男性弱。舒声调和入声调疑问句的音高走势有所不同。舒声调重在句末词调域的上线的提高和下线的降低。入声调重在上线的提高,下线的下降不明显。这与入声调短促急收尾有关。

表 3　疑问句和陈述句起伏度对比表(%)

发音人＼起伏度				句首调群起点	句首-句中	句中-句末	句首-句末
3个入声调	男平均	疑问句	上线 a	54	8	-48	-40
			中线 b	39	8	-25	-17
			下线 c	23	7	-2	5
		陈述句	上线 a	100	12	9	21
			中线 b	65	11	14	25
			下线 c	29	10	19	29
3个入声调	女平均	疑问句	上线 a	86	7	-16	-9
			中线 b	67	9	-9	0
			下线 c	47	9	-1	8
		陈述句	上线 a	90	4	5	9
			中线 b	68	8	7	15
			下线 c	46	13	8	21

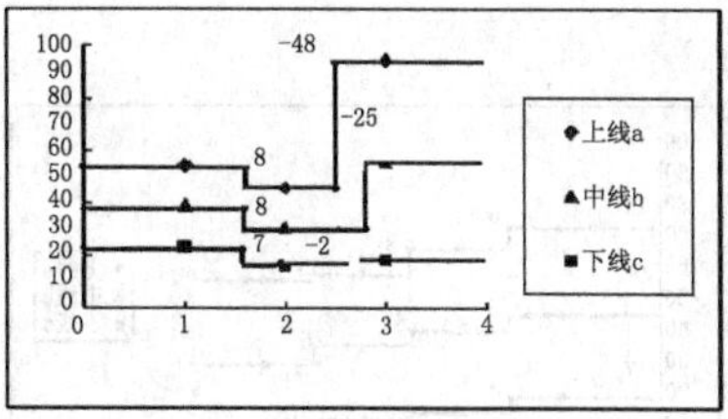

图 3a　疑问句(男平均)

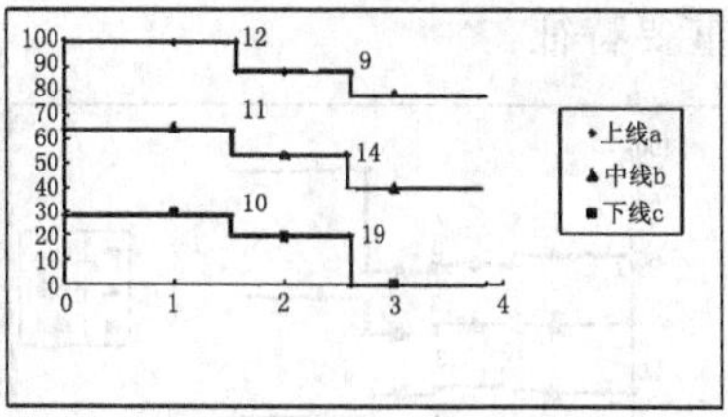

图 3b　陈述句(男平均)

图 3　三个入声调疑问句、陈述句语调音高格局对比图

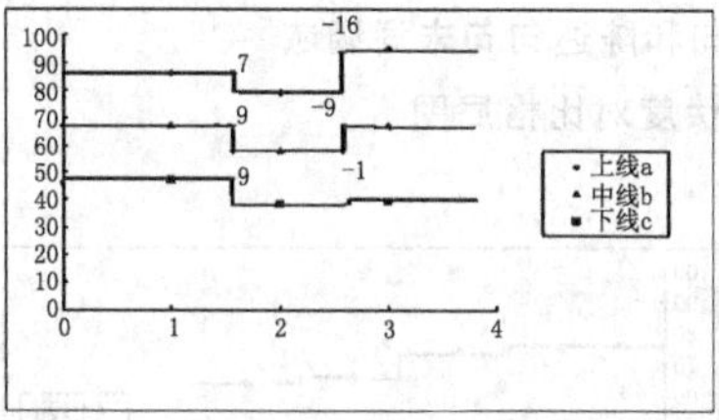

图 4a　疑问句(女平均)

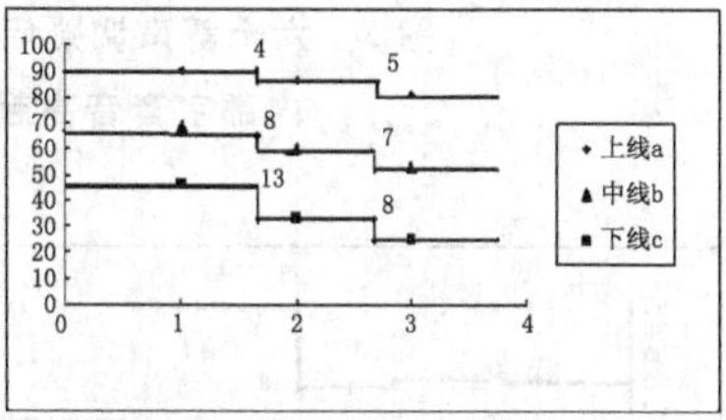

图 4b　陈述句(女平均)

图 4　三个入声调疑问句、陈述句语调音高格局对比图

3.5　疑问句和陈述句词调域内部字音音高起伏度的对比①

每个发音人三次发音音高的赫兹值利用石锋、王萍、梁磊(2009)提出的百分比计算公式算出每个人的百分比数值，根据男性、女性百分比数值算出男女的平均百分数，用起伏度的公式分别算出句首、句中、句末调群内字音的起伏度 q 的序列值，无疑问词的疑问句，句首，句中音高总体均比陈述句低，而句末最后一个音节和倒数第二个音节的调域扩展加宽，音高显著提高是疑问句的

① 前文的 Q 是指句调域中各个词调域的起伏度，这里的 q 是指词调域中各个字调域的起伏度。

重要特征。

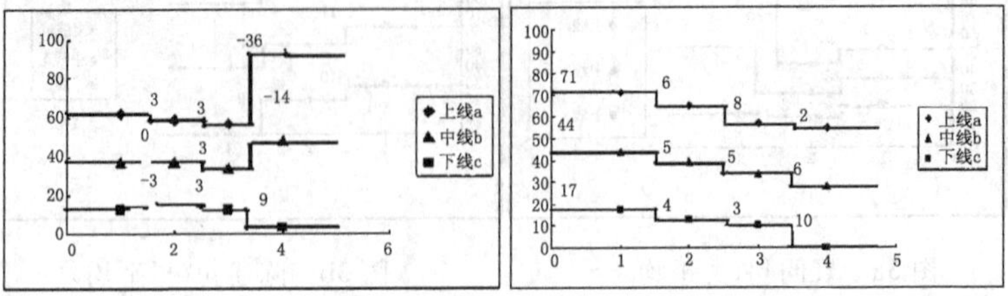

图 5a　疑问句(男平均)　　　　图 5b　陈述句(男平均)

图 5　六个舒声调疑问句和陈述句句末词调域内部字音音高起伏度对比格局图

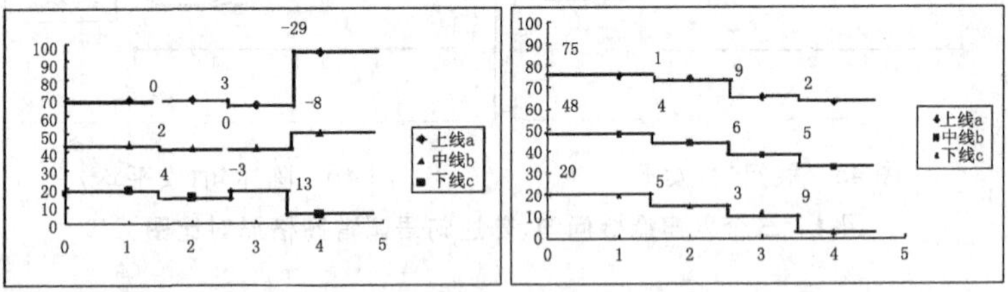

图 6a　疑问句(女平均)　　　　图 6b　陈述句(女平均)

图 6　六个舒声调疑问句和陈述句句末词调域内部字音音高起伏度对比格局图

舒声调疑问句和陈述句,句首、句中、句末词调域内部字音音高起伏度的对比分析:根据图 5 、图 6 疑问句句末词调域内部字音音高起伏度 q 值,句末上线为负值(男 －30,女 －26),句末词调域的下线均为正值(男 9,女 14),整个词调域扩展变大。音高的最高点在句末的上线,音高的最低点在句末的下线。疑问句词调域的句首、句中的音高都比陈述句低,作为过渡缓冲,为句末的升高做准备。疑问句语气使句末平调、降调改为升调。陈述句句末词调域上线全为正(男 16,女 12),下线也为正(男 17,女 17),使整个词调域呈现依次下倾的趋势,音高的最高点在句首的上线,音高的最低点在句末的下线。

从不同位置的词调域的内部音高走势来看,也说明句末对于疑问句语气的贡献最大,因为句首、句中词调域内部的音高走势,疑问句和陈述句差别不大。

3.6　疑问句语气对句末词调域末字调型的影响

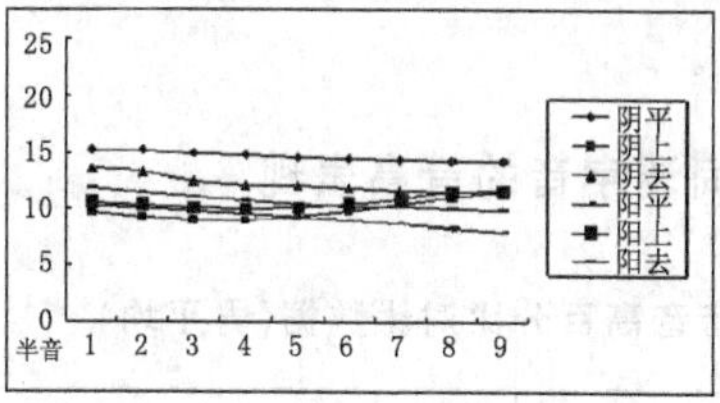

图 7a　陈述句(男平均)

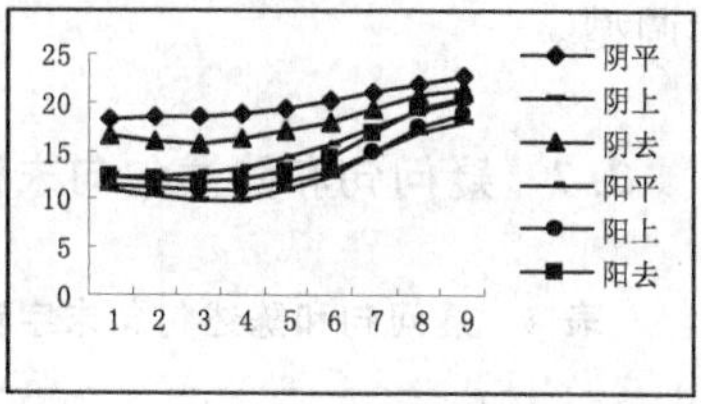

图 7b　疑问句(男平均)

图 7　六个舒声调疑问句和陈述句句末词调域末字调域图(半音标度)

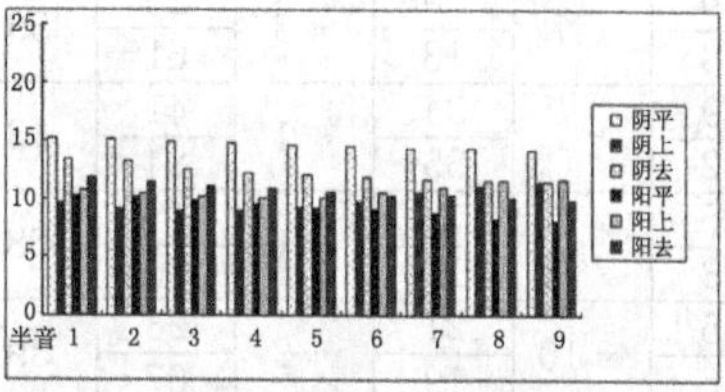

图 8a　陈述句(男平均)

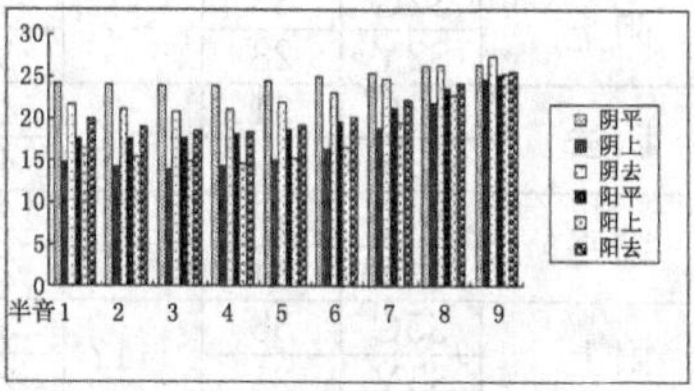

图 8b　疑问句(男平均)

图 8　六个舒声调疑问句和陈述句句末词调域末字音高柱形图(半音标度)

赵元任(1929)提出连续叠加是指在句子的最后一个字调后面加上一个尾巴。表示疑问句上升尾巴音高的表现为:55→56,35→

36,214→216,51→513。粤语疑问句上升的边界调是通过最后一个重读音节整体提高达到的。根据图 7、图 8 和表 4 中最后一个音节声调的统计对比可以看出:无论最后一个音节原来的声调是平调还是降调,都在前一个音节的后面附加了上升的声调,起点的音高一般比前一个音节高,由于舒声入声声调的长短不同,调域扩展的程度不同。而阴上和阳上原来的调型都是升调,附加的声调调型还是升调,音高提高了。无疑问词的疑问句的语气,明显提高了最后一个词调域音高,改变了最后一个音节平调和降调的音高和调型。

3.7 疑问句和陈述句句末词调字音的音高表现

表 4 疑问句和陈述句句末字音音高百分比对比数据(男平均)

差值 调类	编号	词首 max	差值	词中 max	差值	词中 min	差值	句末 max	差值
阴平	S1C	71	−9	65	−6	53	−2	55	38
	S1Y	62		59		51		93	
阴上	S2C	35	−7	40	−7	10	−3	26	35
	S2Y	28		33		13		61	
阴去	S3C	51	−12	49	−7	34	+1	41	43
	S3Y	39		42		35		84	
阳平	S4C	29	−5	25	−2	13	−1	17	58
	S4Y	24		23		12		75	
阳上	S5C	38	−17	35	−10	21	−2	28	39
	S5Y	21		25		19		67	
阳去	S6C	38	−14	33	−12	26	−9	30	47
	S6Y	24		21		17		77	
上阴入	S7C	79	−23	76	−10	49	−10	74	20
	S7Y	56		66		39		94	
下阴入	S8C	54	−18	54	−12	23	+5	44	36
	S8Y	36		42		28		80	
阳入	S9C	47	−15	43	−3	20	−1	45	34
	S9Y	32		40		19		79	

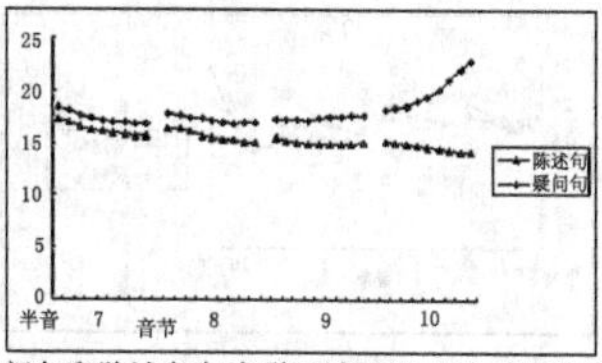

疑问句和陈述句句末群调域语调对比（男阴平）

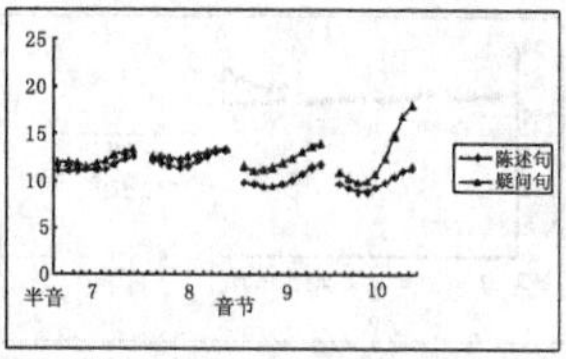

疑问句和陈述句句末群调域语调对比（男阴上）

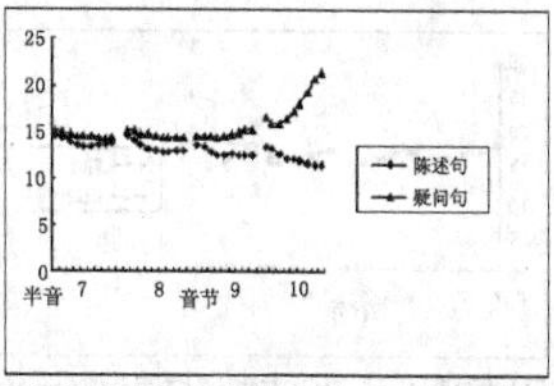

疑问句和陈述句句末群调域语调对比（男阴去）

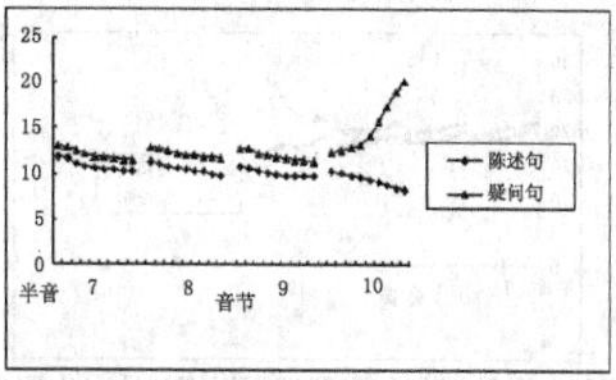

疑问句和陈述句句末群调域语调对比（男阳平）

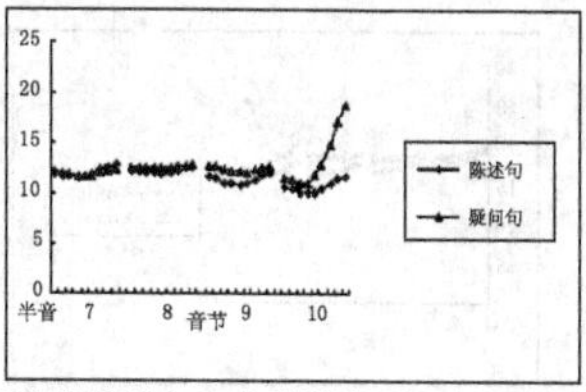

疑问句和陈述句句末群调域语调对比(男阳上)

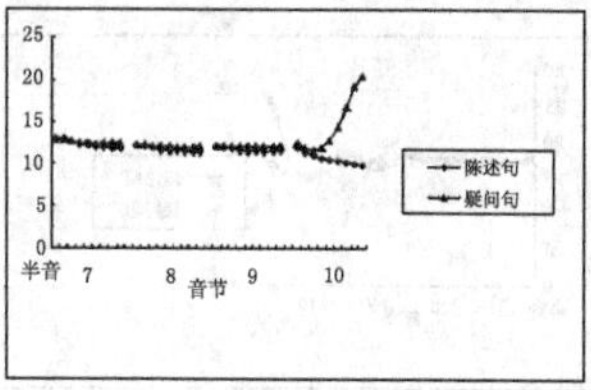

疑问句和陈述句句末群调域语调对比（男阳去）

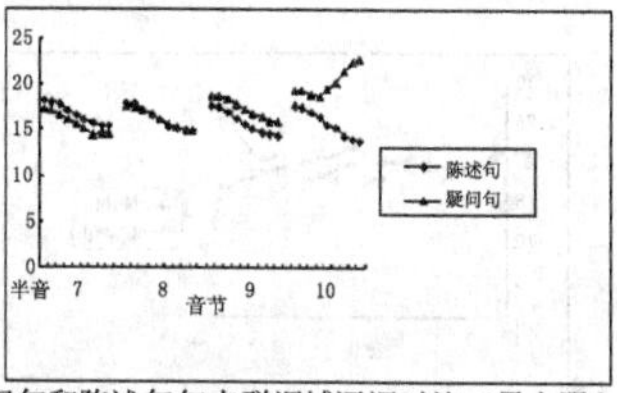

疑问句和陈述句句末群调域语调对比（男上阴入）

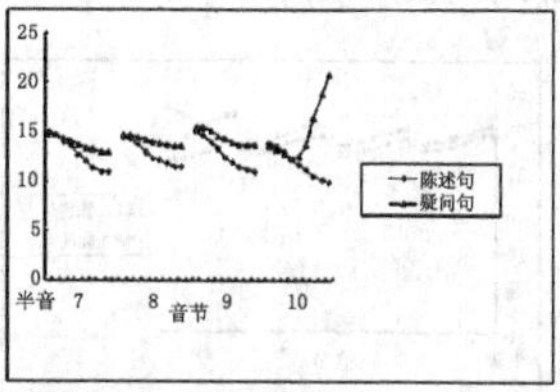

疑问句和陈述句句末群调域语调对比（男下阴入）

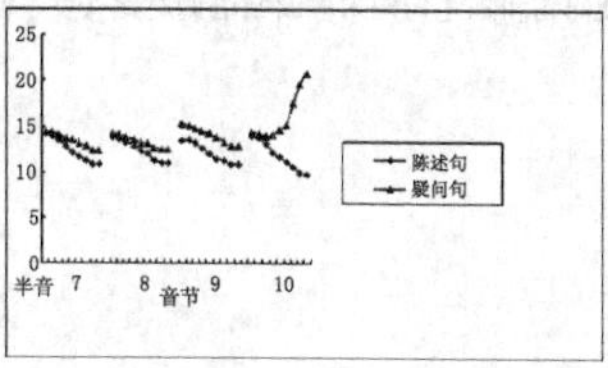

疑问句和陈述句句末群调域语调对比（男阳入）

图 9　疑问句和陈述句句末群调域声调的对比图(男全)

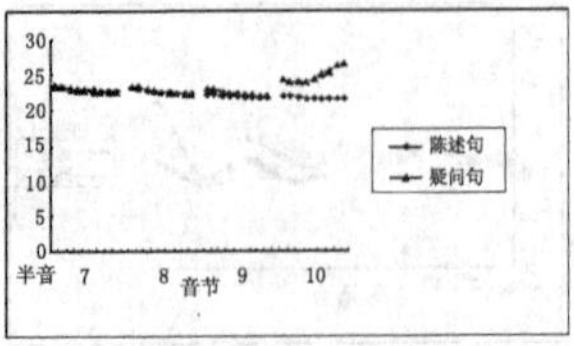

疑问句和陈述句句末群调语调对比（女平均阴平）

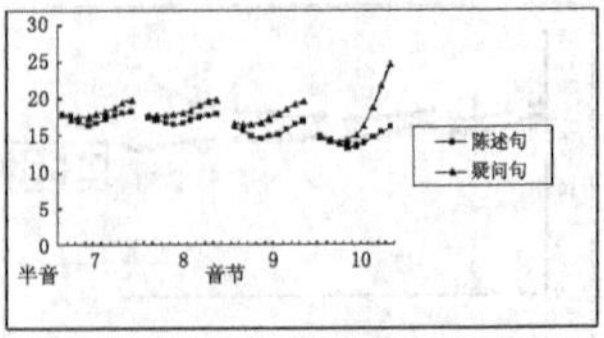

疑问句和陈述句句末调群语调对比（女平均阴上）

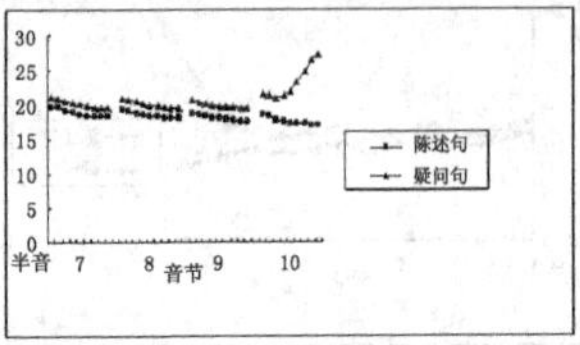

疑问句和陈述句句末群调域语调对比（女阴去）

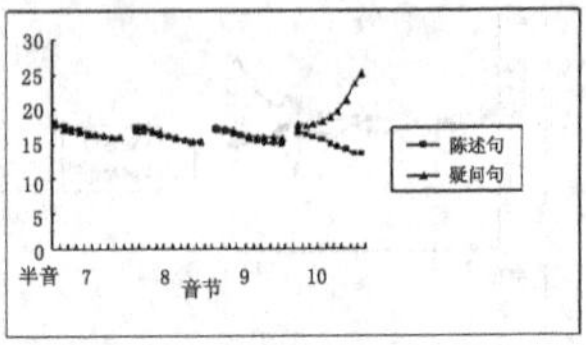

疑问句和陈述句句末群调域语调对比（女阳平）

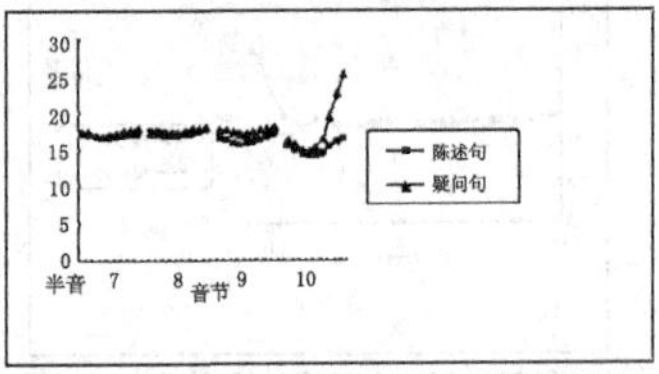

疑问句和陈述句句末群调域语调对比(女阳上)

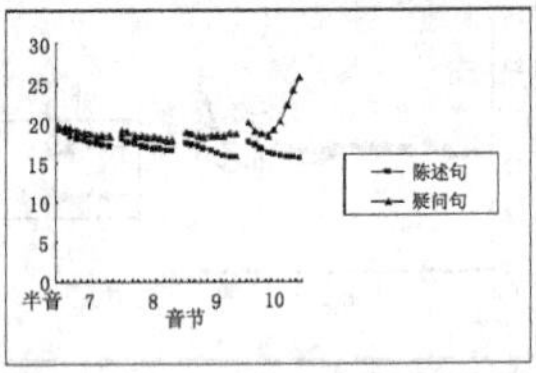

疑问句和陈述句句末群调域语调对比（女阳去）

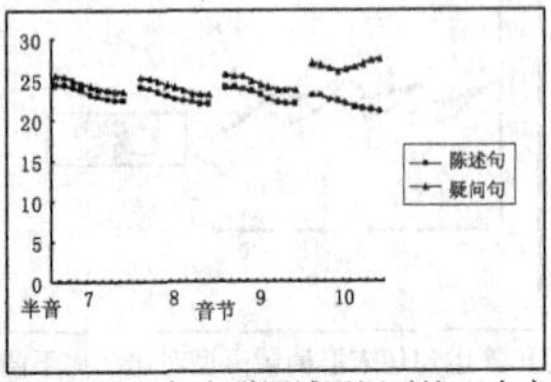

疑问句和陈述句句末群调域语调对比（女上阴入）

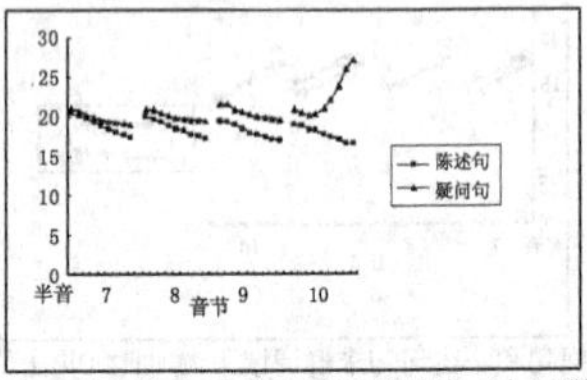

疑问句和陈述句句末群调域语调对比（女下阴入）

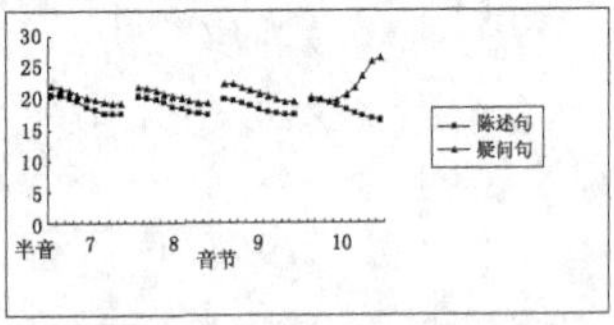

疑问句和陈述句句末群调域语调对比（女阳入）

图 10　疑问句和陈述句句末群调域声调的对比图(女全)

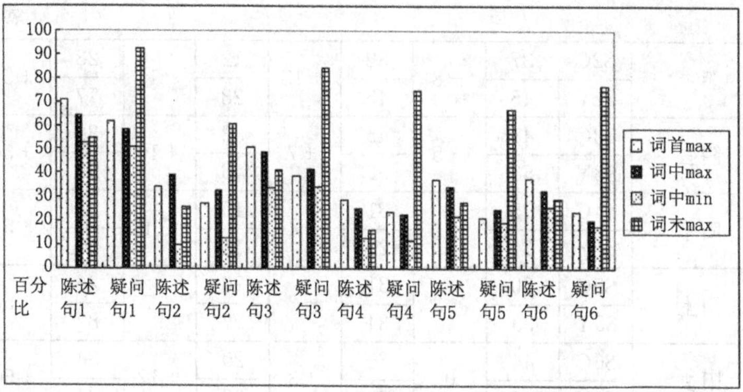

图 11　疑问句和陈述句句末群调域音高对比（男平均 6 个舒声调）

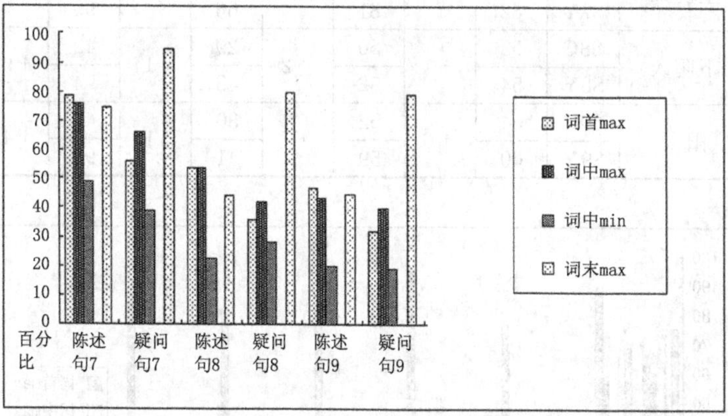

图 12　疑问句和陈述句句末群调域音高对比（男平均 3 个入声调）

表 5　疑问句和陈述句句末字音音高百分比对比数据（女平均）

差值 调类	编号	词首 max	差值	词中 max	差值	词中 min	差值	句末 max	差值
阴平	S1C	75	−6	74	−5	61	−1	63	+27
	S1Y	69		69		60		90	

续表

阴上	S2C	37	－8	32	＋13	12	＋11	23	＋54
	S2Y	45		45		23		77	
阴去	S3C	48	－5	45	＋7	33	＋10	39	＋56
	S3Y	53		52		43		95	
阳平	S4C	35	－5	31	－4	15	－1	26	＋54
	S4Y	30		27		14		80	
阳上	S5C	30	＋3	31	＋3	20	＋7	26	＋56
	S5Y	33		34		27		82	
阳去	S6C	44	0	36	＋3	20	＋12	34	＋50
	S6Y	44		39		32		84	
上阴入	S7C	81	＋1	79	＋2	64	＋2	72	＋23
	S7Y	82		81		66		95	
下阴入	S8C	53	＋1	50	＋2	29	＋14	42	＋52
	S8Y	54		52		43		94	
阳入	S9C	54	＋6	52	＋7	30	＋11	47	＋43
	S9Y	60		59		41		90	

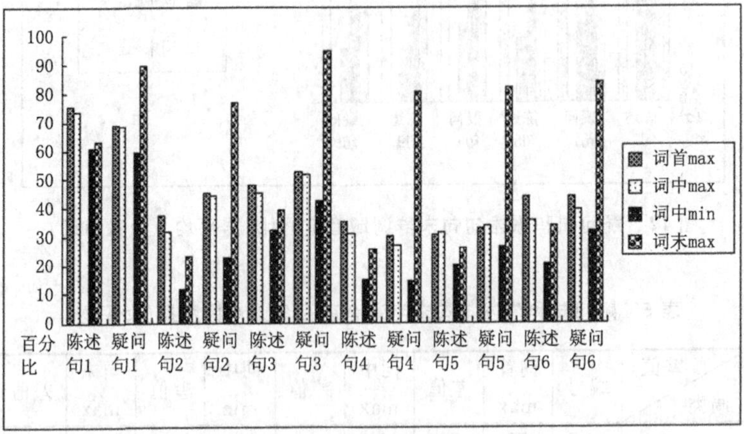

图 13 疑问句和陈述句句末群调域音高对比(女 6 个舒声调)

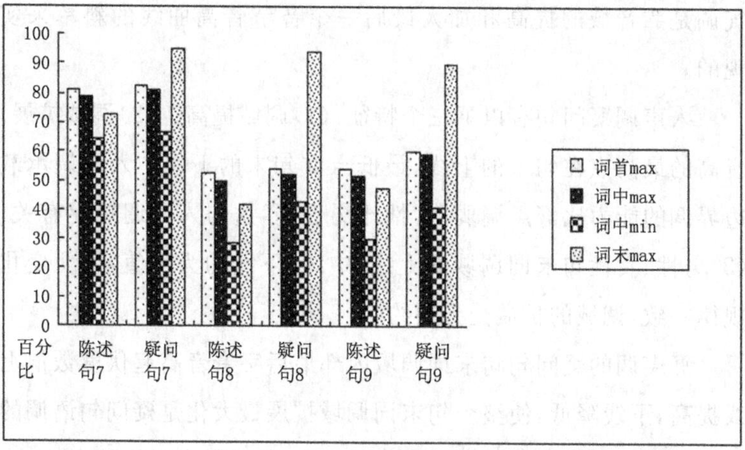

图 14 疑问句和陈述句句末群调域音高对比(女 3 个入声调)

3.8 结论

发音人的疑问句语料的实验分析表明:把疑问句的调域划分成句调域、词调域和字调域,通过对词调域间的起伏度值和字调域间的起伏度序列值的计算,即用不同层级的起伏度进行语调格局的研究,用量化的方法研究每位发音人疑问句语调提高与扩展的表现,可以揭示香港粤语疑问句语调在不同层级上的系统性和规律性。

香港粤语舒声调疑问句语调有以下五个特征:(1)调域提高。(2)调域扩展。(3)调域的提高和扩展主要在最后一个音节。(4)语调音高的最高点在句末的上线,最低点在句末的下线。句末词调域的上线、中线为负值,下线为正值。(5)粤语的句调和声调是分离的,句调是不受声调控制的独立特征。粤语疑问句上升的语气调是靠音域的提高和加大最后一个音节音高曲线的斜率来实现的。

入声调疑问句有以下三个特征:(1)调域提高。(2)调域扩展。音高的最高点在句末的上线,最低点在句末的下线。入声调承载边界调的能力比舒声调弱,女性比男性弱,这与入声调短促有关。(3)男性、女性句末词调域的上线、中线、下线均为负值,男女变化规律一致,调域的扩展受到制约。

舒声调的疑问句句末词调域内部最后字音音高起伏度数值上线提高,下线降低,使整个句末词调域扩展最大化是疑问句语调的特点。陈述句句末词调域音高起伏度数值上线为正值,下线也为正值,使整个句末词调域呈下倾趋势是陈述句语调的特点。

四 普通话强调焦点句语调的音高表现①

4.1 引言

语调是指和功能句型有关的,包括音高、音长、音强各要素在内的句子的语音特征(赵元任 1979)。赵元任(1933)曾用“橡皮带”和“小波加大浪”等著名的比喻对汉语字调和语调的关系进行了简洁明确的阐述,给汉语语调研究开辟了道路。吴宗济(1982,1984,1988)探索了汉语的多字组变调规律和字调在语调中的变化规律,并把普通话声调的连调作为语调单元,认为语调的变化与基

① 原文与陈怡合作,发表于《南开语言学刊》2011 年第 1 期。

调有关。沈炯(1985,1992,1994)主张分析汉语语句中的“声调音域”,提出高音线和低音线的不同变化与语调的类型和功能相对应,并在语调模型上提出了自己的独到见解。胡明扬(1987)认为北京话的句末语调具有重要意义,它和音高、音长、音量都有关系。曹剑芬(2002b)阐述了汉语声调和语调的关系,认为语调存在于声调之中,必须通过各个声调的沉浮而得以实现。语调的研究虽然取得了较大的进展,但是由于语调本身的复杂性和汉语声调语言的特殊性,还存在许多值得摸索探求的方面。汉语语调研究的深入,不仅有利于揭示汉语本身语音系统的规律,而且对于人类语言语调的普遍研究也具有积极和重要的意义。

焦点是音系学、句法学、语义学、话语分析等语言学各个学科共同感兴趣的问题。Chomsky(1970)认为“焦点是包括语调中心的短语”;Jackendoff(1972)把焦点定义为“说话者设想的听话者不与之共享的信息”。国内学者对焦点的定义也各有侧重,如刘丹青、徐烈炯(1998)侧重功能属性,范开泰(1985)侧重表现形式,方梅(1995)侧重语义,等等。

焦点的表现形式“可能是音位的、形态的或句法的”(Rebuschi & Tuller 1999)。Vanvalin & Lapolla(2002)谈到焦点的形态句法编码时,指出所有语言都不同程度地使用语调(intonation)来标记不同的焦点结构构造(focus structure construction),而在其他的句法形态手段上则会有所不同。

由于语调是焦点重要的表现形式之一,语音研究领域也对焦点问题给予了很大的关注,其中得到广泛认可的是焦点—重音理论(Focus - to - Accent)。这种理论认为,成为焦点的词或成分会以音高重音的形式在语流中表现出来（Gussenhoven 1983；Selkirk 1984:197—198；Ladd 1996:161），即形成焦点重音。

本文基于语调格局的思路（石锋 1999），使用音高起伏度的计算方法（石锋、王萍、梁磊 2009），对十位普通话发音人的四组强调焦点在不同位置的焦点句和一组自然焦点句语料进行实验分析，从音高的层面对强调焦点句做出客观的量化描述和对比分析。

4.2 实验说明

语音实验的研究对象是四组强调焦点在不同位置上的实验句。实验句是在沈炯（1985）实验语句的基础上适当修改而成，用不同的提问方式引导出不同焦点位置的四组句子。实验语句如下：

①强调焦点在句首词语（以下简称焦点1）

（谁星期天修收音机？）张中斌星期天修收音机。

（谁重阳节回阳澄湖？）吴国华重阳节回阳澄湖。

（谁五点整写讲演稿？）李小宝五点整写讲演稿。

（谁毕业后到教育部？）赵树庆毕业后到教育部。

②强调焦点在句中词语（以下简称焦点2）

（张中斌什么时候修收音机？）张中斌星期天修收音机。

（吴国华什么时候回阳澄湖？）吴国华重阳节回阳澄湖。

（李小宝什么时候写讲演稿？）李小宝五点整写讲演稿。

（赵树庆什么时候到教育部？）赵树庆毕业后到教育部。

③强调焦点在句末词语（以下简称焦点3）

（张中斌星期天修什么？）张中斌星期天修收音机。

（吴国华重阳节回哪里？）吴国华重阳节回阳澄湖。

（李小宝五点整写什么？）李小宝五点整写讲演稿。

（赵树庆毕业后到哪里？）赵树庆毕业后到教育部。

④强调焦点在句末的述宾短语（以下简称焦点4，为宽焦点）

（张中斌星期天做什么？）张中斌星期天修收音机。

（吴国华重阳节做什么？）吴国华重阳节回阳澄湖。

（李小宝五点整做什么？）李小宝五点整写讲演稿。

（赵树庆毕业后做什么？）赵树庆毕业后到教育部。

为消除上声变调的影响，各组补充两个实验句，分别用“李金宝、李小刚”替换“李小宝”；用“五点半、五时整”替换“五点整”；用“讲话稿、颁奖辞”替换“讲演稿”。

本次实验选取了十名发音人的音高数据作为实验对象，发音人均出生于北京，父母均为北京人，未受过专业发音训练。发音人以自然状态和平稳语速发音。每个实验问答连续说3遍，答句为样品句。为便于对比分析，同时录制发音人在自然焦点状态下的同一组实验句。这样每位发音人就有5组实验句，每组6个句子，每句说3遍，总共得到6×5×3×10＝900个样品句。

使用南开大学“桌上语音工作室”对样品句进行声学实验。首先通过修改基频程序去掉弯头降尾，然后把每个音节等分为8段，依次提取了9个点的基频数据（赫兹值），进行统计分析。

计算内容包括：五组不同焦点位置焦点句的语句调域（总调域）、五组不同焦点位置焦点句的词语调域（词调域），字调域。包括每位发音人的音高数据及十位发音人的平均音高数据。依据赫兹数值计算百分比，得到不同词语调域间的起伏度数据和字调域数据。使用 Excel 完成全部计算，并作出统计图表（起伏度算法见石锋、王萍、梁磊 2009）。

我们所说的调域，即赵元任先生提到的“音域”，是“各种声调及声调起伏极限之间的音高范围”，是同一特定条件下各种声调聚合在一起的音高分布范围。由于音节本身存在固有音高曲线及其他多种因素的影响，单从音高曲线的变化来看句子语调的声学表现是比较困难的。通过调域的百分比数值、上下线的数值和起伏度数值，可以清晰地观察到实验句语调的声学表现。

从语调的组合层次来看，语调可分为句调域、词调域和字调域三个部分。下面我们结合十位发音人的样品句音高数据，分别从这三个部分对各组实验句语调进行分析对比。

4.3 语句调域分析对比

把每位发音人每个句子的三次发音样品中各个音节调形音高经实验测算得到的赫兹数据分别进行平均，得出各个音高测量点的平均值。再从五组实验句的所有赫兹平均值数据中选出最大值和最小值作为调域两极，据此计算各点的百分比。百分比数值的计算以赫兹值为依据，是在归一化基础上的一种相对化算法，计算方法如下（石锋、王萍、梁磊 2009）：

$$Ki = 100 * (Gi - Smin)/(Smax - Smin)$$

$$Kj = 100 * (Gj - Smin)/(Smax - Smin)$$

$$Kr = Ki - Kj$$

其中 Gi 为词语调域上线赫兹值，Gj 为下线赫兹值；Smax 为语句调域上线赫兹值，Smin 为下线赫兹值；Ki 为词语调域上线百分比，Kj 为词语调域下线百分比，Kr 就是词语调域的百分比跨度。

在每个语句内部划分出句首词、句中词、句末词，再把句末词中的单音动词和句末宾语划分出来分别考察。由此可以得到每位发音人五组实验句的全句调域、词语调域和字调域的百分比数据。将十位发音人发音样品中各个音高测量点的频率值进行平均，按以上步骤进行归一化处理，得到十位发音人五组实验句的平均全句调域和词语调域的百分比数据（见表 1）。

表 1　五组实验句的全句调域和词语调域的百分比数据表（均值）

实验句组	句首词调域	句中词调域	单音动词调域	句末词调域
	百分比	百分比	百分比	百分比
自然焦点	59 (78－19)	59 (73－14)	54 (69－15)	61 (66－5)
焦点 1	94 (100－6)	40 (55－15)	34 (45－11)	35 (41－6)
焦点 2	48 (72－24)	89 (95－6)	30 (39－9)	26 (32－6)
焦点 3	45 (69－24)	59 (73－14)	56 (68－12)	77 (77－0)
焦点 4	55 (76－21)	57 (76－19)	65 (76－11)	64 (75－11)

从表 1 中我们可以观察到，十位发音人自然焦点句组的音高特征是各词调域中只有句末词调域稍宽，为 61。强调焦点句在音高上的共性表现为：在焦点 1、2、3、4 组中，强调焦点所在的词调域都有显著扩展：调域上线都高于非焦点词调域上线，成为本组实验语句调域的上限；调域下线都成为本组实验语句调域的下限，也就是都分别覆盖了本组实验句的全句调域。如焦点 1 组语句调域为

94;焦点2组为89;焦点3组为65;焦点4组为77。由此看来,强调焦点句语句调域的一个重要特征是:强调焦点所在词调域显著扩展,以致覆盖全句调域。强调焦点句与一般表现为句尾焦点的自然焦点句有重要区分,属于不同焦点类型。焦点1、2、3、4组相比,当强调焦点位于句首词调域时,调域扩展相对最为显著,上线100,下线为6。

4.4 词语调域的分析对比

词语调域的分析对比可以采用音高起伏度的方法。音高起伏度用Q值代表,是进行语调音高量化分析的重要指标。语句音高的起伏度计算以词语调域的百分比数据为依据进行。计算方法就是前一词调域的百分比数值减去后一词调域的百分比数值所得的差值。从句首到句末,依次进行,上中下线同样办理。正值为降,负值为升。(石锋、王萍、梁磊 2009)表2就是根据以上算法得出的十位发音人五组实验句平均起伏度Q值数据表。

表2 五组实验句起伏度Q值数据表(均值)

起伏度 / 实验句组	句首词调域起点Q0			句中词调域Q1			单音动词调域Q2			句末词调域Q3			全句Q		
	上线	中线	下线	上线	中线	下线	上线	中线	下线	上线	中线	下线	上线	中线	下线
自然焦点	78	48.5	19	5	5	5	4	1.5	−1	3	6.5	10	12	13	14
焦点1	100	53	6	45	18	−9	10	7	4	4	4.5	5	59	29.5	0
焦点2	72	48	24	−23	−2.5	18	56	26.5	−3	7	5	3	40	29	18
焦点3	69	46.5	24	−4	3	10	5	3.5	2	−9	1.5	12	−8	8	24
焦点4	76	48.5	21	0	1	2	0	4	8	1	0.5	0	1	5.5	10

依据表1的五组实验句起伏度Q值数据，可以分别作出五组实验句的语调音高格局图。具体作图方法是，把焦点位置相同的一组句子的数值依次画在同一个图中，组中各句的时长采用归一法视为等长。分别作出各个词语的调域；各词调域中最高的上线就是全句调域的上线，最低的下线就是全句调域的下线。这样就作出五组实验句各自的百分比标度的语调音高格局图。语调音高格局图既能显示每组句子的词调域分布的相对关系，又能直观比较各组句子语句调域的差异和区别，是实现语调量化分析的便利工具（见图1）。

（1）自然焦点组实验句：自然焦点句不同于强调焦点句，一般多为句尾焦点。句首词调域上线为78，下线稍高，为19。各词调域上线和下线平缓递降，降幅不超过5。唯句末词调域下线降幅9，最为显著；且调域最宽。全句调域是73。从句首词调域到句末词调域，除单音动词调域下线外，各词调域上下线起伏度均为正值，音高下倾特征贯穿全句；各词调域中线Q值分别为48.5，5，1.5，6.5，均为正值，说明自然焦点句各词调域从句首到句末呈现出整齐的降阶。下倾和降阶正是无焦点陈述句语调的最显著特征。石锋、王萍、梁磊（2009）通过实验数据证明，音高下倾在陈述语句中占主流，是无标记的，下降的幅度比较自由，音高上升是有标记的，上升的位置和幅度受到制约。本文的自然焦点句音高表现与此结论一致。

（2）焦点1组实验句：焦点所在的句首词调域覆盖全部语句调域，在百分比数值上达到94，为5组实验句中最宽。汉语中是话题优先的，当话题成分、主语和强调焦点三者重合时，可能会使焦

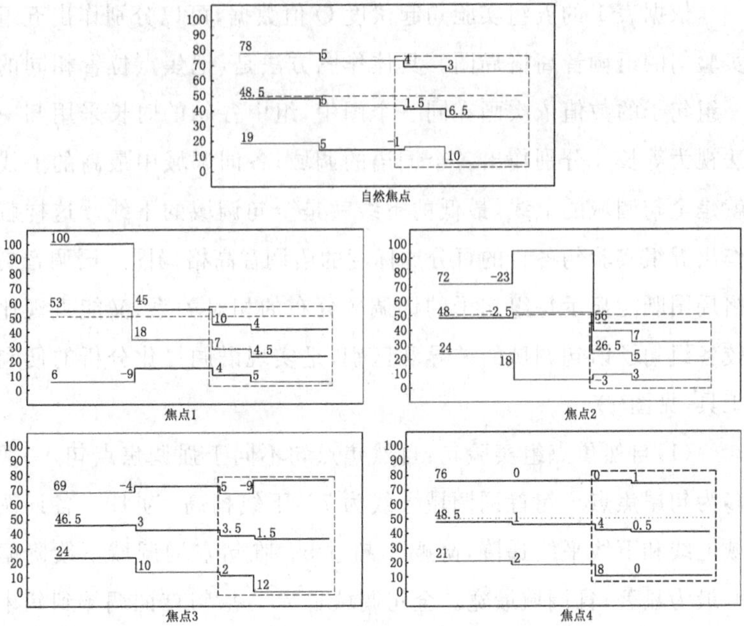

图 1　实验句语调音高格局图

点重音有所增强。焦点后的句中词调域大幅压缩，上线骤降 45，下线升高 9，域宽 40；单音动词调域和句末词调域同样压缩，呈递降下倾状态。

(3)焦点 2 组实验句：焦点所在的句中词调域扩展显著，覆盖本组语句调域，百分比数值为 89。焦点前的句首词语上线为 72，下线为 24，域宽 48。与自然焦点句组句首词调域相比更窄，可以理解为焦点前词调域为凸显焦点所在词调域扩展所做的准备。

焦点后的单音动词调域大幅压缩，上线骤降 56，下线上敛 3，域宽 30。句末词调域同样压缩并下倾。

(4)焦点3组和焦点4组实验句：Lambrecht(1986，1994，2000)从"焦点辖域"大小的角度把句子的焦点结构分为"宽焦点结构"(broad focus structure)和"窄焦点结构"(narrow focus structure)两大类型。当焦点辖域中只有一个成分时，为"窄焦点"；当焦点辖域中有一个以上的成分时，则被称作"宽焦点"。

焦点3组的焦点位置在句末宾语，属于窄焦点；焦点4组实验句的焦点位于整个述宾短语，属于宽焦点。Selkirk(1984)和Ladd(1996)认为，宽焦点和窄焦点的语音形式大体重合又有所区分。二者可以放在一起来分析对照。焦点3和焦点4两组实验句的音高表现确实有很多相似之处，但窄焦点(焦点3)的焦点部分扩展表现更为显著：焦点3句末词调域上线77，下线0，域宽77；焦点4焦点部分(述宾短语)调域上线76，等于全句调域最大值，下线11，域宽65；二者都是覆盖各自实验句组的语句调域。

焦点3组和焦点4组实验句焦点前的句首词语调域上线分别是69和76，下线分别是24和21，域宽分别是45和55。焦点前的句中词调域上线分别是73和76，下线分别是14和19，域宽分别是59和57。二者的句首词语和句中词语都呈现渐次扩展状态，焦点3组实验句句首词语调域相对较窄，句中词语调域相对较宽，渐次扩展的趋势更为显著，与其句末焦点调域同样更为显著扩展的音高表现相呼应。

谓语焦点结构是最常见、最无标记的焦点结构。因此焦点4组与自然焦点句组相比，除单音动词调域有所扩展外，语句调域和词调域格局都呈现出一定的相似性。焦点4组(宽焦点)是四组强调焦点实验句中最接近自然焦点句语调格局的。

(5)单音动词调域和句末词调域对比:单音动词很短,句末词语正是动词的宾语,二者联系紧密,在述宾短语内部构成两个下位成分。二者在焦点1组中跟句中词语一起位于强调焦点之后,形成音高下倾的趋势,调域大幅压缩,动词调域缩至34,句末词调域为35,且上下线递降。在焦点2组中,二者单独处于强调焦点之后,同样形成音高下倾和降阶的趋势;动词调域压缩为30,句末词调域压缩为最小值26。动词调域和句末词调域在焦点1组和焦点2组中表现较为一致,但在焦点2组中调域压缩更为显著,这与二者直接且单独位于强调焦点之后有关。

焦点3和焦点4两组实验句焦点都在句末,一个是句末宾语,一个是整个述宾短语,属于窄焦点和宽焦点的不同表现。二者动词和宾语调域都显著扩展,而焦点3组的窄焦点宾语调域最宽,尤其是下线为0,达到了五组实验句的最低点。我们可以看到,当焦点位于句首或句中词语时,调域上线成为体现强调焦点特殊音高表现的主导,而当焦点位于句末时,下线则成为主导,句尾焦点的自然焦点句组也有同样的表现。这种现象可以理解为实验句仍然体现了陈述句音高下倾这一固有特征。沈炯先生提到,上线的变化与语义加强相关,下线的变化与节奏的完整性相关。上下线与焦点位置的相关性比较复杂,还需要在未来的研究中进行深入分析探讨。

4.5 字调域的分析对比

将每个单字五组实验句所有赫兹平均值中最大值作为字调域上线,最小值作为字调域下线,可以作出各组实验句字调域格局图。最大值与最小值的差值为字调域百分比跨度。如图 2 所示。字调域格局图可以清晰直观地显示每个单字调域的百分比跨度以及单字调域分布的相对关系。

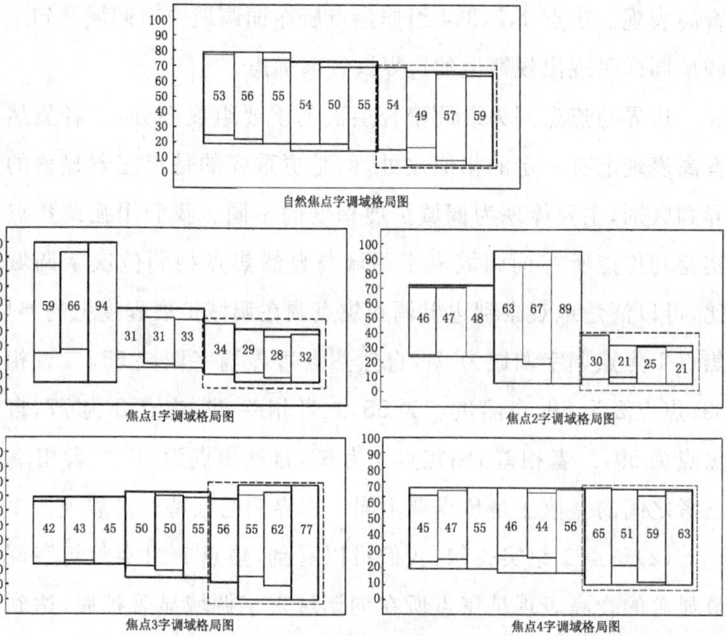

图 2　五组实验句字调域格局图

（1）自然焦点组实验句组：自然焦点句各个词调域内部字调域都呈现下倾趋势，句末字调域为全句最大值 59，同时，句末字调域下线也是全句的最小值。

一个语音单位的末尾必须有语音上的标志作为其标记，一般表现为调域的扩大或下降，这种语音标志就是边界调（boundary tone）。从自然焦点句字调域格局图中我们可以看到，每个词调域内末字调域都有一定程度的扩展，达到该字调域所在词调域的最大值，且下线分别为所在词调域的最低点；自然焦点句末字调域达到全句最大值，且下线为全句最低点。这正是词边界和句边界的音高表现。焦点1,2,3,4组非焦点所在词调域内字调域及句末字调域同样呈现出规律性的边界调音高标志。

边界与焦点同为语调聚合层次的重要组成部分，二者虽然在音高表现上有一定的相似之处，但是更重要的是存在着显著的差异和区别，主要体现为调域扩展程度的不同。我们用强调焦点组实验句焦点所在词调域末字调域与自然焦点相同位次字调域相比，可以清楚地观察到边界调和焦点调在调域扩展程度上的差异。焦点1焦点调字调域为94，自然焦点边界调字调域55，二者相差39；焦点2为89，自然焦点为55，二者相差34；焦点3为77，自然焦点为59，二者相差18；焦点4为63，自然焦点为59，二者相差4。二者之间的差值正是焦点调不同于边界调的独特音高表现。

(2)焦点1组实验句：我们可以看到，焦点1组实验句字调域最显著的音高表现是焦点所在词调域末字调域显著扩展，达到全句和五组实验句字调域最大值。焦点词调域内部三个字调域渐次抬升扩展，字调域跨度分别为59,66,94。

焦点后字调域表现出相对整齐的下倾趋势，上线和下线同时有这种表现(除末字上线)。

(3)焦点2组实验句：与焦点1组实验句十分相似，焦点2组实验句同样有强调焦点所在词调域内末字调域最大化扩展、焦点所在词调域内三个单字调域渐次扩展的音高表现。同样呈现规律性的是焦点后单字调域音高下倾的现象。

焦点2组实验句句首词调域内的三个字调域位于焦点前，跨度为46,47,48，数值较为平均，相对位置持平，抬升和扩展的趋势并不明显。

(4)焦点3组和焦点4组实验句：二者在焦点前的字调域音高表现差别并不明显。但是，在句末四个字调域的音高表现上，我们能看到系统性的差异。窄焦点句组（焦点3），单音动词字调域为56，末字调域77，后者超过前者21个百分比；宽焦点所在词调域内，单音动词字调域为65，末字调域为63，前者略大于后者。由此我们可以看到，焦点3句组字调域音高表现与同为窄焦点的焦点1、焦点2组更为相似，都是强调焦点所在词调域内末字调域最大化扩展。

焦点3，焦点4句组句首和句中词调域为焦点前部分，字调域跨度较为平均，起伏也不显著。

当强调焦点位于某个词调域时，词调域内部末字调域达到全句最大值，这种现象可以解释为节律栅规则的具体表现。节律栅规则要求高层次的重音一定加在低层次的重音上面，而词调域末字正是无焦点状态下短语重音所在（仲晓波、郑波、杨玉芳 2002）。

下倾是指基频曲线语调单元中从前至后的连续下降趋势，使得前一语音单元的音高值比后一语音单元的音高值高（Stewart 1983），它包括高音线下倾（topline declination）和低音线下倾（baseline declination）。Hart 和 Cohen（1990）以及许多学者都用下倾来说明语调曲线的下降趋势。在无强调的自然语句中，汉语普通话韵律短语内部也存在着较明显的音高下倾现象；下线的下倾一般大于上线的下倾（邓丹、石锋 2009），这可以从自然焦点句组字调域音高表现中得到印证。观察强调焦点句组,焦点后的字调域音高表现也反映了音高下倾现象。Shih(1997)指出,当语句存在窄焦点时,焦点后的音高曲线下倾的程度更大。我们可以看到焦点后音高表现更接近普通陈述句,下倾趋势存在甚至比自然焦点句更为显著。

4.6 语调结构的音高特征

语音结构和信息结构密切关联;语音和语义互为表里,密不可分。

一般英语语调研究中把语调结构划分为:调冠—调头—调核(调干)—调尾。沈炯也曾把汉语语调结构作同样的划分。其中调核就是焦点重音所在的位置。调核是语调结构的核心,是必有的;其余部分都可以依据调核的位置来分别加以确定,是可选的。

本文所选用的实验句包含的语调结构类型有三种:(一)调头—调核—调尾,如焦点2组;(二)调核—调尾,如焦点1组;(三)调头—调核,如焦点3、4两组。在强调焦点语句的音高格局中,可以清楚地看到语调结构的不同成分在音高方面各有对应的类型表现。

(1)调核:调核是语调构造中最重要的部分,是语义中心所在的位置,也可以说是言语信息焦点的标志。

焦点所在词调域实现最大化扩展,一般要覆盖本组实验语句的全调域。这也就是调核的音高表现。焦点在句首词语时调域扩展最大;以后焦点在句中词语、句末词语时,调域扩展依次递减。调核位于前两个词语时,调域扩展以上线提升为主;调核为句末词语时，以下线降低为主。调核调域覆盖本组实验语句的全句调域这个特征不变。焦点前后，尤其是焦点后，由于调域跨度的突变，会出现音高断层。

(2)调尾：调尾是承载语调信息的重要部分，作用仅次于调核。

焦点后的词语属于调尾成分，调域一般压缩至小于40。上线陡降40以上；下线也有所提升。调尾多于一个词语时，仍保持音高下倾表现。

(3)调头：语调信息也有部分分布在调头部分。焦点前的词语属于调头成分，调域一般大于45。从共性表现来看：句首词语做调头时，上线在一般在60到80之间，下线在10到30之间。句中词语做调头时，调域一般也大于45。调头到调核转换时调域大幅扩展，上线提升，下线降低。调头多于一个词语时，各词语调域呈渐次扩展状态，上线提升，下线降低，不超过10。

焦点前调头各调域的渐次扩展趋势，可以解释为焦点所在调核调域大幅扩展所作的过渡和准备；焦点后调尾各调域大幅压缩，可以解释为凸显调核焦点表现的一种反衬方式。

4.7　词语调域纵向对比

将五组实验句的相同位次的词语调域分别放在四个不同的分图中进行纵向对比，从中可以分析同一位次的词语调域在不同焦点位置的实验句组中各自不同的表现（见图3）。

在每一幅分图中，强调焦点所在的调核调域都是最宽的；调头部分的域宽居中，且位置递升，在中上部；调尾部分的调域最小，且位置递降，在中下部；自然焦点句组各词语域宽都是居中，分布平

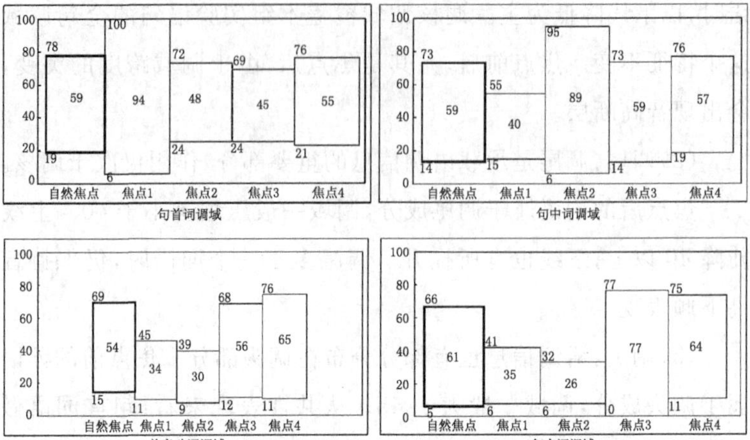

图 3 实验句组词语调域纵向对比图

衡,位置递降。句首、句中、动词、句末词语的调域差分别为 49,49,35,51,句首、句中和句末词语的调域差十分接近。

4.8 结语

自然焦点句组不同于强调焦点句,音高下倾特征贯穿全句,显示为自然的句尾焦点。

强调焦点组实验句语调最重要的一个特征是:焦点所在调核词调域最大化扩展,覆盖全部语句调域。焦点前词调域居中,上线略为抬升,下线略有下降,渐次扩展,具有相对稳定的音高表现。焦点后词调域大幅压缩,上下线都有所下降,呈现出明显的音高下倾趋势。

焦点所在词调域内末字调域显著扩展,是强调焦点句字调域音高表现的重要特征。与自然焦点字调域比较,我们可以看到焦点调域扩展程度显著大于边界调。焦点所在词调域内部字调域渐次扩展;焦点后字调域表现出相对整齐的下倾趋势,上线和下线同时有这种表现。正如赵元任先生所说,语句中的字调或词调“小波浪”,就是通过它们的调域被语调“大波浪”托起或压低而“叠加”成表层的语调。

语调结构的调头、调核、调尾等不同成分在强调焦点句组中具有类型一致的对应表现。

五　语速对语调起伏度的影响①

5.1　引言

汉语的语调问题是自上个世纪以来至今仍吸引研究者们关注视角的经典问题。赵元任首开汉语语调研究问题的先河,他的“大波加小浪”说也一直是后人试图更清楚、更完备地阐释的学说,所谓“大波加小浪”是一种比喻的说法,让人们更形象地理解汉语字调和语调间复杂的关系,但是怎样将这种复杂关系具体地展示出来却历经了许多研究者的不懈努力。语调起伏度的方法按照百分比数据将语调调域做归一化处理,过滤掉发音高低、调域宽窄方面的差异,使不同发音人的实验结果具有可比性。使得“波浪说”的形象描述变成了有数据支持的客观展现。也正是因为这种计算方

① 原文作者为江海燕、石峰,曾在第一届“汉语韵律及语调研究讨论会”(2009,大连)上宣读,得到王洪君、林茂灿等诸位先生的修改意见,特此感谢。

法下的计算结果具有可比性，才使得我们比较不同语速下的语调起伏度成为可能。

语速问题的研究是从语音学开始的，但在汉语语音学界中，对汉语语流语速的关注可以说寥寥无几。曹剑芬(1995)关注到语句的时长变化具有相对稳定的格局，同时受重音转移的影响。但语速与基频之间的关系则很少有人涉及，石锋(1999)初步展示了快、中、慢三种语速下语调基频曲线的走势。

而在计算机应用研究领域，比如语音合成和语音识别，语速都是一个重要的影响因子，已有很多论文关注到语速问题。但这些研究却很少涉及不同语速影响下的基频改变。《考虑语速和前后环境的基频 Target 模型及实现》(陈高鹏、胡郁、王仁华 2004)一文，为实现一句话的基频预测，统计了音节的几个基频变量在快、中、慢不同语速下的变化情况，发现："语速变化时调域和音高都会发生变化。……语速变化时基频的最大最小值点的相对位置基本不变，……后调对音节基频的影响也是很重要的，单纯考虑前调的作用是不够的……"但该文只是基于单音节进行的建模分析，尚缺乏对句子层面的基频模型的研究。

本文将用石锋、王萍、梁磊(2009)提出的语调起伏度的计算方法考察快、中、慢三种语速下语句的起伏度，探究不同语速对语调起伏度的影响具体表现在哪些方面，从而为语音合成和语音识别等言语工程科学提供可供参考的理论和数据支持。

5.2　语音实验的基本情况

不同语速下陈述句的起伏度变化实验使用的实验例句分别

在南开大学语音实验室及首都师范大学言语习得实验室录制，该组例句是在沈炯（1986）的实验语句基础上适当修改而成，共有四个（见下）。录音时，发音人在自然状态下以快、中、慢三种语速发音，不出现语义强调和情感色彩。每个实验句连续说3遍，句与句之间间隔4秒，4个发音人共得到3×（3×4×4）=144个样品句。

①张中斌星期天修收音机。②吴国华重阳节回阳澄湖。

③李小宝五点整写讲演稿。④赵树庆毕业后到教育部。

发音人有四位：两男两女，他们都是北京出生和长大的大学生。使用南开大学语音分析软件“桌上语音工作室”对样品句进行声学实验，测算出音高数据，进行统计分析。因为音高取值为每个韵律单元的极值（最大值、最小值），为了避免软件数据提取中的失误，所有作图用数据都用语音分析软件 Praat 检验，并在 Excel 中计算、作图。

我们将四位发音人三种语速下的句长做了平均，得到如下表1的数据，从表1中可以看出四位发音人都是中速和快速语速更接近，中速和慢速的语速差别较大。

表1　四位发音人三种语速下的句长比较表（单位：秒）

	男1号	女1号	男2号	女2号
快速	2.075	1.58	1.471	1.486
中速	2.498	2.313	2.095	1.979
慢速	3.692	4.250	3.388	4.685

5.3　语句调域的对比

在同一种语速的语料中，把每一位发音人同一个句子的三次发音样品的实验数据进行平均，再把同一个发音人所发的四个句子的平均值画在同一个图中，语句的时长采用归一的方法。在语句内部划分出不同的语音词，分别作出各个语音词的调域；各词调域中最高的上线就是全句调域的上限，最低的下线就是全句调域的下限。这样就得出语句调域（全调域 full range）。根据石锋、王萍、梁磊（2009）的研究，不同的标度单位对于分析结果会有重要影响。以赫兹为单位的数据很难看出有一致的规律性；以半音为标度的数据则表现出一致的规律性，因此我们在语句调域的作图中一律将赫兹标度转换为半音[①]。以半音值为音高标度，作出快速、慢速下的语句调域图，见图 1 和图 2。

5.4　语句调域百分比的对比

用百分比数值的计算对以上求得的调群调域和句调域的上下线极值进行相对化的归一计算，计算方法同石锋、王萍、梁磊（2009）：

$Ki = (Gi - Smin)/(Smax - Smin)$

$Kj = (Gj - Smin)/(Smax - Smin)$

$Kr = Ki - Kj$

其中 Gi 代表词调域上线半音值，Gj 代表词调域下线半音值；

---

① 从赫兹到半音转换的计算公式为：$St = 12\lg(f/fr)/\lg 2$。其中“f”表示需要转换的赫兹数值，“fr”表示参考频率，设为 64 赫兹。

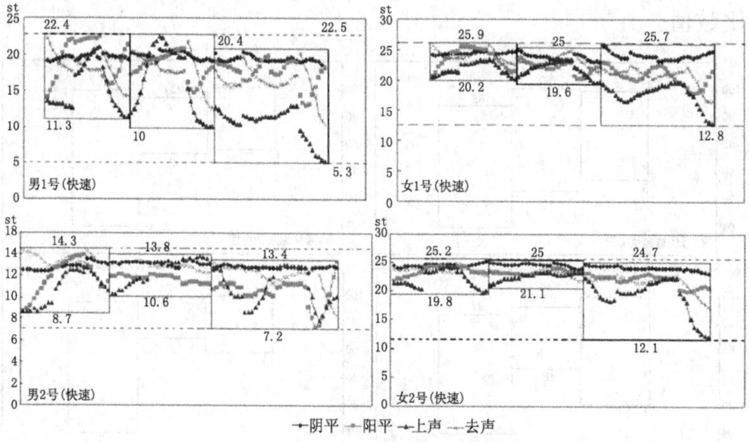

图 1　半音标度的语句调域图(快速)

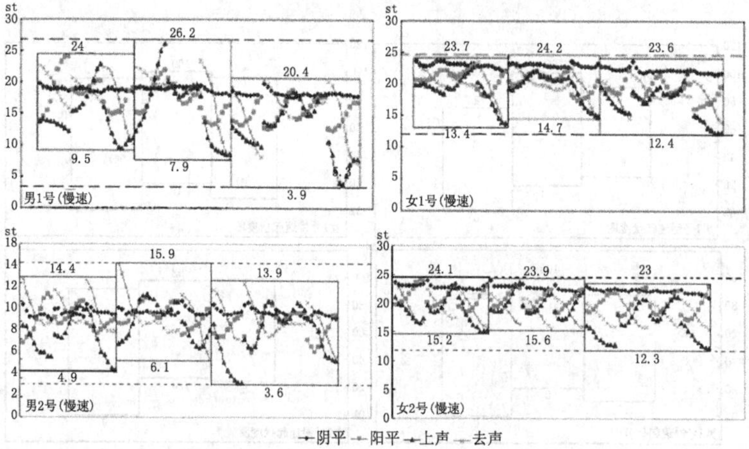

图 2　半音标度的语句调域图(慢速)

Smax 为句调域上限半音值，Smin 是句调域下限半音值；Ki 为词调域上线百分比，Kj 为词调域下线百分比，Kr 就是词调域的百分比数值。

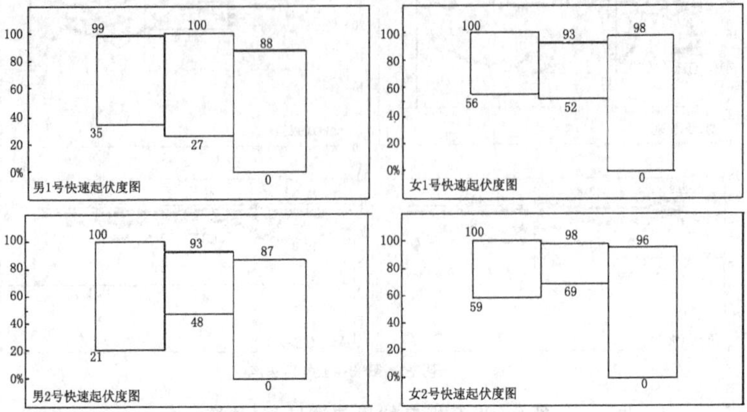

图3　四位发音人句调域百分比对比图(快速)

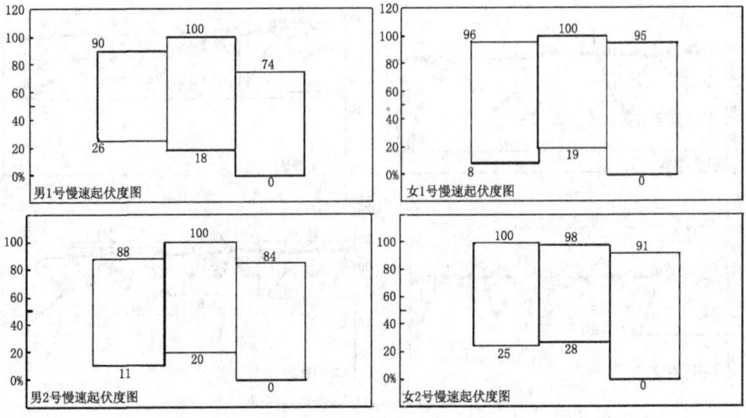

图4　四位发音人句调域百分比对比图(慢速)

按照百分比数据可以作出相对化的语句调域图，相对化处理可以过滤发音高低和调域宽窄方面的差异，使不同发音人的实验结果具有可比性。同时可以以词调域的百分比数据为依据，计算句子语调的起伏度。计算方法参见石锋、王萍、梁磊(2009)。通过百分比的计算可以将每个发音人快、中、慢不同调域的极值进行相对化处理，得到每个发音人不同语速语句的调域百分比的对比图。见图3、图4。

5.5　语句语调的起伏度

语句起伏度用Q值来表示，Q值的类别和位置用下标加以区分。计算方法是：

$$Qx = Kx - K(x+1)$$

其中，x=1,2,3,……是语音词在语句中位次序列数；K是词调域的相对百分比数值。

一个词调域有上线和下线，把上线和下线相对数值相加的和除以2得到词调域中线的相对数值。用a、b、c分别代表词调域的上线、中线和下线，可以分别计算上线、中线和下线三种起伏度，即上线起伏度Qa、中线起伏度Qb和下线起伏度Qc。通过如上起伏度的计算，分别得到快速、慢速下句子语调的起伏状态，见表2。

表2　快速、慢速语句调群起伏度Q值表(%)

发音人＼起伏度		Q0	Q1	Q2	Q
男1号快速	上线a	99	-1	12	11
	中线b	67	3.5	19.5	23
	下线c	35	8	27	35

续表

女 1 号快速	上线 a	100	7	－5	2
	中线 b	78	5.5	23.5	29
	下线 c	56	4	52	56
男 2 号快速	上线 a	100	7	6	13
	中线 b	60.5	－10	27	17
	下线 c	21	2	2	4
女 2 号快速	上线 a	100	2	2	4
	中线 b	80	－4	36	32
	下线 c	59	－10	69	59
男 1 号慢速	上线 a	90	－10	26	16
	中线 b	57.5	－1.5	22	20.5
	下线 c	25	7	18	25
女 1 号慢速	上线 a	96	－4	5	1
	中线 b	52	－7.5	12	4.5
	下线 c	8	－11	19	8
男 2 号慢速	上线 a	88	－12	16	4
	中线 b	49.5	－10.5	18	7.5
	下线 c	11	－9	20	11
女 2 号慢速	上线 a	100	2	7	9
	中线 b	62.5	－0.5	17	16.5
	下线 c	25	－3	28	25

根据表 2 的数据作出的语调音高格局图，可以更直观地看到不同语速影响下的语调起伏度的表现，见图 5、图 6。

5.6　结果讨论

通过以上数据分析，我们可以看到，语调音高因素有两种表现，一是不受语速影响，快、中、慢速的语料表现出如下一致的特征。

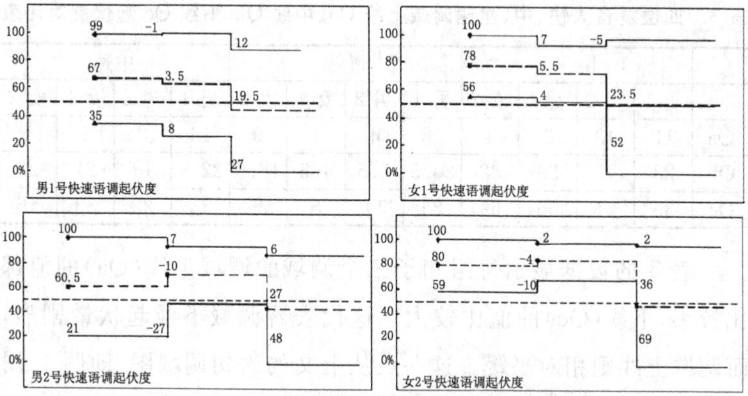

图 5　四位发音人快速语调起伏度图

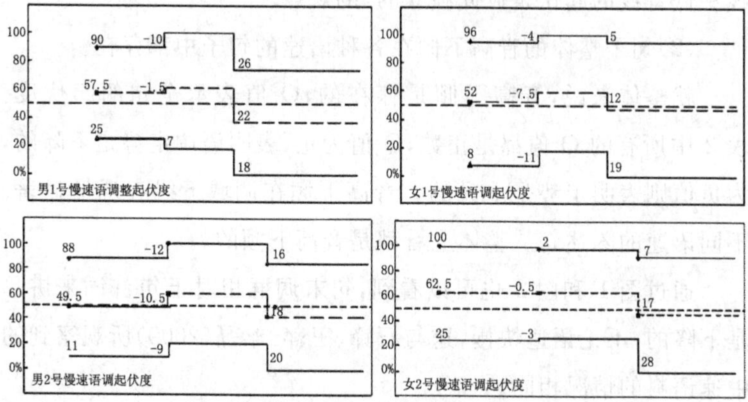

图 6　四位发音人慢速语调起伏度图

(1)一般来讲,就全句的起伏度来说,无论是快速、中速还是慢速的语料,也无论是男性还是女性的发音,调域上线(Qa)、中线(Qb)、下线(Qc)的起伏度都是依次增大的,即调域下线起伏度最大,见下表3的数据:

表 3 四位发音人快、中、慢速调域上线 Qa、中线 Qb、下线 Qc 起伏度对比表

	快速				慢速				中速			
	男 1	男 2	女 1	女 2	男 1	男 2	女 1	女 2	男 1	男 2	女 1	女 2
Qa	11	13	2	4	16	4	1	9	14	3	9	1
Qb	23	17	29	32	20.5	7.5	4.5	16.5	22.5	13	21	23
Qc	35	21	56	59	25	11	8	25	31	22	33	46

表 3 的数据显示每组句子三个调域的调域上线（Qa）的值都比较小，下线（Qc）的值比较大。这代表着调域下线起伏最剧烈，而调域上线则相对平缓。这一点从上文的语句调域图，即图 1、图 2 中也可以直观地看出。这一定程度上证实了沈炯（1992）“高音线和低音线的起伏是彼此独立的”的观点。

（2）句子整体的音高下倾在各种语速的句子中都存在。

就整体来说，音高下倾是存在的，Q 值表示全句的起伏度。表 2 中所有的 Q 值都是正数，Q 值为正，表明语调走势是下降的，为负值则表明走势是上升的。音高下倾在调域下线表现最显著。不同语速的陈述句从整体上看都是音高下倾的。

通过图 1 和图 2 也可以看到，句末调群相对于句首词来讲总是下降的，不论语速快慢，这与石锋、王萍、梁磊（2009）所观察到的中速语料的情况相同。

但是，随着语速变化，语速的影响带来的语调音高方面的差异主要表现如下：

（3）语速变慢，调域扩大。

随着语速的变慢，调域基本上是越来越大的，具体的值可参见下表 4。中速、慢速、快速调域两两相比，36 组对比中只有 5 处例外（在表 4 中以加粗体数值表现），其中男 1 号中速句中词调域略

有缩小属于变异情况,女1号和女2号中速和慢速的句末词调域都略有缩小,这一定程度上反映了句末词调域的特殊性,语速的变化对前面的首、中两个调域影响较大,语速加快带来的调域压缩主要表现在首、中两个调域。

男、女发音人在句末词调域表现有差异:男性是越快调域越小;女性是越快调域越大。还需要更多实验来确认这种有趣的现象。

表4　不同语速各词调域对比(单位:半音)

	男1号			女1号			男2号			女2号		
	首	中	末	首	中	末	首	中	末	首	中	末
快速调域	11.1	12.5	15.1	5.7	5.4	12.9	5.6	3.2	6.2	5.4	3.9	12.6
中速调域	12.3	10.5	15.3	7.4	7.1	10.1	7.2	5.7	8.8	5.5	5.1	10.4
慢速调域	14.5	18.3	16.5	10.3	9.5	11.2	9.5	9.8	10.3	8.9	8.3	10.7

(4)语速变慢使得句首调群起点有所下降。

在中速的语料中,句首调群起点Q0的上线多为全句调域上限或接近上限100,分布集中且稳定(石锋、王萍、梁磊2009)。这一点也适用于快速的语料,但在慢速语料中,句首词起点Q0值的上线有所下降,见下表5。Q0的下线起点随语速减慢更是有比较大幅度的降低,相应的Q0中线的起点也有一定程度的下降。

表5　快、中、慢语速下各句首词起点Q0值比较表

	上线Q0a			下线Q0b		
	快速	中速	慢速	快速	中速	慢速
男1号	99	100	90	35	31	25
女1号	100	100	96	56	33	8
男2号	100	100	88	21	22	11
女2号	100	100	100	59	59	25

这可能是因为慢速可以使每个词调域有较充分的调整的时间，快速句子更多是以一句话为一个音高整体，难有词调域调整的机会，为了维持比较多的音节保持在一定的音高水平，快速的句子不得不从比较高的音高起点开始。快速句子和中速句子在音高起点这一点上的表现类似，这是因为在我们的实验中，中速语速跟快速接近，而与慢速差别较大，这一点可以参见本文第2小节中的数据。

(5)音高下倾是一种整体趋势，但其表现并不连贯，尤其在慢速中。

音高下倾虽是一种比较稳定的整体趋势，但并不是整个句子的起伏度从前到后一降到底。Q1代表句中调群起伏度，Q2是句末调群的起伏度。起伏度为正值表明音高下降，负值表明音高上升。表2中24个Q1的值中有15个是负值，这就是音高下倾从头到尾不连贯的具体表现。

根据中速语料的计算结果，Q1、Q2数据中绝大多数是正值，表明陈述语句中音高下倾占主流，音高上升情况很少，并受到制约。语速变化后仍能看到这种情况，总体上来看起伏度的值正值多，负值少，负值最大不超过-27，而最大的正值是69，这表明下倾的程度可以很大，相反，音高上升的情况很少，即便有，上升的程度也无法与下降的程度相比。这也是音高下倾是主流情况的一种表现。但快速和慢速的语料还是有分别。

在快速的语料中，男、女四个发音人共有12个Q1值中，其中只有5个是负值。而在慢速的语料中，12个Q1值，其中有10个是负值，这应该是慢速句子在比较长的时长下，句中词作为时间状语被突显出来。语句的音高下倾应该是从句首词到句末词的整体表现，句中词往往具有动态性，表现不稳定。

(6)边界调效应在快速的语料中表现更明显。

在中速语料中，男女学生的共同特点是最大值都出现在句末词调域的下线 Q2 中，这是语句边界调的一种重要表现(石锋、王萍、梁磊 2009)。

根据我们的计算，句末词调域的下线 Q2 的值不论是在快速语料还是在慢速语料中都是最大的，这说明语句边界调效应无论在快、中、慢速语料中都是存在的。但表现的程度有差别，在快速语料下线中表现最明显。数据可参见下表 6，同一个发音人，在快速语料中，末尾调域的起伏度值远大于其慢速语料末尾调域起伏度的值。

表 6　快、慢速句中及句末起伏度比较

	快速				慢速			
	男 1 号	男 2 号	女 1 号	女 2 号	男 1 号	男 2 号	女 1 号	女 2 号
Q1	8	－27	4	－10	7	－9	－11	－3
Q2	27	48	52	69	18	20	19	28

(7) 语速加快可以使整个句子的语调起伏度增大。

通过表 2 的数据以及对比图 5 和图 6，我们可以看到，快速语调起伏度的变化比慢速增大了，这一点也主要表现在调域下线 Qc 上，而且女性发音人比男性发音人更明显。快速和慢速相比，四位发音人 Qc 的值分别是 35∶25(男 1 号)、21∶11(男 2 号)、56∶8(女 1 号)、59∶25(女 2 号)。

有一个疑问就是语感上我们觉得语速加快使得音节起伏变

小,我们看基频图 1 和图 2 也能看到快速句子的基频曲线受到了压缩,那为什么快速句子的起伏度反而变大了呢?

这是因为语感上感觉到的起伏是句子内部各个音节的基频起伏,快速句子的首、中两个词调域内部各基频曲线都受到了很大程度的压缩,有很多字音基频因为压缩得厉害,甚至失去了原来的调型,而变成了趋平的调型走势,使得调域大大缩小,这一现象在三个词调域中位于句中的词调域表现得最明显(可参见图 1 和图 2)。这造成听感上句子的起伏大大变小了。

快速句子的句末词由于处于边界的位置,调域并未缩小,有时甚至还是扩大了的(具体的值可参见图 1—图 4),句末词内部各字调域也没有受到压缩,跟前面受到大大压缩的句首词和句中词调域相比,调域间差别增大了。而我们计算的句子起伏度是整个句子作为百分之百,去计算各词调域间的起伏度,因此,虽然快速句子造成了句子内部前面的基频曲线受到压缩,但就词调域间的差异来讲,句末词调域和前面的词调域的差异造成了整个句子的起伏度随之增大。

第三章　时长停延率分析

一　普通话双音节韵律词时长特性研究[①]

1.1　引言

冯胜利(1997)指出,最小的能够自由运用的语言单位是韵律词。汉语中两个或三个音节常常组合在一起,成为一个韵律词。韵律词不同于词典词,一个韵律词可以是一个词典词,也可以包括多个词典词或是一个词典词的一部分。

双音节韵律词是汉语普通话最基本的韵律单元,一些学者对普通话双音节词的时长分布进行了研究,但是由于所采用的研究方法不同,其研究结果不尽相同。例如,林茂灿、颜景助、孙国华(1984)对带正常重音的两字组的声学分析是在孤立词层面进行的,结果表明,普通话两字组中后字时长普遍长于前字。王晶、王理嘉(1993)则采用负载句的方式,对普通话多音节词的时长分布模式进行了研究,发现普通话句中双音节词均表现出词首音节时

---

① 原文与邓丹、吕士楠合作,发表于《中国语音学报》2008年第1辑。

长大于词末音节时长的倾向。近年来大规模语料库的出现,使我们对音节在自然语流中的表现有了更丰富认识,在连续的语流中,双音节韵律词的时长模式会随着语句中上、下文关系和所处位置的不同而产生相当复杂的变化,其变化规律与在孤立词和实验室语句中的表现可能有所不同。本文拟以吴宗济(1982)提出的15种不含轻声的声调组合和4种含有轻声的声调组合模式为基础,对普通话双音节韵律词(以下简称双音节词)在大规模语料库中的实际表现进行研究。

1.2 研究内容

1.2.1 材料

本研究的语料库由400个单句组成,句子的平均长度为21个音节。发音人为一名女性专业播音员,年龄24岁。以自然的方式和正常语速朗读句子,没有特别的强调和感情色彩。通过感知判断,我们从语料库中共切分得到2239个不包含轻声的双音节韵律词和455个包含轻声的双音节韵律词。

1.2.2 停延边界标注

根据听音人对韵律词后停顿等级的感知,对每个韵律词在句中的停延边界进行了标注,B0为无停顿;B1为有少许停顿;B2为有比较明显的停顿;B3为句末停顿。所有标注工作均由两位听音人完成,首先由两人各自独立完成全部的工作,然后再对两人的结果进行对比,结论不一致的地方由两人重新听辨讨论后确定。

1.2.3 声学参数的测量

用南开大学的语音分析软件“桌上语音工作室”对所有双音节

词中每个音节的时长进行了测量，其中非句首的塞音和塞擦音包括闭塞段的长度。

1.3　实验结果

表1　音节时长方差分析结果

因素	词首音节	词末音节
声调	10.924**	251.008**
停延边界	11.044**	141.138**
声调/停延边界	0.618	11.682**

注：** 表示在 0.01 水平上差异显著。

分别对所有双音节词词首和词末音节的时长做了二因素方差分析，即声调和所处停延边界（4×4，词首；5×4，词末），结果见表1。方差分析结果表明，对词首音节来说，声调和停延边界的主效应显著，它们之间的交互效应不显著。而对词末音节来说，声调、停延边界的主效应以及它们之间的交互效应都显著。这些结果说明，普通话双音节词中，无论是词首音节还是词末音节的时长都会受到其本身的声调以及所处停延边界的影响，其中词末音节所受的影响更为显著。

1.3.1　声调对音节时长的影响

分别对普通话双音节词中词首和词末各声调音节的时长进行了 Post hoc 检验，对词首各声调时长的检验结果表明，除了阴平和上声的差异不显著外，其他声调间的差异都是显著的。对词末各声调时长的检验结果表明，除了阴平和阳平，上声和去声的差异不显著外，其他声调间的差异均是显著的。

图1是普通话双音节词中词首和词末音节各声调的时长，从中可以看出，词首音节中，阳平的时长最长，阴平和上声次之，去声的时长最短；词末音节中阴平和阳平的时长长于上声和去声，轻声音节的时长最短。另外，从图1还可以看出，除轻声音节外，词末其他声调音节的时长均长于相应的词首音节。

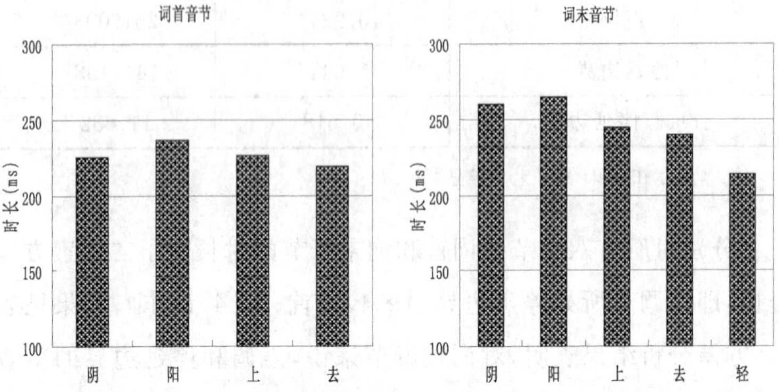

图1　双音节词中词首和词末各声调的时长

1.3.2　停延边界对音节时长的影响

首先分别对不同停延边界前的普通话双音节词词首和词末音节的时长进行了 Post hoc 检验，对词首音节时长的检验结果表明，除 B1 和其他边界前的时长差异显著外，另外三类边界前的时长差异都不显著；对词末音节时长的检验结果表明，B2 与 B3 间的差异不显著，它们与 B0 和 B1 间的差异均是显著的。

图2是普通话双音节词在不同停延边界前的时长分布，从图中可以看出，各边界前词首音节的时长差异不大，只有 B1 前词首

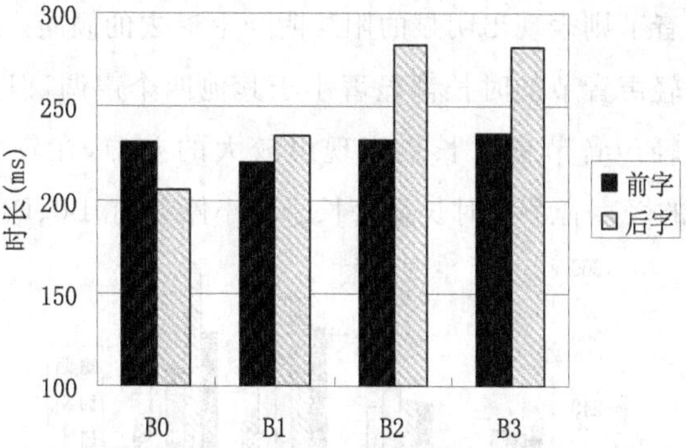

图 2　不同停延边界前双音节词的总体时长

音节的时长略短于其他边界前音节；词末音节的时长则表现出较大的变化，B2 和 B3 前的词末音节显著长于其他边界前音节，而且 B1 前的词末音节也比 B0 前长。就双音节词内部的时长看，B0 前的词首音节略长于词末音节，B1 前的词末音节略长于词首音节，B2 和 B3 前词末音节均显著长于词首音节。这说明句中无停顿前双音节词的词首音节长于词末音节，有停顿前的双音节词则是词末音节长于词首音节，并且随着停顿等级由不明显变为明显时，词末音节延长的程度也显著增加，但它并不是随着停顿等级的增加而无限制延长，边界前音节延长的程度是有限的，普通话双音节词的词末音节的时长在 B2 前达到最大，之后就不再随着停延等级的增加而继续延长。

1.3.3　声调和停延边界对词末音节时长的影响

图 3 是不同停延等级前双音节词中词末各声调的时长。图中显示不同停延边界前词末各声调的时长变化较大。就非轻声音节的时长来看，B0 和 B1 前四个声调的时长差异不大，而 B2 和 B3

前的词末音节则表现出明显的阳＞阴＞上＞去的倾向。虽然在任何边界前轻声音节的时长都显著小于其他四个声调，但是不同停延边界前轻声音节的时长也表现出较大的差异，在较大停顿前（B2、B3）的轻声音节的时长显著长于较小停顿前（B0、B1）。

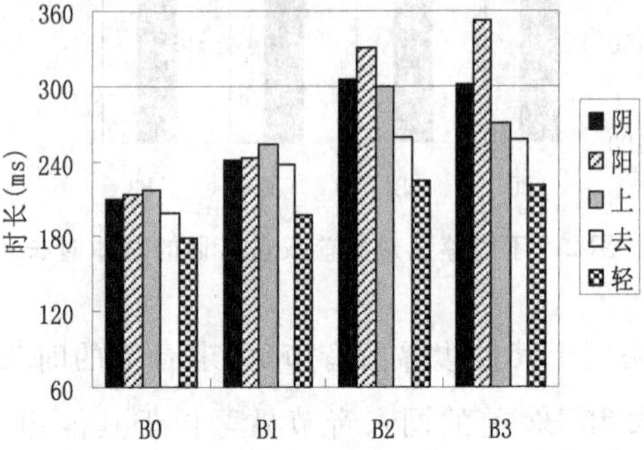

图 3　不同停延边界前词末音节各声调的时长

为了进一步比较各声调的延长程度，我们计算了不同停延边界前词末各声调的延长量，结果见表 2。计算方法为：

$Len_{Bi} = Dur_{Bi} / Dur_{B0}$ ，$i = 1,2,3,4$

Len_{Bi} 表示停延边界前的声调延长量，Dur_{Bi} 表示有停顿前声调的时长，Dur_{B0} 表示无停顿前该声调的时长。

表 2 的结果表明，有停顿前音节的时长均比无停顿前有一定程度的延长，但在不同的停延边界前各声调的延长程度不同。总体来看，词末各声调的时长在 B1 前的延长量最小，在 B2、B3 前的延长量则显著大于 B1 前，在任何停延边界前轻声音节的延长量均是最小的。就除轻声外其他四个声调的延长量来看，在 B1 前，四个声调的延长量基本一致，其中上声和去声的延长量略大于阴

平和阳平;在 B2 和 B3 前,阳平、阴平的延长量显著大于上声和去声。这说明在较小停顿前普通话各声调的延长量基本相同,而在较大停顿前则表现出显著的不平衡性,即阳平和阴平的延长显著大于上声和去声。

表 2 不同停延边界前各声调的延长量

	B1		B2		B3	
	时长	延长量	时长	延长量	时长	延长量
阴平	241.63	1.15	304.43	1.45	301.00	1.43
阳平	243.50	1.14	330.50	1.54	353.13	1.65
上声	254.10	1.17	298.82	1.38	269.85	1.24
去声	237.02	1.19	260.18	1.31	257.44	1.29
轻声	196.89	1.10	224.98	1.26	220.63	1.23

对比各声调在不同停延边界前的延长量可以看出,随着停延等级的不断增加,阳平音节的延长量也不断增加,在最大停延边界 B3 前阳平的延长量达到了最大,而阴平、上声、去声和轻声的延长量却是在 B2 前达到了最大,其后随着停延等级的增加,延长量表现出逐渐减少的趋势,其中上声的表现更为明显。这说明各个声调的延长量的增减和停延等级的增长并不是完全对应的,普通话各声调中只有阳平的延长量随着停延等级的加大而逐渐增加,阴平、上声、去声和轻声时长的延长则是有限的,它们不能随着停延等级的增加无限延长,在 B2 前达到最高后,就不再随着停延等级的增加继续延长,相反却表现出逐渐缩短的趋势。虽然阳平的延长量和停延等级的增加表现出一致性,但其延长量增加的程度在

各个停延等级前也不是完全均等的，阳平在B2前延长量增加的程度是最高的，相比于B1前增加了40%，而在B3前阳平的时长仅比B2前增加了11%，其延长量增加的程度显著小于B2前。

1.3.4 前接声调对后字轻声时长的影响

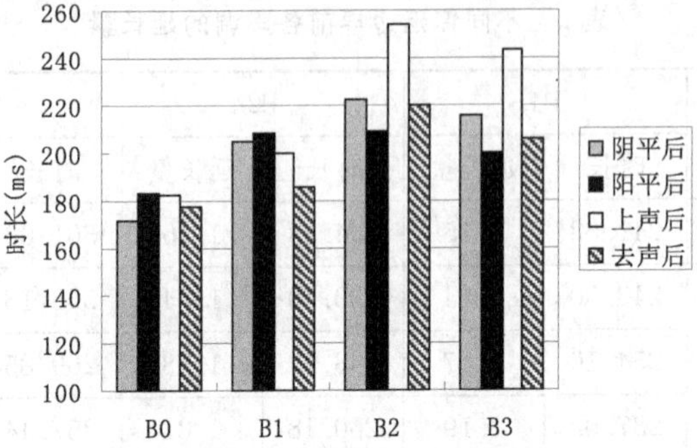

图4 各声调后轻声在不同停延边界前的时长

虽然不同位置轻声音节的时长都显著小于其他声调，但是停延边界仍然对轻声时长产生了一定的影响。为了进一步比较前接声调对后字轻声时长变化的影响，图4给出了各声调后的轻声在不同停延边界前的平均时长。从图中可以看出，不同声调后轻声的时长表现不完全一致。在B0前，不同声调后轻声的时长基本一致；在B1前，去声后轻声的时长略短于其他声调后的轻声。在B2和B3前，四个声调后轻声的时长均表现为：上声后轻声时长最长，阴平和去声后的轻声的次之，阳平后的轻声最短。这说明在较小停延边界前前接声调对后字轻声时长的影响不大，在较大停延边界前，轻声的时长表现出一定程度的延长，前接声调对后字轻声时长的影响主要表现为阳平后轻声的时长最短，而上声后轻声的时长则最长。

1.4　讨论

对普通话双音节词中各音节的时长考察表明，无论是在句中还是句末，普通话各声调的时长都表现出明显的阳＞阴＞上＞去＞轻的倾向。冯隆(1985)的实验结果表明，普通话四个声调的时长在句中时为：阳＞阴＞上＞去，但是在句末时则为：上＞阳＞阴＞去。他认为各声调时长相对关系的改变主要是由于上声在句中是低降调，而在句末是曲折调。而我们对普通话双音节词的考察则表明，由于语流中普通话上声通常以“低降”的形式出现，因此语流中的上声即使处于句子最末一个音节，其时长也不会长于相同位置的阴平和阳平音节。冯勇强等(2001)通过对语料库中音节时长的统计指出，有停顿前普通话四个声调的时长表现为：阳＞阴＞上＞去，和本文的结果一样，在他们的研究中也没有发现句末上声时长最长的倾向。

普通话双音节词的时长关系和它所处的停延等级密切相关，随着停延等级的逐渐增加，普通话双音节词的词末音节的时长也逐渐变长，但其延长的程度是有限的，词末音节的时长在 B2 前最长，B3 前的词末音节的时长没有表现出随着停延等级的增加继续延长的现象。本研究中的 B0 边界是无停顿边界，大多数情况下，是构成四音节复合韵律词(冯胜利 1997)中的第一个双音节韵律词的边界，因此，B0 前双音节词的音长表现并不是可独立运用的双音节韵律词的实际表现；本研究中的 B1 边界可以看作是可独立运用的双音节韵律词的边界；B2 大体对应于韵律短语边界；B3

是句末边界,可以看作语调短语边界。有关韵律边界的声学特性的研究(曹剑芬 1998;杨玉芳 1997;王蓓等 2004)表明不同韵律边界前音节时长表现出延长的现象,其中韵律词边界前音节的延长较小,韵律短语边界前音节的延长最大,语调短语边界前音节的延长小于韵律短语边界前。这和本文对双音节词的时长分析的结果基本一致,即相比 B0 边界,普通话双音节词中的词末音节在 B1 边界前有一定程度的延长,但延长量不大,在 B2 和 B3 边界前的延长量显著大于 B1 前,其中在 B2 边界前音节的延长量最大,B3 边界前各音节的延长量略小于 B2 边界前。

但是本文的结果进一步表明,不同停延边界前,即不同韵律边界前音节时长的变化还要受到各自的调型特征的影响。主要表现在:1)从普通话四个声调和轻声总体的时长变化看,较大停延边界前音节延长的现象在普通话各声调上的表现不太一致,在较明显的停顿(B2、B3)前,阳平和阴平延长的程度比上声、去声和轻声的延长程度大。2)从每个声调各自的时长变化看,较大停延边界前(B2 和 B3),音节时长的伸缩在普通话各声调上的表现不完全一致,阳平音节的时长表现出随着停延等级的增大逐渐变长的趋势,而阴平、上声、去声和轻声的时长,在 B2 边界前最长,在 B3 边界前则表现出不同程度的缩短,其中上声的表现更为明显。

从各声调的最大延长量来看,普通话中除轻声外其他声调的延长程度从大到小依次为:阳平>阴平>上声>去声,边界延长效应在各声调时长上的不同表现,主要是由于受到了各声调调型特征的影响。阳平和阴平的调型分别为升调和平调,其终点特征均为"高",而上声和去声为降调,其终点特征均为"低",发音生理的限制使得“低”的特征不可能长时间地保持，因此具有“降”调型的上声和去声的延长程度要小于具有“升”和“平”调型的阳平和阴平。对于阴平和阳平来说，二者的延长程度也有显著差别，阳平可以随着停延等级的增加不断延长，阴平的延长则要受到限制，在较大停顿前表现出轻微的缩短，这也是由于受到了发音生理的限制，阴平是高平调，发音器官不可能长时间地保持紧张状态，而阳平是中升调，有一个从低到高的滑动过程，滑动的趋势使得上升的动作可以持续较长时间。另外上声和去声相比，去声，即高降调的延长程度更短，这主要是由于在降调的发音中惯性的作用使得其发音时间较短，另外也说明，基频下降的速度可能对降调的感知起重要作用。和本文的结果一致，Peng(1997)对不同位置的台湾话中不包括入声的五个声调的考察也表明，受到韵律边界效应的影响，台湾话中各个声调在不同边界前均表现出一定程度的延长，但是降调尤其是高降调的时长延长程度是有限的。

在较大停延边界前轻声时长的变化也和其调型有关，不同声调后轻声时长在 B2 和 B3 前主要表现为，上声后的轻声最长，阴平和去声后的轻声次之，阳平后的轻声最短。已有的研究(林茂灿、颜景助 1980；孔江平、吕士楠 2000)表明，轻声没有固定的调型，它的音高特征主要由前面的声调决定，轻声在非上声后表现为降调，但其下降的起点音高则不完全相同，阳平后轻声的起点较高，阴平后其次，去声后最低；轻声在上声之后则表现为一个中平调。不同声调后轻声时长的变化也表明，当轻声的调型为平调时，其时长容易延长，当轻声的调型为降调时，其时长延长的程度有限，而且起点音高较高的高降调的延长程度最短。

1.5 结论

本文对从语料库中得到的2694个普通话双音节词的音长特征进行了研究，主要考察了各声调调型特征和所处停延边界对普通话双音节词的音节时长的影响。分析表明，音节时长受到调型特征和所处停延边界的共同影响，主要表现为：1)无论在句中还是句末普通话音节的时长均表现为阳＞阴＞上＞去＞轻。2)句中无停顿前双音节词的词首音节长于词末音节，有停顿前则是词末音节长于词首音节，随着停顿等级由不明显变为明显，词末音节延长的程度显著增加，阳平和阴平延长的程度显著大于上声、去声和轻声。3)普通话各音节的时长延长是有限的，在B2边界前时长延长的程度最大。4)在较大停延等级前各声调的时长伸缩要受到调型特征的影响，随着停延等级的增加，具有“升”调型的阳平的时长继续延长，而其他声调则逐渐变短，其中降调尤其是高降调的表现最为明显。5)较大停延边界前轻声时长的变化也要受到调型特征的影响，上声后轻声(平调)的延长程度最大，阳平后轻声(高降调)的延长程度最小。

二 普通话四音节韵律词的时长分析[①]

2.1 引言

汉语普通话中存在大量的四音节结构，包括成语或熟语，它们

① 原文与邓丹合作，发表于《世界汉语教学》2007年第4期。

在语音上联系紧密，在语法上有时对应于一个语法词，有时对应于一个语法短语。由于语法表现的不确定，这类结构在韵律层级中的归属也不尽相同，有些学者没有对这类结构进行特别的关注，只根据其在语句中的实际表现分别看作韵律词或韵律短语，有些学者注意到这类结构的特殊性，在划分韵律层级时将其单独列为一类，分别称为复合韵律词（冯胜利 1997）、类词短语（王洪君 2000）、mini 韵律短语（曹剑芬 2001）、韵律词组（贺琳等 2001）等。由于本文的研究重点不是对这类结构的归属进行讨论，所以文中主要依据冯胜利（1997）的观点，把这类结构一律看作复合韵律词，简称为四音节词。

王晶、王理嘉（1993）曾对普通话多音节词的时长分布模式进行过研究，主要考察了组合结构对四音节词音节时长分布的影响，其结果表明，四音节词中位于词首和词末的音节时长较长，其中词首音节又比词末音节长，位于词中的音节时长相对较短。组合结构对四音节词时长分布的影响主要表现为，音节在底层组合中数目越少，音节时长越长；音节在底层组合中数目越多，且居中，音节时长则越短。不过他们的研究主要是采用实验室语句进行的，近年来语料库的出现，使我们对音节在自然语流中的表现有了更丰富的认识，在连续的语流中，韵律词的时长模式会随着语句中上、下文关系和所处位置的不同而产生相当复杂的变化，其变化规律与在孤立词和实验室语句中的表现有所不同。

一般说来，四音节是构成汉语韵律词的最大限度。对于四音节词的研究是我们已经完成的双音节韵律词研究（邓丹、石锋、吕士楠 2008）的延伸，同时又是进一步研究韵律短语的基础，所以四音节词的研究对韵律词和韵律短语的研究都具有重要意义，可以使我们对语句韵律结构的认识更加深入。四音节词在话语中的出现频率较高，开展对它的研究，不仅可以为对外汉语语音教学提供必要的参考，还可以为提高语音合成的自然度提供有益的帮助。鉴于四音节词的构成比较复杂，目前学术界对它的关注还较少，本文拟对这类韵律词在语句中的实际表现进行一些初步的研究。

2.2　研究内容

2.2.1　材料

本研究的语料库由 400 个单句组成，均为陈述句，句子的平均长度为 21 个音节。发音人为一名女性专业播音员，年龄 24 岁。以自然的方式和正常语速朗读句子，没有特别的强调和感情色彩。通过感知判断，我们从语料库中共切分得到 1003 个不包含轻声的四音节韵律词。

2.2.2　停延边界标注

停延指说话或朗读时声音的中断或延连（吴洁敏 2000），主要包括两方面的内容，即停顿和延长。在语图上停顿表现为无声段，延长表现为音节时长的加大。由于这两种方式都可以使听音人感觉到有停顿出现，都是表示停顿的声学征兆（叶军 1996），因此采用停延这一术语来表示语句中在感知上可能出现的停顿。其中“停延”主要是针对声学表现而言的，而“停顿”则主要是针对感知而言的。

根据听音人对韵律词后停顿等级的感知，对每个韵律词在句中的停延边界进行了标注。B1 为有少许停顿，B2 为有比较明显的停顿，B3 为句末停顿。所有标注工作均由两位听音人完成，首先由两人各自独立完成全部的工作，然后再对两人的结果进行对比，结论不一致的地方由两人重新听辨讨论后确定。

2.2.3　声学参数的测量

用南开大学的语音分析软件“桌上语音工作室”对所有四音节词中每个音节的时长进行了测量，其中非句首的塞音和塞擦音的时长包括闭塞段的长度。

2.3　实验结果与讨论

相比于双音节韵律词，由于音节数目的增加，四音节词的结构类型更加复杂。依据其音节的组合结构来看，可以把它分为 1+3 型（县信访办、吃大锅饭）、2+2 型（农民收入、妙手回春）和 3+1 型（黑龙江省、不和谐音）三类。依据四音节词内部的句法结构来看，可以分为主谓（神情沮丧、外形优雅）、偏正（商业银行、基础教育）、动宾（举行婚礼、违反契约）、动补（奇臭无比、闻名于世）和并列（日出日落、古今中外）五类。

为了考察四音节词的组合结构、句法结构以及所处停延边界是否对四音节词的各音节的时长产生影响，我们首先对所有四音节词各音节的时长做了三因素（3×3×5）方差分析，自变量分别为所处停延边界、组合结构和句法结构，结果见表 1。由于除组合结构和句法结构外，其他因素间的交互效应均不显著，因此表 1 没有列出。方差分析结果表明，停延边界对第四音节时长的主效应显著；组合结构对中间两音节时长的主效应显著；句法结构对第二音节时长的主效应显著；组合结构和句法结构的交互效应对第二音节时长的作用显著。这些结果说明，停延边界主要对四音节词中第四音节的时长产生影响，组合结构主要对四音节词中第二和第三音节的时长产生影响，句法结构主要对四音节词中第二音节的时长产生影响。

表1　四音节词时长的方差分析结果

	停延边界	组合结构	句法结构	组合结构×句法结构
第一音节	2.190	0.737	1.630	0.724
第二音节	1.999	4.272*	7.400**	5.020**
第三音节	1.505	11.646**	2.038	1.254
第四音节	11.463**	0.417	2.187	0.693

注：* 表示在0.05水平上差异显著，** 表示在0.01水平上差异显著。

2.3.1　停延边界对时长的影响

方差分析的结果表明，停延边界对四音节词中第四音节的时长产生显著影响，而对其他三个音节时长的影响不大，对第四音节时长的Post hoc检验表明，B2和B3间的差异不显著，它们与B1间的差异显著。图1是不同停延边界前四音节词各音节的平均时长。从图中可以看出，四音节词中前三个音节的时长差异不大，只有第三音节的时长在B1前略短于其他边界前；而第四音节的时长则表现出较大差异，B2、B3前音节的时长明显长于B1前，其中B2前音节的时长最长。对比四音节词内部的时长关系可以看出，不同边界前四音节词的时长关系都表现为，第四音节的时长最长，第一和第三音节次之，第二音节时长最短。

由于本文的B1边界表示有少许停顿，大体相当于韵律词边

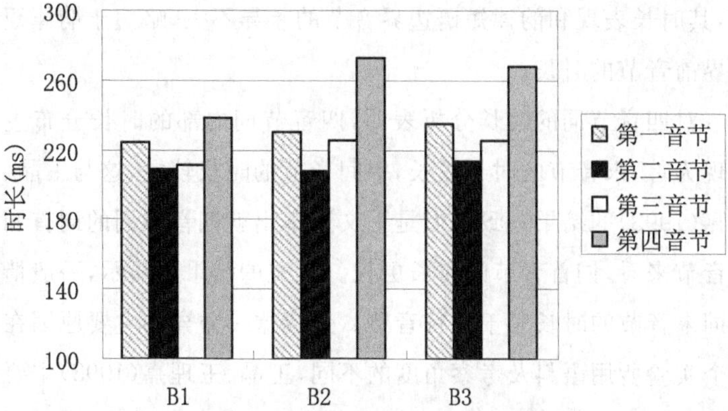

图1　不同停延边界前四音节词的时长分布

界,B2边界表示有比较明显的停顿,大体对应于韵律短语边界,B3边界是句末边界,相当于语调短语边界。有关韵律边界的声学特性的研究(曹剑芬1998;杨玉芳1997;王蓓等2004)表明,不同韵律边界前音节时长表现出延长的现象,其中韵律词边界前音节的延长较小,韵律短语边界前音节的延长最大,语调短语边界前音节的延长小于韵律短语边界前。本研究中不同停延边界前四音节词时长模式的不同,也主要体现了不同韵律边界的影响。本文的结果说明韵律边界的作用范围是有限的,它只会对边界前一个音节的时长产生影响,而且这种影响还要受到所处边界停延等级的限制。当它处于韵律词边界时,停延等级较小,边界前的音节表现出一定程度的延长,但延长的程度较小;当它处于韵律短语边界时,停延等级比韵律词边界有所增加,因此边界前音节的时长表现出较为显著的延长;当它处于语调短语边界时,停延等级达到了最大,但是边界前音节的时长却没有再随着停延等级的增加继续延长，其时长表现和韵律短语边界音节的差异不大，略短于韵律短语边界前音节的时长。

对四音节词的时长分析表明，四音节词内部的时长分布主要表现为首、末音节的时长较长，中间音节的时长较短，这与王晶、王理嘉(1993)的结果一致。但是王文还指出就四音节词的词首和词末音节来看，词首音节的时长更长。本文的结果则显示，一般情况下词末音节的时长长于词首音节。造成这一差异的主要原因在于两个实验所用语料及考察角度的不同，王晶、王理嘉(1993)主要运用实验室语句，考察了四音节词在句中位置上的表现，而本文则对实际语流中四音节词的时长进行了比较，主要关注它在不同停延边界前的表现。

2.3.2　组合结构对时长的影响

表2　不同组合结构四音节词总体分布

组合结构	1+3型	2+2型	3+1型
个数	85	858	60
比例(%)	8.47	85.54	5.98

表2是不同组合结构四音节词的总体分布情况。从中可以看出在本研究所考察的四音节词中，大部分都是2+2的结构类型，占总数的85.54%，而1+3和3+1型的四音节词较少，分别为8.47%和5.98%。由于本研究的语料均是由报纸、广播中出现频率较高的常用词组成的语句构成的，因此统计结果具有一定的代表性，这也表明实际语言中四音节词以2+2式为最常用的结构类型，也就是说四音节词通常是由两个标准音步组成的，由于一个标准音步构成一个标准韵律词，因此可以认为汉语普通话中大多数

四音节韵律词是由两个简单韵律词复合而成的。

方差分析的结果表明，不同组合结构四音节词中第二和第三音节的时长差异显著，对第二音节时长的 Post hoc 检验表明，任何两组间的差异都显著；对第三音节的时长的 Post hoc 检验表明，除 1+3 型和 3+1 型的差异不显著外，其他组间的差异均显著。

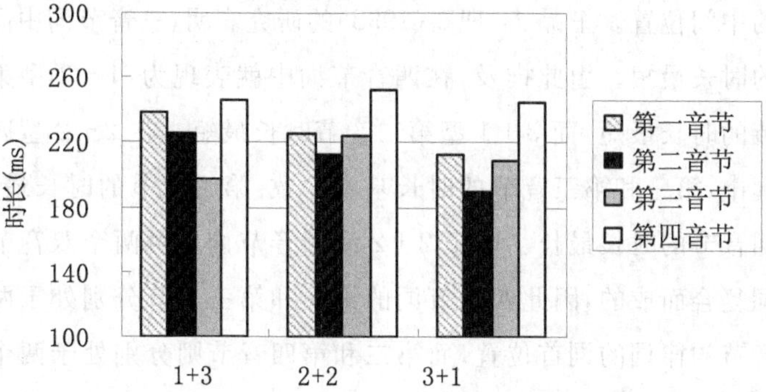

图 2　不同组合结构四音节词时长分布

图 2 是不同组合结构四音节词各音节的时长均值。图中显示，不同组合结构四音节词的时长分布既存在共性又存在个性。

共性主要表现在不同组合结构四音节词中，第一音节和第四音节的时长均长于第二音节和第三音节，其中第四音节的时长最长，这说明所有四音节词时长分布的模式主要表现为首尾音节的时长较长，而中间音节的时长较短，其中最末一个音节的时长最长，这主要是由于它总是处在韵律边界的位置，受到边界效应的影响使得其时长有所延长。

不同组合结构四音节词时长分布的个性差异主要表现在第二和第三音节的时长分布有所不同。第二音节在 1+3，2+2 和 3+

1这三种组合结构中，其时长是递减的；在2+2和3+1结构内部，第二音节均是最短的音节，但在1+3结构内，最短的音节是第三音节，而不是第二音节。出现这一差异的原因在于，在1+3结构中，四音节词的第三音节正好是处于底层三音节组合的中间位置，而在3+1结构中，四音节词中的第二音节处于底层三音节组合的中间位置。王晶、王理嘉(1993)的研究表明，三音节词中间音节的时长最短。由此推及，在四音节词中就表现为，1+3型第三音节的时长最短，而3+1型第二音节时长最短。在2+2型四音节词中，第一和第三音节的时长基本一致，第二音节的时长最短，第四音节的时长最长。由于2+2型四音节词是由两个双音节韵律词复合而成的，因此四音节词的第一和第三音节分别处于两个双音节韵律词的词首位置，而第二和第四音节则分别处于两个双音节韵律词的词末位置。构成四音节词的两个双音节韵律词的时长分布有所不同，二者词首音节的时长基本一致，词末音节则表现出较大差异，前一个双音节韵律词的词首音节长于词末音节，后一个双音节韵律词则是词末音节长于词首音节。这主要是由于其所处停延边界不同的缘故。在同一个四音节词中的两个双音节韵律词紧密相连，中间基本上不出现明显的停顿，因此第一个双音节韵律词实际上是处于四音节词的词中位置，所处停延边界为无停顿边界，而第二个双音节韵律词的边界正好和这个四音节词的边界重合，大多数情况下也是韵律边界所在，处于有停顿的边界前。由于停延边界对边界前双音节韵律词音节时长有影响，主要表现为无停顿边界前双音节韵律词的词首音节长于词末音节，有停顿边界前的双音节韵律词的词末音节长于词首音节(邓丹、石锋、吕士楠 2008），因此可以推论出，2+2 型四音节词中第二音节的时长最短，而第四音节的时长最长。

2.3.3　句法结构对时长的影响

由于组合结构和句法结构对音节的时长存在一定的交互作用，而 1+3 和 3+1 型四音节词的数量较少，没有覆盖全部的句法结构类型，因此本节只针对 2+2 型四音节词进行分析。

表 3 是不同句法结构的四音节词的总体分布，表中显示，偏正结构的四音节词占所有四音节词的一半左右，说明偏正结构的四音节词在实际语流中出现频率较高，而其他四类结构的四音节词的出现频率则相对较低。

表 3　不同句法结构四音节词总体分布

句法结构	主谓	偏正	动宾	动补	并列
个数	87	446	158	53	114
比例（%）	10.14	51.98	18.41	6.18	13.29

首先对不同句法结构的 2+2 型四音节词各音节的时长进行了一元方差分析，结果表明，第一音节的时长差异不显著（$F=0.167, p=0.955$），第二音节的时长差异显著（$F=11.523, p=0.000$），第三音节的时长差异不显著（$F=0.656, p=0.623$），第四音节的时长差异显著（$F=2.519, p=0.040$）。对第二音节的 Post hoc 检验的结果表明，除了主谓和动宾、偏正和动补之间的差异不显著外，其他结构间的差异均是显著的。对第四音节的 Post hoc 检验的结果表明，动补和偏正、动补和动宾之间的差异显著，其他结构间的差异均不显著。

图 3 是不同句法结构四音节词的平均时长。从图中可以看出，各类结构四音节词的第一音节和第三音节的时长差异不大，而第二音节和第四音节的时长则表现出较大差异。

图 3 显示，动补和主谓结构四音节词中第四音节的时长长于其他三类结构中的第四音节。上文分析表明，第四音节的时长会受到停延边界的影响，在 B1 前第四音节的时长较短，在 B2 和 B3 前第四音节的时长较长。由于在本文的数据中，不同停延边界前各类结构的分布并不是均匀的，因此，我们分别计算了五类句法结构在 B1 边界前出现的比例，在 B1 边界前出现的比例越高，其第四音节的时长就越短，相反，在 B1 边界前出现的比例越低，第四音节的时长就越长。不同句法结构在 B1 边界前出现的百分比分别为：主谓结构 28.57%、偏正结构 44.16%、动宾结构 45.71%、动补结构 20.45%、并列结构 44.12%。从这些数据可以看出，动补和主谓在 B1 边界前出现的比例较低，而其他三类结构的则较高。这些数据说明动补和主谓结构四音节词的第四音节时长较长，而偏正、动宾和并列结构的第四音节的时长则相对较短。因此，我们认为图 3 中不同句法结构四音节词中第四音节时长的变化主要反映了不同停延边界的影响，和句法结构的关系不大，句法结构的影响主要反映在四音节词中第二音节的时长变化上。

对比图 3 中不同句法结构四音节词中第二音节的时长，大体上可以分为三类："并列"单为一类，"主谓""动宾"合并为一类，"偏正""动补"合并为另一类。并列结构的第二音节的时长最长，主谓和动宾结构的次之，偏正和动补结构的最短。对比四音节词内部

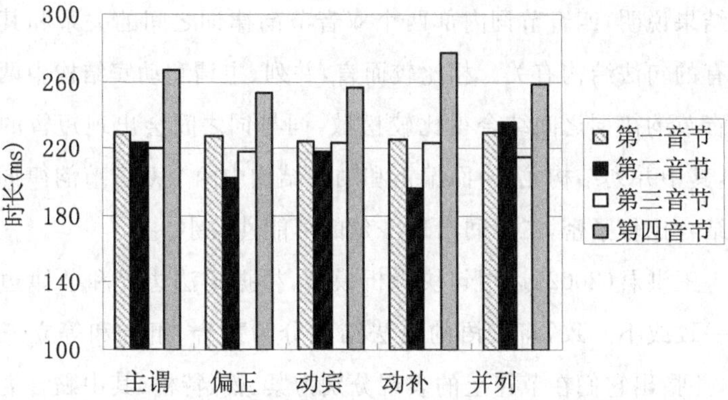

图 3 不同句法结构四音节词的时长分布

的时长关系可以看出,主谓、动宾和并列结构的第一音节和第二音节的时长基本一致,其中主谓和动宾结构的第二音节略短于第一音节,并列结构的第二音节略长于第一音节;而偏正和动补的第一音节的时长则显著长于第二音节。

由于本节的分析是基于 2+2 型四音节词进行的,而这类四音节词是由两个双音节韵律词复合而成的。四音节词中前两个音节和后两个音节分别构成一个双音节韵律词,四音节词的第二个音节处于第一个双音节韵律词的词末位置,它和后面的双音节韵律词紧密相连,因此第二音节的时长变化,可以反映出四音节词中第一个双音节韵律词和第二个双音节韵律词结合的紧密程度。由于时长延长是感知为停顿的声学征兆之一(叶军 1996),因此,如果第二音节的时长长,就说明两个双音节韵律词之间会出现短暂的停延,二者结合得较为松散;如果第二音节的时长短,就说明两个双音节韵律词之间一般不会出现停延,二者紧密结合在一起。以上结果说明，四音节词内部两个双音节韵律词之间的关系和其所具有的句法结构有关。相比较而言，并列、主谓和动宾结构中两个双音节韵律词之间结合得比较松散，词与词之间会出现短暂的停延，其中并列结构尤甚；而偏正和动补结构中两个双音节韵律词之间结合比较紧密，二者间出现停延的可能性较小。

王洪君(2002)运用句块分析模型，根据语法边界和节律边界的一致或不一致，将汉语的语法结构分为黏合、组合和等立三大类，并指出它们在节律上的表现分别为紧、松、特松，其中黏合类包括本研究中的偏正和动补结构四音节词，组合类包括动宾结构四音节词，而并列结构四音节词则属王文的等立类。从本文的结果来看，不同句法结构四音节词内部的松紧关系也体现了由黏合、组合到等立，逐渐由紧到松的变化。实际语流中不同句法结构四音节词的时长表现和王洪君(2002)基于音系学的研究结果有很好的对应关系。不过王文没有讨论主谓结构四音节词内部的节律表现，本文结果显示，主谓结构四音节词和动宾结构的时长表现基本一致，大体可以归入到王文的组合类中。

表4　不同句法结构四音节词中静音段出现情况

句法结构	主谓	偏正	动宾	动补	并列
总个数	87	446	158	53	114
静音段出现个数	3	4	11	0	2
静音段出现比例(%)	3.45	0.90	6.96	0	1.75

在声学测量的过程中，我们发现有20个四音节词的语图上出现了静音段，静音段的出现位置都集中在第二音节和第三音节之

间，时长大都为30—50毫秒。不同句法结构四音节词中静音段的出现情况见表4，其中主谓结构有3个，偏正结构4个，动宾结构11个，并列结构2个，动补结构内部没有出现。由于静音段也是停顿的声学征兆之一(叶军1996)，本研究中的静音段都在第二和第三音节之间，这也恰好是构成四音节词的两个双音节韵律词的连接之处。因此，如果出现静音段就表明构成四音节词的两个双音节韵律词之间的关系比较松散，如果不出现静音段则说明它们之间的关系较紧密。表4显示，动宾结构中静音段的出现比例最高，其次是主谓和并列，偏正和动补的出现比例最低。虽然偏正结构有4个词中出现了静音段，但由于这类结构总的出现频率较高，所以计算出现静音段的比例就相对较小。虽然只有少数四音节词内部出现了静音段，但这也从一个侧面说明构成四音节词的两个双音节韵律词之间的紧密程度和其所表现的句法结构有关，构成偏正和动补结构的两个双音节韵律词之间的关系比较紧密，一般不会出现停顿，而构成动宾、主谓和并列结构的两个双音节韵律词之间的关系则比较松散，可能出现短暂的停顿。

2.4　结论

本文对从语料库中得到的1003个普通话四音节词的音长特征进行了研究，主要考察了停延边界、组合结构和句法结构对普通话四音节词的音节时长的影响。分析表明，停延边界、组合结构和句法结构都会对普通话四音节词的时长产生影响。主要表现为：1)停延边界的作用范围是有限的，它主要是对边界前一个音节的时长产生影响。影响的大小和所处边界停延等级有关，B1边界前音节时长的延长较小，B2 和 B3 边界前音节的时长表现出较为显著的延长，其中 B2 边界前音节的时长最长。2)不同组合结构四音节词时长分布上的差异主要体现在第二和第三音节的时长分布有所不同，其中 3+1 型和 1+3 型底层三音节组合中的中间音节永远是最短的，2+2 型的时长分布则与 3+1 型类似，均为第二音节最短。3)句法结构的不同对四音节词时长分布的影响，在 2+2 组合结构中，主要体现在第二音节的时长变化上。并列、主谓和动宾结构中第二音节的时长较长，其中并列结构中最长；而偏正和动补结构中第二音节的时长较短。第二音节时长的变化主要反映了不同句法结构内部结合的紧密程度。

本研究是基于单一发音人的语料进行的。个人的发音具有个性和共性两个方面，经过统计归一的计算分析，可以最大限度提取其中的共性特征，这也就是语音的系统性表现。这种系统性的表现在相当程度上反映了语言的共同特征，因此本文对四音节词的研究结论具有一定的代表性，将来还要进一步进行多人发音的实验分析，使本文的研究结论得到验证和补充。

三　汉语普通话陈述句语调的停延率[①]

3.1　引言

对于韵律的内容，我们可以简单用“抑扬顿挫”来概括，其中的

① 原文与梁磊、王萍合作，发表于《研究之乐——庆祝王士元先生七十五寿辰纪念文集》，上海教育出版社，2010 年。

“抑扬”指的是韵律的音高表现，而“顿挫”则是时长表现。自然话语中有的单位长一些，有的单位短一些，是由不同原因引起的，能够满足多种表达需要，可以是语言学的、副语言学的和非语言学的。时长在韵律研究中具有重要的作用。

从语音的韵律角度看，除了凸显重音以外（本研究不涉及此问题），时长在语句中的主要作用在于区分不同等级的边界，通过两方面的表现：一个是停，一个是延，即边界后的停顿和边界前、后音段的延长，我们可以统称为停延。近年来，许多学者已经从多个角度对此问题进行了研究。国外以英语、荷兰语、德语为对象进行的研究成果比较多，比如 Wightman et al.（1992）、Cambier-Langeveld, T.，& Turk, A. E.（1999）、Turk and Shattuck-Hufnagel（2000,2007）、Byrd et al.（2006），等等。从语音学的角度对于汉语的停延研究，比较早的有许毅（1986）对普通话中的音联现象进行了声学分析，认为汉语普通话里至少存在着四个等级的音联：闭音联、音节音联、节奏音联和停顿音联。其中的后两类都在时长上有表现。杨玉芳（1997）研究了不同等级的句法边界的韵律表现，指出音节时长和停顿发生系统变化的只有边界前音节，边界前第二个音节和边界后的音节时长在作为二字词首字时不发生变化。这一发现与 Wightman et al.（1992）对英语所做的研究结果是一致的。该文还指出，边界前音节的时长和停顿之和随边界等级提高几乎是线性增长；边界前音节时长随边界等级的变化是双向的，在短语边界处达到最大，在分句和句子末尾，音节延时反而减小。而钱瑶、初敏、潘悟云（2001）的研究发现无声段长度与前音节的时长是互相补偿的。冯勇强等（2001）通过对 19 万个音节时长的统计分析，结果表明韵律短语边界、语调短语边界和语调短语群边界对音节时长有明显的延长效果，并发现虽然在这三种边界前音节延长的程度略有差别，但从统计上看没有质的区别。同时发现不同声调对边界前音节延长作用也不同，轻声受边界的影响最大，它可以延长到和非轻声、非边界前音节几乎同样的长度，其次是阳平，上声受影响最小。曹剑芬(1998,2005)把音段延长分为三种类型：韵律域末尾延长、韵律域起始延长和与重音凸显相关的延长，分别对应一定的韵律事件。其他还有很多成果，如李爱军(Li 1998;1998,2002)、祖漪清等(1999)、林茂灿(2000)、熊子瑜(2003)、Chen (2003)、王蓓等(2004)、邓丹等(2006,2008)，而刘现强(2007)更是提出停延是现代汉语的节奏支点。

3.2 实验说明

本文的实验句是在沈炯(1985)的实验语句基础上适当修改而成，共有以下四个：

① 张中斌星期天修收音机。 ② 吴国华重阳节回阳澄湖。

③ 李小宝五点整写讲演稿。 ④ 赵树庆毕业后到教育部。

发音人共有四位：甲、乙是专业播音员，丙、丁是北京长大的三年级大学生；其中甲、丙为男性，乙、丁为女性。录音分别在天津人民广播电台的专业录音室和南开大学语音实验室进行。每位发音人都以自然状态平稳语速发音，不出现语义强调和情感色彩。每个实验句连续说3遍，句与句之间间隔4秒，共得到3×4×4=48个样品句。

使用南开大学“桌上语音工作室”语音分析软件对样品句进行

声学实验，测算出时长数据，进行统计分析。

我们的实验句共10个音节，可以划分为三个韵律词，即第1、2、3个音节为第一个韵律词；第4、5、6个音节为第二个韵律词；第7、8、9、10个音节为第三个韵律词（以下简称为1号韵律词、2号韵律词、3号韵律词）。很多研究已经表明，韵律词或语音词（prosodic word）一般包括一个或一个以上的语法词，词内音节之间没有停顿，韵律词末尾也不会出现可以感知到的无声停顿。而我们的实验句就是由三个韵律词构成的简单陈述句，因此，我们的数据取值不包括句内的无声停顿，而是集中于音段的时长。具体测算步骤如下：

第一步：分别测量每个音节的声母（包括成阻、持阻的闭塞段，句首声母的闭塞时长统一加10毫秒）、韵母时长，计算得到每个音节时长；

第二步：把每个句子全部音节时长相加得到句子的全部时长，继而计算出音节的平均时长；

第三步：绝对的时长受到多种因素影响，不具有可比性，语言学的意义不如相对化后的时长。因此，分别计算每个句子中各个音节的相对时长，具体为某音节时长/本句音节的平均时长。如果相对时长数据大于1，则被认为发生了音段延长。

根据以前的研究成果，学者们对于停延的不少方面尚有争论，我们目前的研究主要关心以下问题：第一、发生延长的音段位置；第二、延长的分布情况（distribution of lengthening），即是否越靠近边界，延长的程度越高，是否受到韵律层级的影响；第三、对于汉语来说，声调的不同是否影响延长的程度。

3.3 语句停延率的统计分析

我们首先考察不同声调语句的停延情况，然后把发音人所发四个不同声调语句综合在一起全面分析。

3.3.1 阴平句的停延率分析

阴平句“张中斌星期天修收音机”的四位发音人全句的停延率数据如下，请看表1。

表1 四位发音人阴平句停延率统计表

停延率 / 发音人	张	中	斌	星	期	天	修	收	音	机
甲	1.02	0.77	1.19	1.05	0.62	1.22	1.10	0.76	0.95	1.34
乙	1.06	0.70	1.06	0.85	0.70	1.48	1.20	0.82	0.89	1.22
丙	1.09	0.91	1.27	0.87	0.50	1.33	1.19	0.99	0.85	1.01
丁	0.90	0.90	1.05	1.01	0.76	1.32	1.25	0.98	0.85	0.98

经一元方差分析(ANOVA)和Post Hoc检验，四位发音人之间无显著性差异($F(3,36)=0.001$, $p=1.000$)。(我们以加粗字体标示相对时长大于1的音节，下同)

从以上结果，我们可以得到以下认识：韵律边界前，即句中三个韵律词的最后一个音节——除了丁发音人最后一个音节以外——都被延长了；韵律边界后，第7个音节全部发生了延长，而第4个音节只有甲、丁两位发音人发生了微弱的延长；全句边界前的最后一个音节，除了丁发音人以外，全部发生了延长；全句最大的停延均为句中韵律词边界前的“天”；韵律词中间的音节均无延长;全句音长最短的音节均为句中韵律词中间的“期”。另外,我们还发现,全句第一个音节,除了丁发音人以外,全部发生了延长。

3.3.2 阳平句的停延率分析

阳平句“吴国华十年前回阳澄湖”的四位发音人全句的停延率数据如下,请看表2。

表2 四位发音人阳平句停延率统计表

停延率 / 发音人	吴	国	华	十	年	前	回	阳	澄	湖
甲	0.85	0.83	1.49	1.03	0.67	0.99	0.91	0.82	0.87	1.53
乙	0.52	0.73	1.50	0.72	0.84	1.71	1.10	0.69	0.77	1.42
丙	0.83	0.83	1.39	0.72	0.94	1.38	0.74	1.01	1.01	1.16
丁	0.84	0.89	1.22	0.92	0.95	1.28	0.84	0.93	0.91	1.22

经一元方差分析(ANOVA)和Post Hoc检验,四位发音人之间无显著性差异($F(3,36)=0.000$, $p=1.000$)。

从以上结果,我们可以得到以下认识:韵律边界前,即句中三个韵律词的最后一个音节——除了甲发音人第6个音节“前”以外——都被延长了;韵律边界后的第4和7个音节基本没发生延长;全句边界前的最后一个音节均发生了延长;全句最大的停延,四人不一致,甲发音人是第10个音节,乙、丙发音人为第3个音节,丁发音人为第6个音节;全句音长最短的音节四人也不一致。另外,与阴平句不同的是,全句第一个音节均未发生延长。

3.3.3 上声句的停延率分析

上声句“李小宝五点整写讲演稿”的四位发音人全句的停延率数据如下，请看表3。

表3 四位发音人上声句停延率统计表

停延率 发音人	李	小	宝	五	点	整	写	讲	演	稿
甲	1.00	1.00	1.07	0.90	0.92	1.00	1.26	1.15	0.94	0.73
乙	0.72	0.95	1.51	0.81	0.94	1.24	0.90	0.74	0.88	1.40
丙	0.79	1.05	1.47	0.69	0.96	1.10	1.10	0.86	0.88	1.09
丁	0.98	1.04	1.27	0.68	1.09	1.00	1.12	0.92	1.02	0.88

经一元方差分析（ANOVA）和 Post Hoc 检验，四位发音人之间无显著性差异（$F(3,36)=0.007$，$p=0.999$）。

从以上结果，我们可以看出：韵律边界前，即句中三个韵律词的最后一个音节基本都发生了延长，甲和丁发音人第10个音节“稿”没有延长、第6个音节“整”等于平均时长；韵律边界后的第4个音节均未延长，第7个音节只有乙发音人没发生延长；全句边界前的最后一个音节乙、丙发音人发生了延长；全句最大的停延，甲发音人是第7个音节“写”，另三位发音人为第3个音节“宝”；全句音长最短的音节四人也不一致，丙、丁为第4个音节“五”，甲为第10个音节“稿”，乙为第1个音节“李”。另外，全句第一个音节均未发生延长，只有甲发音人等于平均时长。

3.3.4 去声句的停延率分析

去声句“赵树庆毕业后到教育部”的四位发音人全句的停延率

数据如下，请看表 4。

表 4　位发音人去声句停延率统计表

停延率 / 发音人	赵	树	庆	毕	业	后	到	教	育	部
甲	1.28	0.79	1.63	0.67	0.90	1.44	1.18	1.05	0.89	1.44
乙	0.97	0.73	1.55	0.78	0.69	1.60	0.88	0.85	0.68	1.27
丙	1.21	1.00	1.57	0.78	0.62	1.28	1.09	0.85	0.63	0.97
丁	1.17	1.00	1.43	0.73	0.98	1.22	0.86	0.87	0.78	0.96

经一元方差分析(ANOVA)和 Post Hoc 检验，四位发音人之间无显著性差异($F(3,36)=0.449$，$p=0.720$)。

从以上结果，我们可以看出：韵律边界前，即句中三个韵律词的最后一个音节基本都发生了延长，除了丙和丁发音人第 10 个音节“部”没有延长；韵律边界后的第 4 个音节均未延长，第 7 个音节甲、丙发音人发生延长；全句边界前的最后一个音节甲、乙发音人发生了延长；全句最大的停延，甲、丙、丁发音人均为第 3 个音节“庆”，乙发音人为第 6 个音节“后”；全句音长最短的音节四人也不一致，甲、丁为第 4 个音节“毕”，乙为第 9 个音节“育”，丙为第 5 个音节“业”。另外，全句第一个音节甲、丙、丁三位发音人均发生延长。

3.3.5　不同声调语句的停延率整体分析

从以上统计数据和结果看，四位发音人在不同声调语句停延率的表现有共性也有个性，共性是主要的。下面我们把同一声调的四位发音人语句的相对时长数据放在一起取平均值，从总体上看不同声调语句的停延率，请看图 1。

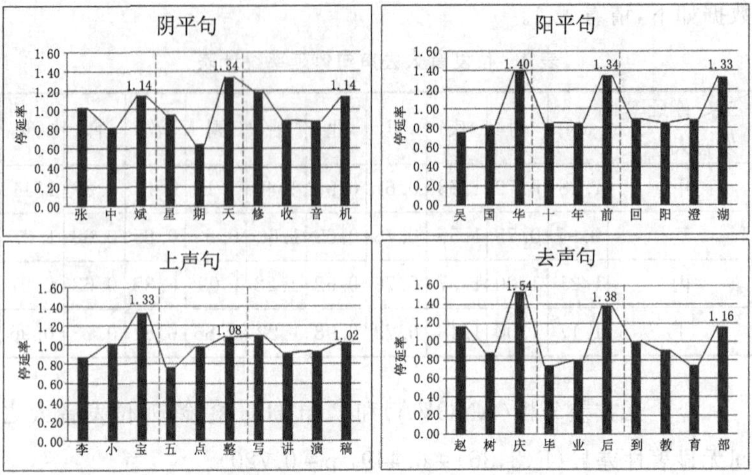

图 1 四位发音人相同声调语句停延率

综合来看,不同声调语句的停延率有如下表现:

三个韵律边界前的音节均发生了延长;

韵律边界后的第 4 个音节均未发生延长,第 7 个音节阴平句的“修”和上声句的“写”发生了延长,去声句的“到”等于平均时长;

全句最大的延长,阴平句为第 6 个音节“天”,其余三个声调句均位于第一个韵律词边界前的第 3 个音节,即阳平句的“华”,上声句的“宝”,去声句的“庆”;

全句音长最短的音节表现不一,阴平句为第 5 个音节“期”,阳平句为第 1 个音节“吴”,上声句为第 4 个音节“五”,去声为第 4 个音节“毕”。

由此看来,不同声调对语句中的停延没有明显影响;并没有表现出在更大的韵律层级边界前——即句末前——有更明显的延长，全句最大的延长基本表现在第一个韵律词边界前；与单独发音时各音节时长基本等长的情况不同，句中音韵结构简单的音节明显短一些，而音韵结构复杂的音节则长一些。

3.3.6　不同发音人停延率的整体分析

下面我们分别把四位发音人所发全部四个声调语句的相对时长数据放在一起取平均值，从总体上看语句的停延率，请看图 2。

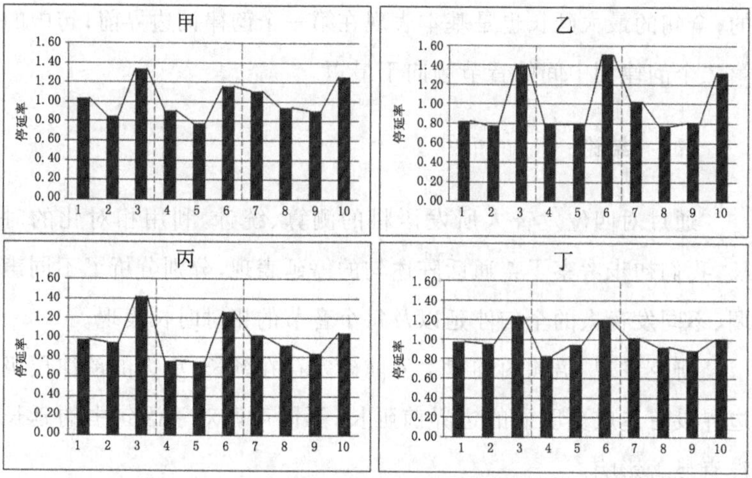

图 2　四位发音人整体语句停延率

综合来看，不同声调语句的停延率有如下表现：

三个韵律边界前的音节均发生了延长；

韵律边界后的第 4 个音节均未发生延长，第 7 个音节全部发生延长，但延长幅度均不大；

全句最大的延长，甲、丙、丁三位发音人均为第一个韵律词边界前的第 3 个音节，乙发音人为第二个韵律词边界前的第 6 个音节；

全句音长最短的音节表现不一，甲、丙两位发音人为第 5 个音节，乙发音人为第 8 个音节，丁发音人为第 4 个音节。

由此看来，与不同声调语句的停延情况相似，虽然四位发音人第二个韵律词边界后的第 7 个音节发生了延长，但是幅度非常小，基本在 10%以下，而且第 7 个音节和后面的三个音节确实在语法上也是一个 1+3 的动宾短语结构，出现一定的停延也不是偶然的；全句的最大延长也是基本表现在第一个韵律词边界前；句中的第二个韵律词中间的音节倾向于最短。

3.4 结论

通过对四位发音人所发语料的测算、统计，利用相对化的时长，我们初步考察了普通话陈述句的停延表现，分别分析了不同声调、不同发音人的全句停延以及每个音节的相对时长表现。

研究发现：语句内韵律边界前确实存在延长；更大的韵律层级边界没有造成更明显的边界前延长；不同声调对于语句中的延长没有显著影响。

四 普通话强调焦点句的停延率①

4.1 引言

时长是韵律研究的重要内容，它在语句中通过停延表现来区

---

① 原文与孙颖合作，发表于《中国语音学报》2012 年第 3 辑。

分不同的韵律单元的边界。停延是指连续话语中语音的停顿和延长。一般在边界位置上停延表现有较大变化。美国学者 Lehiste (1970)最早注意到连续话语中边界前的延长现象。许毅(1986)则在对普通话音联现象的分析中注意到汉语语音单元连接时的停顿现象,并提出停顿是"更高层次单位的边界信号"。此后,杨玉芳(1997),钱瑶、初敏、潘悟云(2001),熊子瑜(2003),王蓓、杨玉芳、吕士楠(2004)从不同角度探讨了停延对划分汉语不同韵律边界的具体意义。杨玉芳采用声学实验研究了朗读语句中不同等级句法边界的时长表现,而钱瑶等、熊子瑜、王蓓等则基于语料库对经感知实验标注后的不同韵律单元的声学特征进行了分析,尽管在研究方法、语料类型、韵律单元划分标准等方面存在差异,但在时长上的研究结果都表明:韵律边界末尾普遍存在着音节时长延长,相对于延长,停顿标志着更高层级的韵律边界。杨玉芳还指出,边界前音节的延长是有限的,在短语边界处达到最大,而在分句、句子前延长作用反而减小。王蓓等之后的研究也证明了这一点。对于边界后音节,杨玉芳和钱瑶等都认为在不同边界条件下时长不发生变化。另外,冯勇强等(2001)基于大规模语料库对实际语流中汉语音节时长的分析、李爱军(2002)对普通话口语对话体韵律特征的研究,也对汉语不同韵律边界的停延问题做出了有益的探讨。二者均考察了边界前音节在不同声调情况下的时长表现。冯文还指出,虽然不同等级边界前的延长存在程度的差异,但从统计上看没有质的区别。邓丹、石锋、吕士楠(2008),石锋、梁磊、王萍(2010)的研究也表明边界前音节时长会发生延长。

焦点是话语表达时要突出的部分,是表述的核心,可以通过句法、语音等多种手段来表现，而韵律凸显就是重要的表现手段之一。在赵元任(1979)看来，这种凸显首先通过扩大音域和持续时间来实现，其次才是增加强度。徐烈炯(2005)也认为“可以把某个音读得重一些，长一些，或者用语调的升降变化使某一个音显得突出”。曹剑芬(2005)则提出汉语口语中存在与重音凸显相关的延长，以此来传达话语的信息焦点，并用实验的方法证明了重读的音节会发生显著延长。不过，该研究中语料较单一，重读成分也仅限于单音节。

时长在表现边界和凸显焦点方面具有重要作用，这使得焦点位置的音节特别是焦点边界前音节的时长变化具有复杂性，本文对汉语普通话四组焦点位置不同的强调焦点句和一组自然焦点句进行实验测算，采用停延率(石锋、梁磊、王萍 2010)的分析方法对照比较不同焦点句在韵律边界和焦点位置的时长表现，从中得到焦点凸显在时长方面的表现规律和量化的结果。

4.2 实验说明

本文的实验句在沈炯(1985)实验语句基础上进行适当修改而成，共有四个句子：

张中斌//星期天//修/收音机。

吴国华//重阳节//回/阳澄湖。

李小宝//五点整//写/讲演稿。

赵树庆//毕业后//到/教育部。

每个实验语句中，第1—3字音为句首韵律词；第4—6字音为句中韵律词；第8—10字音为句末韵律词。第7字是单音动词，可以跟句末韵律词构成动宾结构的韵律短语,在下面的停延率计算中作为同一段组合放在一起计算。使用不同引导问句,使答句的强调焦点分别在句首、句中、句末不同韵律词和句末的动宾短语部分,得到强调焦点位置不同的四组实验句。同时,在无任何语义强调和情感色彩状态下,录制自然说出的同组语句作为自然焦点句作对照。以上共有五组实验句。

实验选取10位发音人,其中3名男性,7名女性,都是在北京长大的青年学生,父母都是北京人,未接受过任何专业发音训练。每位发音人以自然状态和平稳语速发音。每组实验语句发音三遍,录制得到 $10\times4\times5\times3=600$ 个样品句。

使用Praat语音分析软件对样品句进行声学分析,采集各个音节的时长数据,用于统计分析(具体测算步骤见石锋、梁磊、王萍2010)。采用计算停延率的方法,计算公式在石锋、梁磊、王萍(2010)的基础上调整为:

$$Dx=(Sx+Gx)/S\sharp$$

其中Dx代表某个音节x的停延率,Sx代表一段音节组合中音节x的时长,Gx为该音节后出现的停顿,S♯指的是每个发音人自己的该段组合的音节平均时长。由于我们的研究仅限于句子内部,不涉及段落篇章,在句内音节后并未出现停顿,因此Gx均为零。

运用上文提到的方法,我们在Excel中对十位发音人四个声调实验句五组焦点情况下各音节的时长数据进行了处理,并作出相应的图表,用于统计分析。

4.3 自然焦点句的时长表现

4.3.1 自然焦点句的字长表现

我们对不同声调语句自然焦点句的单字停延率分别进行了统计，并求出平均值，综合观察自然焦点句的字长表现，结果如表1、图1。

表1 自然焦点句的字长统计

	1	2	3	4	5	6	7	8	9	10
阴平	0.96	0.95	1.01	0.98	0.76	1.17	1.03	0.95	0.91	1.29
阳平	0.70	0.96	1.19	0.82	0.95	1.15	0.93	0.92	1.11	1.27
上声	0.70	1.17	1.13	0.70	1.05	1.05	1.12	0.97	1.03	1.10
去声	0.92	1.00	1.47	0.64	0.91	1.22	0.99	0.91	0.79	1.15
平均值	0.82	1.02	1.20	0.79	0.92	1.15	1.02	0.94	0.96	1.20

注：黑体表示停延率大于1的音节。

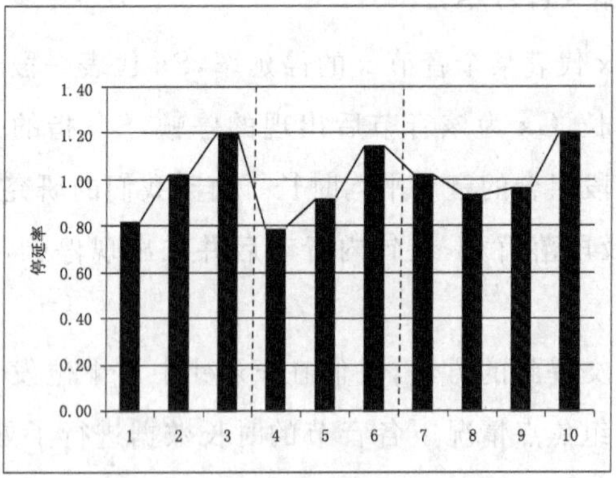

图1 自然焦点句字长分析

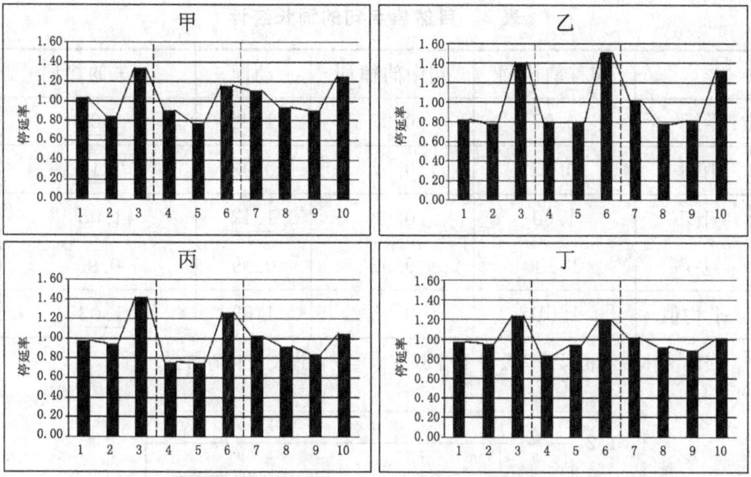

图 2　四位发音人停延率整体分析(引自石锋、梁磊、王萍 2010)

石锋、梁磊、王萍(2010)曾分析 4 位普通话发音人陈述句的时长停延率,结果见图 2。对比图 1 和图 2 的时长分布虽然有一定差异,尤其是句首韵律词差别明显,但是有一个特征是共同的:每个韵律词中的词末字音最长。自然焦点句字长表现表明确实存在韵律边界前的延长。

4.3.2　自然焦点句词长表现

我们以韵律词为单位,观察自然焦点句的词长特点,韵律词相对时长的计算方法为:把某个韵律词中全部音节的相对时长相加后取平均值,它反映了韵律词的相对时长。在对不同声调语句韵律词词长统计的基础上求出平均值,综合分析自然焦点句的词长表现,见表 2、图 3。

表 2　自然焦点句的词长统计

	句首韵律词	句中韵律词	动词	句末韵律词
阴平	0.97	0.97	1.03	1.05
阳平	0.95	0.97	0.93	1.10
上声	1.00	0.93	1.12	1.03
去声	1.13	0.92	0.99	0.95
平均值	1.01	0.95	1.02	1.03

注：黑体表示相对词长大于 1，下划线标出句内词长最长的部分。

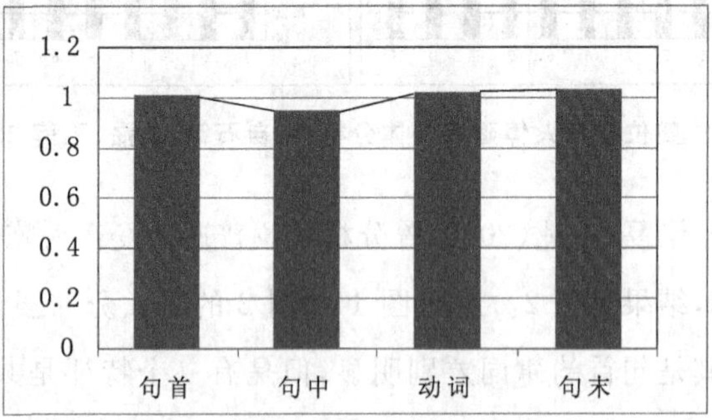

图 3　自然焦点句的词长分析

总体来看，自然焦点句中词长分布均匀。句末韵律词的时长最长，句中韵律词较短。词长的最大差值为 8%（0.95—1.03），说明自然焦点句的词长差异并不明显，也就是没有强调焦点的一个表现。

根据焦点的结构类型，Lambrecht 把焦点分为宽焦点和窄焦点。窄焦点结构句的焦点域只限于一个单一的成分，而宽焦点结构句的焦点域成分不止一个，可以划分为谓语焦点和句子焦点两大类(引自罗仁地 2005)。自然焦点句就可以看作是一个宽焦点,因为焦点范围较宽,作用分散,所以造成自然焦点句内部各词长差异不显著。

4.4 强调焦点句的词长表现

在对不同声调语句强调焦点的词长数据进行计算后,我们发现声调对焦点的词长变化没有影响,不同声调字音的时长分布具有很多一致性。为此,我们求出相同焦点情况下各词词长的平均值,并作出了相应的柱形图,进行综合分析,见表 3,图 4:

图表显示:焦点部分的相对词长均大于 1,强调焦点词的整体时长发生了延长。

强调焦点句内部词长差异比自然焦点句更为显著。自然焦点句中,词长的最大差值为 8%,而强调焦点句从句首焦点句到动宾焦点句该值分别为 18%,13%,17%,14%,全部超过 10%,负载焦点时句内词长的差异显著增大。

表 3 五种焦点情况下语句词长的统计分析

焦点位置	句首韵律词				句中韵律词				动词				句末韵律词			
	阴	阳	上	去	阴	阳	上	去	阴	阳	上	去	阴	阳	上	去
自然	0.97	0.95	1.00	1.13	0.97	0.98	0.93	0.93	1.03	0.93	1.12	0.99	1.05	1.10	1.03	0.95
	平均 1.01				平均 0.95				平均 1.02				平均 1.03			
句首	1.03	1.02	1.09	1.18	*0.92*	*0.96*	*0.90*	*0.87*	0.99	0.82	1.03	0.91	1.06	1.08	1.00	0.99
	平均1.08				平均 *0.91*				平均 0.94				平均 1.03			
句中	0.95	0.91	0.97	1.09	1.04	1.08	1.02	1.00	*0.94*	*0.81*	*1.05*	*0.86*	1.04	1.07	0.99	0.96
	平均 0.98				平均1.04				平均 *0.92*				平均 1.02			

续表

句末	0.92	0.89	0.96	1.08	0.93	0.98	0.93	0.91	1.09	0.93	1.10	0.92	1.12	1.15	1.08	1.03
	平均 0.96				平均 0.94				平均 1.01				平均 1.10			
动宾	0.93	0.90	0.97	1.06	0.93	0.98	0.94	0.93	1.16	1.01	1.17	1.03	1.08	1.11	1.04	1.01
	平均 0.97				平均 0.95				平均 1.09				平均 1.06			

注:表中黑体表示焦点位置上的停延率平均值。斜体表示焦点后词语。

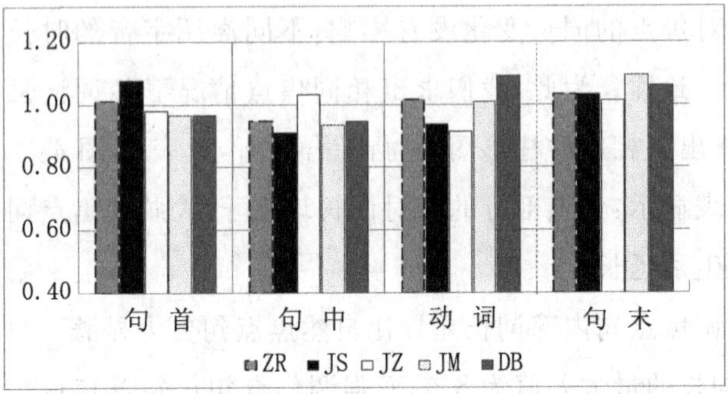

图 4 四声调语句相同焦点情况下词长表现的平均分析

(ZR:自然焦点句;JS:句首韵律词作焦点;JZ:句中韵律词作焦点;JM:句末韵律词作焦点;DB:句末动宾短语作焦点。下同。)

焦点整体词长较非强调状态发生加长,全句词长最长的韵律词出现在焦点位置。句首、句中和句末三种窄焦点情况,时长加长的幅度分别为7%、9%、7%;而动宾宽焦点的时长增幅为4%,不如窄焦点情况的增幅明显,但两类焦点的词长变化都表明时长的整体加长是凸显焦点的重要手段。

动词和宾语在句末焦点和动宾焦点的词长差异体现了窄焦点与宽焦点的不同。句末窄焦点仅宾语发生强调,焦点相对集中,而动宾宽焦点,焦点相对分散,动词和宾语共同承担了时长加长以凸显焦点的任务，因此造成宽焦点情况下，动词和宾语时长均发生加长，而宾语时长的加长程度不及窄焦点时的程度高的结果。和窄焦点情况相比，宽焦点的动词时长更长，而宾语时长短于窄焦点时的对应值。

焦点后面的词长发生缩短，为几种焦点情况下的最小值。本研究中，句首焦点的焦点后韵律词时长缩小了 4%，而句中韵律词发生强调时，由于焦点后仅为一个单音动词，时长缩小的幅度大一些，接近 9%。

总体来看，强调焦点句的词长差异较自然焦点句的显著，焦点部分的时长大幅加长，而焦点后词长缩短，以此来凸显焦点。

4.5　强调焦点句的字长表现

我们首先依据每个发音人的平均时长得出他自己的各焦点句韵律词中的字长百分比值，也就是停延率；然后再将同一焦点同位次音节的停延率放在一起取平均值，即停延率的平均值。综合分析五种不同焦点情况下语句的字长表现，见表 4：

表 4　五种焦点情况下语句单字停延率均值统计表

音节位次		1	2	3	4	5	6	7	8	9	10
自然焦点句		0.82	1.02	1.20	0.79	0.92	1.15	1.02	0.94	0.96	1.20
强调焦点句	句首	0.83	1.08	1.32	*0.74*	0.89	1.11	0.94	0.90	0.97	1.23
	句中	0.75	0.98	1.21	0.87	0.95	1.28	*0.92*	0.89	0.95	1.21
	句末	0.77	0.97	1.16	0.78	0.88	1.15	1.01	0.96	0.97	1.35
	动宾	0.75	0.97	1.17	0.78	0.90	1.17	1.09	0.91	0.96	1.32

注：黑体表示焦点位置上的停延率。斜体表示焦点后词语。曲线标示句内字长最大者。

依据上述数据，作出五种焦点情况语句单字停延率总体分析图，直观、清晰地反映语句内部的字长差异及不同焦点情况下音节的时长变化特点（见图5）。

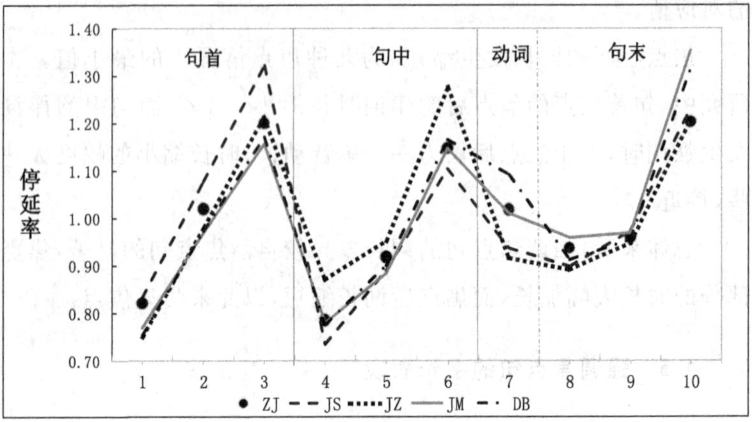

自然焦点所标示的曲线上的圆点代表音节的取值点

图5 五种焦点情况语句单字停延率总体分析

可以看出，由于焦点位置的选择，同一位置上各字音的时长存在差异，使五条曲线的高低起伏各有特色，但仍表现出一些规律。首先，自然焦点句的曲线起伏较强调焦点句的起伏小，说明句子内部的字长差异较发生强调时小，反映了时长变化在表现焦点方面的重要作用。另外，在句首、句中和句末三个部分，五组曲线均形成了强调焦点曲线和非强调曲线的对立，并且这种对立常常以自然焦点句的曲线作为分界。从图上看，自上而下的顺序基本为"该部分发生强调的曲线，自然焦点曲线，强调其他部分的曲线"。可见，自然焦点句是考察强调焦点句的重要参照，为此我们以自然焦点各字音的停延率作为参照值，重新表示强调焦点句各字的停延率，以期更确切地分析焦点的字长变化规律，见表5。

表5　不同强调焦点情况和自然焦点各字音停延率的对比表

焦点＼音节	1	2	3	4	5	6	7	8	9	10
自然焦点	0.82	1.02	1.20	0.79	0.92	1.15	1.02	0.94	0.96	1.20
$\triangle D_{句首}$	+0.01	+0.06	+0.12	−0.05	−0.03	−0.04	−0.08	−0.04	+0.01	+0.03
$\triangle D_{句中}$	−0.07	−0.04	+0.01	+0.09	+0.04	+0.13	−0.10	−0.05	−0.01	0
$\triangle D_{句末}$	−0.05	−0.05	−0.04	−0.01	−0.04	0	−0.01	+0.02	+0.01	+0.15
$\triangle D_{动宾}$	−0.07	−0.05	−0.03	−0.01	−0.02	+0.02	+0.08	−0.02	−0.01	+0.11

注：△D表示停延率的变化值。黑体表示焦点位置的停延率。双下划线表示焦点末音节。

结合图表分析，普通话强调焦点句的字长表现有如下特征：

无论是自然焦点句还是强调焦点句，处在韵律边界的第3字、第6字和第10字的停延率始终大于1.00，证明了韵律边界前音段延长的存在（石锋、梁磊、王萍2010）；而三个字音在五种焦点情况下的时长差异则说明焦点的选择会使该字的延长程度发生变化：当位于焦点位置时，其延长程度会大幅加强，而不被强调时，延长程度则基本与自然状态下持平，有些许上下浮动。焦点末字字长受焦点和韵律边界的双重制约。

与非强调状态相比，焦点位置字长几乎全部加长（动宾焦点时第8字、第9字除外），焦点末字由于具有凸显焦点和韵律边界的双重使命，时长加长最显著。从变化的具体数值上看：自然焦点句时，焦点末字的停延率一般在1.15—1.20左右，延长了15%—20%。当发生强调时，字长大幅度加长，较自然焦点状态往往加长了10%。由此看来,区分韵律边界造成的音长延长一般小于20%,而为了突出焦点而造成了时长加长一般在10%左右,二者的综合作用使焦点末字的时长延长达到30%上下。从图5可以清晰地看到强调与非强调状态下韵律边界前音节的时长取值,两类聚合之间的差值,正是焦点凸显作用所导致的时长差异。

动宾焦点和句末焦点的对比突出了时长在表现焦点时的指示作用。动宾焦点时动词处于焦点,时长发生加长,并成为五种焦点情况下该字停延率最大者,而句末焦点时该字未被强调,时长没有加长。同样发生强调的宾语,窄焦点时宾语独自承担了时长加长的任务,所有字长都发生加长且末字加长最显著,而宽焦点时,时长加长的任务也被动词分担,宾语末字时长加长的责任相对小了一些,因此虽然也发生了时长加长,但程度却低于窄焦点时的对应值。

强调焦点内部的字长变化呈现"渐升"趋势,在焦点末字时达到峰值,同时,焦点后面首字字长大幅缩短,二者形成句内字长的最显著差异,使焦点得到凸显。图5中句首焦点从第3字到第4字,句中焦点从第6字到第7字的时长变化正体现了这一点,可以看到字长从边界前的"峰顶"一下子跌入"谷底",形成明显的"峰谷对立",突出了焦点。

4.6　结论和讨论

时长是凸显重音的手段之一,本文通过对十位汉语普通话发音人焦点句停延率的分析,发现:时长对表现焦点具有指示性作用。负载焦点的韵律词整体时长发生加长。焦点韵律词内部字音时长增加,其中末字表现得最为显著。这是该字凸显焦点和区分韵律边界双重功能共同作用的结果。焦点的凸显特征,是通过大幅增加焦点词末字时长来表现的。

Chen (2006)考察了一个四音节地名词在句中强调发音时焦点落在不同音节位置上的时长表现。得到韵律边界前音节时长增加,焦点音节时长增加等结论。这跟其他语言中类似实验的结论是一致的。我们的研究跟 Chen (2006)实验里面焦点在整个词上(when the whole word was On Focus)的情况相一致,也就是词末音节时长增加。同时我们还考察了焦点词在句首、句中和句末不同位置上的时长表现。我们使用的计算方法跟 Chen (2006)有所不同,是以百分比值的停延率为依据作出统计图表,Chen (2006)则是以毫秒值为依据作出图表。尽管如此,这两个研究的结论是可以相互补充,相互支持的。

第四章 语调深度研究

一 普通话韵律词内部下倾度的初步分析[①]

1.1 引言

不论声调语言或非声调语言，陈述句的音高曲线中都存在明显的下降趋势。Liberman & Pierrehumbert(1984)研究英语的语调时发现，英语句尾重音的音高比长句中相同位置上非句尾重音的音高要低。末尾降低的现象同样在日语(Pierrehumbert & Beckman 1988)和非洲的纽鲁巴语(Laniran 1995，2003)中都有发现。

汉语和其他语言一样，存在着语句中音高逐渐下倾的现象。音高下倾一般出现在没有明显语义强调的陈述句中，是一种总体音高逐渐下降的趋势。它是一种无条件的、有普遍性的、无标记现象。语句中的音高下降包括两类。一类是音高下倾，不受语言环

① 原文与邓丹合作，发表于《南开语言学刊》2009 年第 1 期。

境的影响，通常是音高曲线在语调单元中从前到后的下降趋势，是一种全局性的现象，影响范围涉及整个语调单元。另一种则是降阶，受语言环境的影响，这种音高下降通常是局部性的，是由于相邻声调相互影响而出现的，影响的范围只涉及邻近的几个音节。

有些学者曾对汉语音高下倾现象进行过研究。例如 Shih (1988)和黄贤军(2007)考察了普通话实验室语句中的降阶现象，王安红等(2004)和 Tseng et al.(2005)则主要对语流中韵律短语或韵律短语组的音高下倾进行了研究。

词调是语调的基础，二音节词、三音节词和四音节词是构成汉语语句的基本单元。深入了解这些基本单元在实际语句中的表现，可以为进一步认识汉语语调的构成和表现提供帮助。基于以上认识，本文拟在语料库的基础上，对普通话陈述语句中各类多音节韵律词内部的音高下倾表现进行深入分析。

1.2 研究内容

本文所依据的语料库由 400 个普通话陈述句的录音组成。发音人为一名女性专业播音员，年龄 24 岁。以自然的方式朗读句子，没有特别的强调和感情色彩，语速适中。句子的平均长度为 21 个音节。通过感知判断，从语料库中切分得到了双音节、三音节和四音节韵律词。我们选用的所有韵律词均不包含明显的强调重音，也不包含轻声音节。各类韵律词的具体数目为，双音节韵律词 2239 个，三音节韵律词 1038 个，四音节韵律词 1003 个。

1.2.1 语料标注

根据语图上是否存在较明显的静音段以及相邻两个短语间的

音高重置,我们对该语料库中的每个语句都进行了韵律短语标注。所有标注工作均由两位听音人完成,首先由两人各自独立完成全部的工作,然后再对两人的结果进行对比,结论不一致的地方由两人重新听辨讨论后确定。

1.2.2　声学参数的测算

用南开大学的语音分析软件“桌上语音工作室”对每个音节的音高分别进行了测量。在音高测量中,首先通过修改基频程序去除弯头和降尾,然后把每个音节等分为 8 段,依次提取了 9 个点的基频数据。根据研究的需要,我们对音高数据进行了两种规整:

一是对音高数据进行了由赫兹(Hz)向半音(St)的转换,

$$St = 12\lg(f/fref)/\lg 2 \quad (1)$$

其中“f”表示测量点的基频值,“fref”表示参考频率,设为 65 赫兹。

二是在半音数值的基础上进行音高下倾度的计算,详见下文说明。

1.3　下倾度计算

根据实验测算的数据,作出普通话双音节词中四个声调在韵律短语首、中、末位置的音高表现图(见图 1)。从中可以看出,双音节词中的前字和后字都是随着其在韵律短语中位置的逐渐后移,四个声调的音高都逐渐降低。这表明,和其他语言一样,在无强调的自然语句中,汉语普通话韵律短语内部也存在着较明显的音高下倾现象。从图中我们还可以看出,就双音节词内部而言,后字在整体调域中的位置也比前字偏低。可见韵律短语内音高下降的现象不仅出现在韵律短语不同位置的韵律词之间，同时也出现在同一个韵律词的内部。

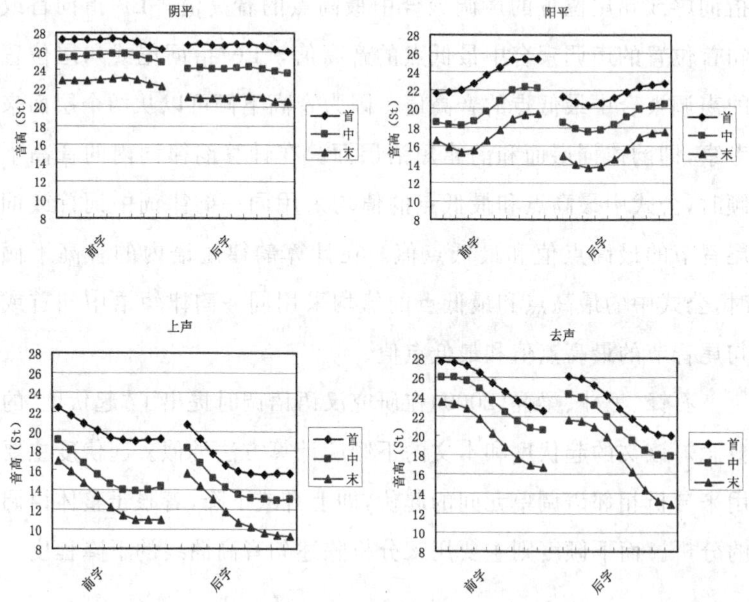

图 1　韵律短语不同位置四个声调的音高表现

我们可以通过同一个韵律词内不同音节间的音高差异来考察韵律词内部的音高下倾，通过同一个韵律短语中不同韵律词之间的音高差异来考察韵律短语内的音高下倾。由于音高下倾不仅表现在音高的上线，也表现在音高的下线，所以我们分别计算上线和下线的音高下倾度，计算方法为：

$$\text{上线下倾度}=\frac{Hi-He}{Hi-Le} \quad\cdots\cdots\cdots\cdots \quad (2)$$

$$下线下倾度 = \frac{Li - Le}{Hi - Le} \quad \cdots\cdots\cdots\cdots\cdots\cdots \quad (3)$$

“Hi”指词首或句首位置的声调聚合中最高点的音高值，“He”指词尾或句尾位置的声调聚合中最高点的音高值，“Li”指词首或句首位置的声调聚合中最低点的音高值，“Le”指词尾或句尾位置的声调聚合中最低点的音高值。因为音高下倾可以从两个层面来考察，即韵律词层面和韵律短语层面。在计算韵律词内的音高下倾时，公式中最高点和最低点的值均采用同一韵律词中词首或词尾音节的最高点值和最低点值。在计算韵律短语内的音高下倾时，公式中的最高点和最低点的值均采用同一韵律短语中句首或句尾音节的最高点值和最低点值。

石锋、王萍、梁磊(2009)在研究汉语语调时提出了“起伏度”的概念。该文的起伏度和本文的下倾度计算方法类似。起伏度主要用来分析相邻语调单元间的起伏，即上升或下降，着眼于整体语调的分析。而下倾度则主要用来分析陈述句音高曲线的下降程度。

1.4　韵律词内部的音高下倾度

1.4.1　双音节韵律词内的音高下倾

表1给出了韵律短语不同位置的双音节词内部的音高下倾度。从中可以看出，韵律短语不同位置双音节词内部的下倾度均为正值，这说明不同位置的双音节词内部均出现了音高下倾。在无强调的自然语句中韵律词内部的下倾既包括音高上线的下倾，又包括音高下线的下倾。平均下倾度为13.25%。韵律短语首位置的双音节词的下线音高下倾度最高，达到28.3%，其他位置的

下倾度均在10%左右徘徊。对不同位置双音节韵律词来说，上线和下线的下倾程度表现不同。上线的下倾主要出现在韵律短语中和末位置，韵律短语首位置的下倾度较小；而下线的下倾则主要出现在韵律短语首末两个位置，中间的下倾度较小。

表1 双音节韵律词的下倾度

	上线			下线		
	首	中	末	首	中	末
前字	27.69	26.03	23.46	19.04	13.89	10.90
后字	26.83	24.33	21.66	15.62	12.99	9.27
下倾度(%)	7.1	13	12.7	28.3	6.9	11.5

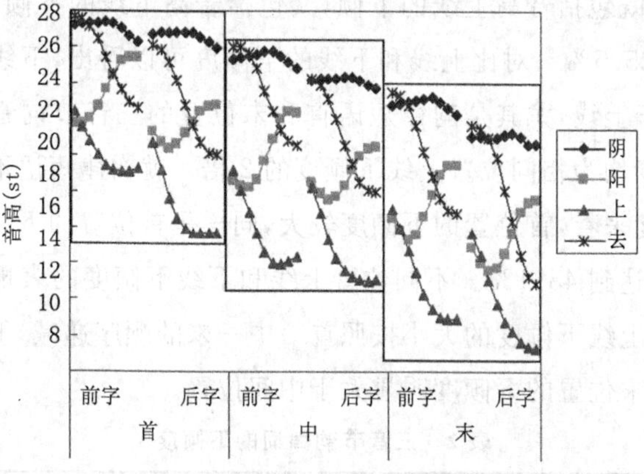

图2 韵律短语不同位置的声调聚合

图2给出了普通话音节在韵律短语不同位置的声调聚合。石锋、王萍(2006)的研究指出北京话单字调中的声调特征点分别是，阴平为起点和终点，阳平为终点，上声为折点，去声为起点。本文

结果表明，在实际语流中上声倾向于表现为低降调，所以上声的特征点往往就是上声的终点。从图2可以看出，去声的起点、阴平和上声的终点在整个调域中的表现一般比较稳定。其中去声的起点和阴平可以看作是调域的上限，上声的终点则可看作调域的下限。阳平的终点和去声的终点往往都不会达到调域的两极，二者的表现不仅和韵律短语的位置有关，还要受到其在词中位置的影响。一般来说，前字阳平或去声的终点均高于后字。

1.4.2　三音节韵律词内的音高下倾

表2给出了韵律短语不同位置的三音节词内部的音高下倾度。从中同样可以看出，韵律短语不同位置三音节词内部均出现了下倾，既包括音高上线的下倾，又包括音高下线的下倾，平均下倾度为25.5%。对比上线和下线的下倾度可以看出，下线的下倾明显大于上线，尤其是韵律短语首和末位置的三音节词音高下线的下倾度均为相同位置上线下倾度的2倍。就韵律短语不同位置的下倾度来看，首位置的下倾度较大，同样是首位置的下线的下倾度最大，达到43.1%。不同位置上线和下线下倾度的表现也不完全相同，上线下倾度的大小按照首—中—末的顺序递减，下线则表现为首、末位置的下倾度明显大于中间位置。

表2　三音节韵律词的下倾度

	上线			下线		
	首	中	末	首	中	末
前字	28.33	26.08	24.52	21.05	16.77	14.98
后字	25.8	23.83	22.33	15.53	13.87	10.32
下倾度(%)	19.8	18.4	15.4	43.1	23.7	32.8

图3是普通话三音节词中四个声调在韵律短语首、中、末的音高表现。从中可以看出，随着在韵律短语中的位置的逐渐后移，三音节词中的每个音节的音高都逐渐降低，而且在各个韵律词内部，其音高也表现出，前字—中字—后字逐渐递降的趋势。

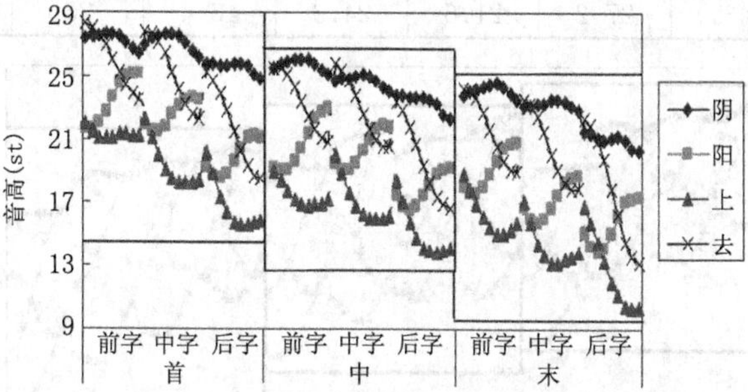

图3　韵律短语不同位置三音节词的音高

1.4.3　四音节韵律词内的音高下倾

表3给出了韵律短语不同位置的四音节词内部的音高下倾度。从中同样可以看出，和双音节和三音节一样，韵律短语不同位置四音节词内部均出现了下倾，其中既包括上线的下倾，又包括下线的下倾，平均下倾度为31%。对比上线和下线的下倾度可以看出，四音节词下线的下倾度高于上线的下倾度，尤其是韵律短语首和末位置的三音节下线的下倾度几乎接近上线下倾度的两倍。从不同位置的下倾度来看，和三音节词一样，四音节词中韵律短语首位置的下倾度较大，最大的下倾出现在首位置下线的下倾度上，达到46.4%。不同位置上线和下线均表现为首、末位置的下倾度较大，中间位置的较小。

表 3 四音节韵律词的下倾度

	上线			下线		
	首	中	末	首	中	末
前字	28.37	27.08	25.80	20.54	16.51	16.16
后字	24.39	23.99	21.83	13.76	12.80	9.48
下倾度(%)	27.2	21.6	24.3	46.4	26	40.9

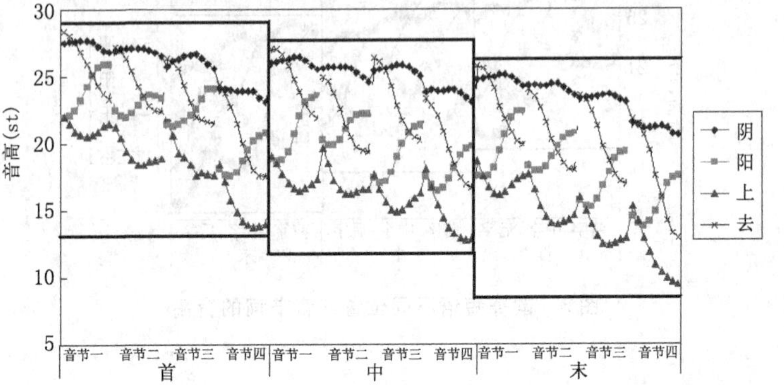

图 4 韵律短语不同位置四音节词的音高

图 4 是普通话四音节词中四个声调在韵律短语首、中、末的音高表现。从中可以看出,随着在韵律短语中的位置的逐渐后移,四音节词中的每个音节的音高都逐渐降低,而且在各个韵律词内部,其音高也表现出,从第一个音节到最后一个音节逐渐递降的趋势。和双音节词、三音节词的表现一致,普通话四音节词中同样存在着比较明显的音高下倾现象,四音节词内部的音高下倾表现为调域上限和调域下限同时逐渐下降。

1.5 结论与讨论

普通话中的音高下倾可以从两个层面来考察,即韵律词层面和韵律短语层面。本文主要探讨的是韵律词内部的音高下倾。

通过对比韵律短语不同位置的普通话中多音节韵律词内部的音高下倾度，我们可以看出，随着韵律词音节数目的增加，韵律词内部的音高下倾度也逐渐增大。例如，双音节韵律词的平均下倾度为 13.25%，三音节为 25.5%，四音节为 31%。这也说明韵律词的音节数目越多，韵律词内的音高下倾越明显。因为普通话是以双音节音步为主导的语言，也就是说双音节组合是汉语普通话中最常见的韵律词类型，而三音节组合有一部分是“词”，有一部分则是“短语”，四音节组合则常常是由两个双音节韵律词复合而成的，是从纯粹的韵律词到韵律短语的过渡形式，在这类组合中已经具备了一些韵律短语的特征。

前人的研究表明，汉语中最主要的音高下倾出现在韵律短语内部，本文得到的韵律词内的音高下倾的结果表明，普通话三音节尤其是四音节韵律词内的下倾度也很高。这也充分说明四音节韵律词内的音高表现和韵律短语的类似，它们常常作为一个固定的模块，可以独立充当一个韵律短语。

在无强调的陈述语句中得到的韵律词内部的音高下倾，不仅包括音高上线的下倾，同时也包括音高下线的下倾。音高下线的下倾度明显大于上线的下倾度，尤其是在三音节和四音节韵律词内部，下线的下倾度几乎达到了上线的两倍。音高上线和下线下倾度的不同表现也表明，通常所说的音高下倾主要表现在音高下线的逐渐降低上，上线除了音高下倾可能还要受到别的因素的影响。

韵律短语不同位置音高下倾度的表现也不同。其中音高上线的表现比较随意，而音高下线的下倾度的表现则具有一定的规律性。在韵律短语首末位置的下线的下倾度较大，而韵律短语中间位置的下倾度则较小。这说明，在一个韵律短语中，首尾位置的音高差别较大，而中间的音高变化则相对较小。

同一个韵律短语不同位置韵律词音高变化的规律和 Tseng et al.（2005）研究更大的韵律单元，即“韵律短语组”的音高变化规律是一致的。Tseng et al.（2005）发现，韵律短语的音高根据其在语调短语中的位置不同，有不同的下倾模式。韵律短语组中最明显的音高下倾出现在首尾两个短语上，而居中的短语音高下倾程度不如首尾短语明显和有规律。

我们认为对汉语韵律问题的研究，不能只停留在对于下倾和降阶的一般性认识上。不同的句型，包括语法的、语义的结构；不同的背景和上下文以及不同的言语风格都会对音高曲线有重要的影响[①]。这些都是我们今后对普通话韵律特征进行深入研究的重要内容。

二　普通话四音节韵律词的音高下倾和降阶[②]

2.1　引言

关于语流中音高下降的研究最早是以呼吸群理论（Breath

---

① 吕士楠先生通信。

② 原文作者梁磊、孟小淋，发表于《南开语言学刊》2011 年第 2 期。

Groups Theory)(Lieberman 1967)为基础的。呼吸群理论认为声门下气压(subglottal pressure)的强弱是音高变化的主要因素，人们开始说话时声门下压力较大，音高较高，随着气压的逐步减弱声带振动逐渐减缓，从而导致音高的下降，主要表现为呼吸群末尾处的音高急速下降。而音高下倾(declination)是指同一韵律单元内部各个成分的音高绝对值逐次降低的现象，是一种整体上的音高下降趋势而不仅仅是某一局部位置的音高陡降。在英语(Liberman and Pierrehumbert 1984)、日语(Pierrehumbert and Beckman 1988)和非洲的约鲁巴语(Laniran and Clements 2003)等语言的研究中均发现存在音高下倾的现象。在汉语语调的研究中，Tseng(1990)对即兴言语和朗读言语音高表现的研究结果表明：在即兴言语中，汉语语调的具体表现差异较大，大多数语调的表现符合呼吸群理论而不符合音高下倾理论，即54%的实验句语调在呼吸群末尾处音高急速下降，20%的实验句呈现句内各成分音高逐次降低现象，还有26%的实验句无明显的音高下降表现，由此她认为汉语中不存在普遍意义的音高下倾。Xu(1999)考察了声调和焦点对汉语音高曲线的影响，认为汉语中的音高下倾是由降阶、焦点和新话题等导致的，没有充当形式化语调功能的音高下倾。然而Shih(1997)用阴平调组合构成实验句的主体部分，考察了句子长度和焦点位置等对音高下倾的影响，结论表明：汉语的音高下倾的现象非常明显，下倾在句首位置最为显著，下倾斜率的大小受句子长度、焦点位置等综合影响。沈炯(1992,1994)提出了汉语语调的双线调节功能，即语句中声调音域的上限称为高音线，主要负载语调中的重音；下限称为低音线，负载语调中的节奏。王安红、陈明、吕士楠(2004)通过提取语句中声调音域的低音点和次低音点的方法求出语调短语的低音线,研究结果发现:音高下倾主要呈现在语调短语这一韵律层级上,播音风格的汉语陈述句符合音高下倾理论,同时表明沈炯所提出的高音线和低音线具有不同语言学功能的观点是正确的。

石锋、王萍、梁磊(2009)利用起伏度的计算方法证明了汉语普通话陈述句语调的整体走势呈现音高下倾的现象。邓丹(2010)以语料库中朗诵语体的普通话陈述句为实验语料,分别考察了不同位置的双音节、三音节和四音节韵律词的音高下倾度表现,发现随着音节数目的增多,韵律词内部的音高下倾度也逐渐增大,尤其四音节韵律词内的下倾度较高,包括音高上线的下倾和下线的下倾,其中下线的下倾度明显大于上线。

降阶(downstep)是基于对非洲声调语言的研究提出的概念,它是指一个韵律单元内部高音成分的绝对调值在低音成分之后逐次降低的现象(Stewart 1983; Laniran and Clements 2003)。Gussenhoven(2004)以日语为例讨论了降阶(phonological downstep)和音高下倾(phonetic declination)的区别,降阶即由低音 L 触发的下降趋势,而没有低音 L 触发的音高降低现象即为音高下倾。也有学者将其分为非自动降阶(non-automatic downstep)和自动降阶(automatic downstep)两种音高下降模式(黄贤军、杨玉芳、吕士楠 2007)。

熊子瑜(2005)考察了单念的普通话两字组 16 类声调组合的音高降阶效应,发现:"阴平 + 阳平(H - LH)","阳平 + 阳平(LH LH)","去声 + 阴平(HL H -)","去声 + 阳平(HL - H)"和"去声

＋去声（HL HL）”五种后音节为零声母或浊声母的两音节词中都无一例外地发生了降阶现象，而且降幅一致。

综上所述，目前学界对于音高下倾和降阶现象的研究成果较多，但也存在不少争议。如何区分音高下倾和降阶的作用层次？不同语体风格、不同韵律单位中的音高下倾和降阶表现是否一致？为此，王萍、石林、石锋（2011a）利用下倾度和降阶度的计算方法，考察了六位北京话母语者即兴语体陈述句中不同位置的三音节韵律词音高下倾和降阶现象，尝试区分下倾和降阶的作用层次，得到了音高下倾和降阶的量化表现。本文拟在上文的基础上考察句调域和词调域两个层次上四音节韵律词的音高下倾的量化表现，进而将下倾和降阶的叠加效应进行分离，以期推进研究的深入。

2.2　实验程序

2.2.1　实验过程与材料

我们选取 46 个普通话四音节韵律词，通过三个负载句的形式分别考察每一个四音节韵律词位于句首、句中和句末时的音高变化。三个实验负载句如下：

＿＿＿＿＿这个词很好念。

我现在说＿＿＿＿＿这个词。

我说的这个词是＿＿＿＿＿。

发音人为两位北京人，一男一女，普通话标准，年龄分别为 20 岁与 19 岁。录音在南开大学文学院语音实验室进行，通过麦克风直接录入电脑，录音软件为 Cool Edit，采样率为 11025Hz，16 位，单声道。每位发音人都以自然的方式和正常语速朗读句子，且不出现特别的语义强调和情感色彩，每个负载句之间间隔1—2秒。本研究共得到46(词)×3(负载句)×2(发音人)=276个样品句，从中切分出46×3×2×4(音节)=1104个单音节词作为研究语料。

2.2.2 数据测算

使用南开大学"桌上语音工作室"语音分析软件进行声学实验，测算出四音节韵律词各音节的音高数据，采用如下公式从赫兹值转换到半音(semitone,St)值，并利用Excel进行统计计算，作出统计图表。从赫兹到半音转换的计算公式为：

$$St = 12\lg(f/fr)/\lg 2$$

其中"f"表示需要转换的频率赫兹数值，"fr"表示参考频率，男性设为55赫兹，女性设为64赫兹。

2.3 实验结果与分析

2.3.1 下倾度的计算方法

本文的下倾度计算参考邓丹、石锋(2009)以及石锋、王萍、梁磊(2009)的计算方法，即通过同一个句调域中不同词调域之间的音高差异来考察句调域内的音高下倾，通过同一个词调域内部不同音节间的音高差异来考察词调域内部的音高下倾。音高下倾不仅表现在音高的上线，还表现在音高的下线，具体的计算方法：

$$上线下倾度 = \frac{Hi - He}{Hi - Lmin} \times 100\%$$

$$下线下倾度 = \frac{Li - Le}{Hi - Lmin} \times 100\%$$

该计算方法从句调域和词调域两个层面考察音高下倾的量化

表现。以半音值(St)为基础,"Hi"指句调域中句首词调域或词调域中首音节的声调聚合中最高点的半音值,"He"指句调域中句末词调域或词调域中末音节的声调聚合中最高点的半音值,"Li" 指句调域中句首词调域或词调域中首音节的声调聚合中最低点的半音值,"Le"指句调域中句末词调域或词调域中末音节的声调聚合中最低点的半音值,"Lmin"指句调域的声调聚合中最低点的半音值。以百分比的计算方法可以得出相对化的数值,滤去个体差异,使得不同发音人的实验结果具有可比性。

2.3.2 不同位置的四音节韵律词调域的音高下倾

根据下倾度的计算方法,分别对四音节韵律词位于句首、句中和句末位置的调域上线和下线的音高下倾度进行量化分析。位于不同位置四音节韵律词的调域的整体音高表现见下图 1 和表 1。

表 1 普通话四音节韵律词在不同句中位置的音高下倾度

		上 线	下 线
男	句首词调域(St)	21.34	9.96
	句末词调域(St)	19.62	8.04
	全句下倾度(%)	13	14
女	句首词调域(St)	28.58	16.30
	句末词调域(St)	27.26	14.77
	全句下倾度(%)	10	11
平均	句首词调域(St)	24.61	23. 39
	句末词调域(St)	14.31	12.38
	全句下倾度(%)	11	13

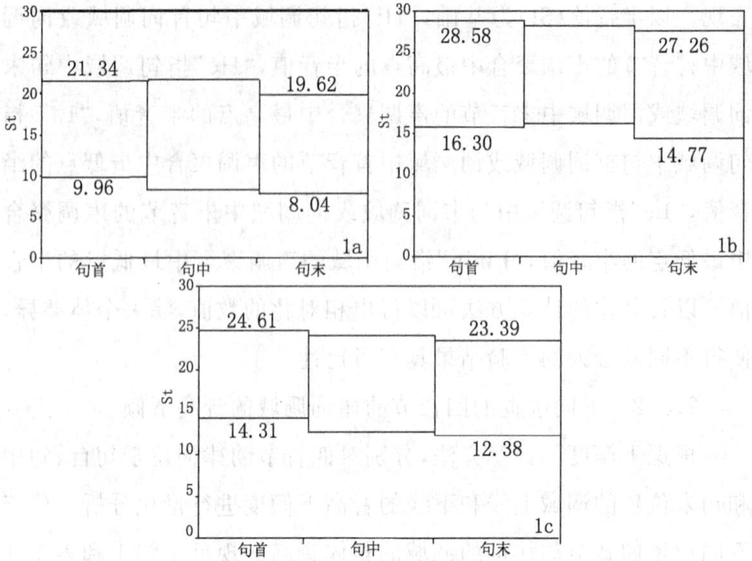

图 1　普通话四音节韵律词在不同句中位置的音高下倾表现

（**1**a 男发音人；**1**b 女发音人；**1**c 总平均值）

图 1 是普通话四音节韵律词分别位于句首、句中、句末不同位置时的音高下倾表现，其中句首、句末词调域的上线、下线值均为半音值，表 1 中的全句下倾度则是利用下倾度公式计算得到的百分比值。总体上看，四音节韵律词在句调域层面存在明显的音高下倾现象。随着所在位置的逐渐后移，四音节韵律词的调域上线和下线同步下降，其中上线的平均下倾度为 11%，下线的平均下倾度为 13%，下线的下倾程度比上线更明显一些。从不同的性别来看，四音节韵律词的调域上线和下线都呈现下倾趋势，且上线和下线的下倾度较为接近，差异较小，女性的上线和下线的下倾度均比男性小 3%。

对比王萍等(2011a)基于三音节韵律词的研究结果:平均下倾度上线为3%,下线为37%,下线也高于上线,而且差值较大;女性为45%,男性为28%,女性高于男性,与我们的结果相反,差值也比我们的大一些。

2.3.3 四音节韵律词内的音高下倾

同样依据下倾度的计算方法,我们对普通话四音节韵律词内部的音高下倾度做了进一步的量化分析。四音节韵律词内部的具体音高表现如下图2和表2所示。

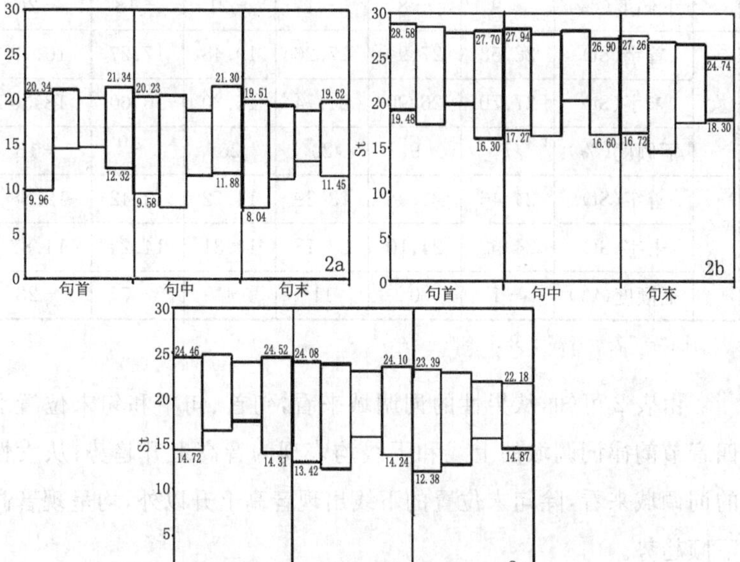

图2 普通话四音节韵律词内部的音高下倾表现

(**2a**:男发音人;**2b**:女发音人;**2c**:总平均值)

图2即为普通话四音节韵律词内部的具体音高表现。与整体音高下倾现象不同的是，四音节韵律词内部的音高表现呈现出很强的浮动性和差异性，无论上线还是下线，均有上升的情况出现。

表2 普通话四音节韵律词内部的音高下倾度

		上线			下线		
		句首	句中	句末	句首	句中	句末
男	首字(St)	20.34	20.23	19.52	9.96	9.58	8.04
	末字(St)	21.34	21.30	19.62	12.32	11.88	11.45
	下倾度(%)	-9	-8	-1	-21	-18	-26
女	首字(St)	28.58	27.94	27.26	19.48	17.27	16.72
	末字(St)	27.70	26.90	24.74	16.30	16.60	18.30
	下倾度(%)	7	9	20	26	6	-13
平均	首字(St)	24.46	24.08	23.39	14.72	13.42	12.38
	末字(St)	24.52	24.10	22.18	14.31	14.24	14.87
	下倾度(%)	-1	0	11	4	-7	-23

注："-"表示音高上升。

由表2可知，从男性的词调域来看，句首、句中和句末位置上四音节韵律词调域的上线和下线均表现为音高上升趋势；从女性的词调域来看，除句末位置的下线出现音高上升以外，均呈现音高下倾趋势。

王萍等(2011a)研究表明：在词调域内部，句首词调域的上线并没有表现为音高下倾，相反为音高上升。本文的研究进一步发现，音高上升现象大量存在于词调域内部，句首、句中词调域的上线，句中、句末词调域的下线均出现不同程度的音高上升。

邓丹、石锋(2009)以一名女性专业播音员的400个普通话陈述句的语料库为研究对象,对普通话不同位置的四音节韵律词的音高下倾度进行计算和分析,见表3。

表3 四音节韵律词内部的下倾度(邓丹、石锋2009)

	上线			下线		
	首	中	末	首	中	末
首字(St)	28.37	27.08	25.80	20.54	16.51	16.16
末字(St)	24.39	23.99	21.83	13.76	12.80	9.48
下倾度(%)	27.2	21.6	24.3	46.4	26	40.9

由表3可知,该女性发音人的位于不同句中位置的四音节韵律词内部的音高下倾现象十分显著,词调域的上线和下线均表现出音高下倾趋势,且上线和下线的下倾趋势呈现一致性。而本文的研究结果显示,位于不同句中位置的四音节韵律词内部的音高表现差异性较大,且不同性别的表现各不相同。女性的词调域整体上呈现下倾趋势,在这一点上本文与王萍等(2011a)和邓丹、石锋(2009)研究结论保持一致,而在本文和王萍等(2011a)中,女性词调域上、下线的下倾度都明显小于邓丹、石锋(2009)的结果。另外,本文研究发现男性的词调域的上、下线一致表现为音高上升而非音高下倾。造成以上差异的原因可能有以下三方面:

(1)语料来源的不同。本文的语料为三个实验负载句中的四音节韵律词,王萍等(2011a)的语料是从六组单一声调组合的实验句中切分出来的三音节韵律词,而邓丹、石锋(2009)的语料来自400个句子组成的语料库,通过感知判断,从语料库中切分得到四音节韵律词。

(2)语体不同。本文和王萍等(2011a)的语料的语体接近即兴言语(spontaneous speech),发音较为随意。邓丹、石锋(2009)的语料是朗诵语体(reading speech)。Tseng(1990)研究表明,即兴言语中符合音高下倾理论的只有20%,可见即兴言语中呈现的音高下倾有待进一步求证和探索。

(3)发音人选择的不同。本文和王萍等(2011a)的发音人均为没受过专业训练的北京话母语者。邓丹、石锋(2009)的研究所选择的发音人为受过专业训练的一位女性播音员,发音比较饱满,字正腔圆。

由上述研究可知,在词调域层面上,影响音高变化的因素较多,音高表现较为复杂。为此,我们进一步分析了四音节韵律词内部的各单字前接阴平高调和上声低调时的音高变化,尝试将词调域层面的下倾、降阶的叠加作用分离开来,进一步探索词调域层面上音高变化的动因和规律。

2.3.4　四音节韵律词内部的降阶

本文通过降阶度的计算,试图将下倾的作用剥离出去,进而单独考察不同位置词调域内部的降阶作用的量化表现。降阶度(王萍等 2011a)就是将句子中某一位置的词调域内部前接"阴平"高调(这里只有下倾作用)的字音音高值最高点和最低点分别减去另一句子中该位置的词调域内部前接"上声"低调(这里既有下倾作用,又有降阶作用)的该位置字音的音高值最高点和最低点,所得到的音高差值(St)(最高点和最低点)再分别除以该位置的词调域音高跨度(St)。与下倾度一样,我们也采用了百分比的计算方法得出相对化的数值。具体的计算方法：

$$最高点降阶度 = \frac{H1 - H3}{HiLe} \times 100\%$$

$$最低点降阶度 = \frac{L1 - L3}{HiLe} \times 100\%$$

“H1”指某个句子中某一位置的词调域内部前接“阴平”高调的字音的最高点半音值，“H3”指另一句子中此位置的词调域内部前接“上声”低调的相同位置字音的最高点半音值，“L1”指某个句子中某一位置的词调域内部前接“阴平”高调的字音的最低点半音值，“L3”指另一句子中此位置的词调域内部前接“上声”低调的相同位置字音的最低点半音值。“Hi”指句调域中此位置词调域中声调聚合的最高点的半音值，“Le”指句调域中此位置词调域中声调聚合的最低点的半音值。

表 4 不同位置的四音节韵律词内部的降阶度

			男		女		平均值	
			最高点	最低点	最高点	最低点	最高点	最低点
句首	次字	(1+)1(St)	22	20.2	31.4	27.1	26.7	23.65
		(3+)1(St)	21.5	18.4	24	20.4	22.75	19.4
		降阶度(%)	4	16	60	50	32	25
	第三字	(1+)1(St)	22.3	21.1	29.1	27.6	25.7	24.35
		(3+)1(St)	19.4	17	26.2	18.2	22.8	17.6
		降阶度(%)	25	36	20	80	23	40
	末字	(1+)1(St)	23.4	21.1	27.6	17.6	25.5	19.35
		(3+)1(St)	12.5	12	21.8	19.7	17.15	15.85
		降阶度(%)	96	80	50	-20	73	30

续表

句中	次字	(1+)1(St)	21.5	17.9	29.1	26.2	25.3	22.05
		(3+)1(St)	22	16.1	22.8	18.8	22.4	17.45
		降阶度(%)	-4	14	60	70	28	42
	第三字	(1+)1(St)	20.2	19.7	28.6	25.7	24.4	22.7
		(3+)1(St)	21.7	17.1	25.7	24.8	23.7	20.95
		降阶度(%)	-12	20	30	10	9	15
	末字	(1+)1(St)	23	20	27.1	25.7	25.05	22.85
		(3+)1(St)	11.7	11.2	22.1	19.1	16.9	15.15
		降阶度(%)	89	69	40	60	65	65
句末	次字	(1+)1(St)	21.5	17.9	28.1	20.4	24.8	19.15
		(3+)1(St)	22	16.1	22.4	18.2	22.2	17.15
		降阶度(%)	-4	14	46	18	21	16
	第三字	(1+)1(St)	20.2	19.7	26.2	25.2	23.2	22.45
		(3+)1(St)	21.7	17.1	24.8	23.6	23.25	20.35
		降阶度(%)	-11	20	11	13	0	17
	末字	(1+)1(St)	23	20	25.2	23.6	24.1	21.8
		(3+)1(St)	11.7	11.2	20.1	18.5	15.9	14.85
		降阶度(%)	85	66	41	41	63	54

注："1"和"3"分别代表阴平和上声，"-"表示音高上升。

如表4所示，整体上看，句首、句中、句末位置的四音节韵律词内部的次字、第三字、末字均受降阶作用影响呈现音高下降的趋势，且降幅普遍大于下倾作用。男性降阶度的范围为4%—96%，女性降阶度的范围为10%—80%，总体(平均值)降阶度的范围为

9%—73%。具体来看：

句首位置的降阶度最大为73%，出现在句首末字的最高点处；降阶度最小为23%，出现在句首第三字的最高点处。从不同性别来看，男性的降阶度由小到大的顺序为：次字＜第三字＜末字，末字的最高点和最低点处的降阶度都达到最大，分别是96%和80%；女性的降阶度最大值出现在第三字的最低点处，达到80%，而末字的最低点处出现负值（-20%），呈现音高上升而不受降阶作用影响。

句中位置的降阶度最大为65%，出现在句首末字的最高点和最低点处；降阶度最小为9%，出现在句中第三字的最高点处。从不同性别来看，男性的四音节韵律词内部的次字和第三字均出现负值，即呈现音高上升的现象，其中第三字上升幅度相对更大为-12%，而末字的降阶度达到最大，最高点和最低点处的降阶度分别为89%和69%。女性的降阶度由小到大的顺序为：第三字＜末字＜次字，第三字的最高点和最低点处的降阶度均最小，分别是30%和10%，次字的最高点和最低点处的降阶度都达到最大，分别是60%和70%。

句末位置的降阶度最大为63%，出现在句首末字的最高点处；降阶度最小为0%，出现在第三字的最高点处。从不同性别来看，男性的降阶情况与男性在句中位置的情况一致，即次字和第三字均出现负值，且第三字上升幅度相对更大为-11%，而末字的降阶度达到最大，最高点和最低点处的降阶度分别为86%和66%。女性的在第三字的最高点和最低点处的降阶度均最小，分别是

0%和17%，次字的最高点降阶度都达到最大，为46%。

2.4　结论

如何区分汉语语调中声调与语调的相互作用一直是汉语韵律研究的重点和难点。语流中音高降低的现象是受普遍的音高下倾影响还是由于低调介入导致？虽然已有不少学者以不同的研究方法尝试分析，但仍然无法明确地区分出音高下倾和降阶的作用层次以及各层次上二者的作用程度。本文利用下倾度和降阶度计算公式，分层级、量化地分析了位于负载句中不同位置的普通话四音节韵律词音高表现，从更全面的角度深入探讨了汉语语调中的音高变化。

我们的研究表明，在句中不同的位置上，四音节韵律词的调域上、下线的整体走势呈现一致性的音高下倾趋势，以此证实了汉语普通话陈述语句中存在普遍意义的音高下倾现象。对比前人研究，我们发现语体差异是影响语流中音高变化的重要因素。朗诵语体的汉语陈述句符合普遍意义的音高下倾，而在即兴语体中，句调域和词调域两个层面上均有音高上升的现象存在，且词调域内部的音高上升更为显著。不同性别之间的表现也存在一定差异。

汉语的阴平高调在前接上声低调时的降阶作用在普通话四音节韵律词内部表现显著且降幅普遍大于音高下倾的作用。而位于不同位置的四音节韵律词内部的降阶度各有差异且表现较为复杂，是否存在规律性变化我们将在以后的研究中进一步探索。

三 普通话陈述句中的音高下倾和降阶[①]

3.1 引言

音高下倾(declination)指同一韵律单元内部各个成分音高绝对值逐次降低的现象,英语(Liberman & Pierrehumbert 1984)、日语(Pierrehumbert & Beckman 1988)和非洲的约鲁巴语(Laniran 1995,2003)等语言中均被发现存在明显的音高下倾现象。针对音高下倾,沈炯(1985)提出,普通话韵律单元的体现,主要是内部低音线的持续下降。石锋等(2009)通过实验证明汉语普通话陈述句语调的整体走势为音高下倾。降阶(downstep)是根据非洲声调研究提出的概念,它是指一个韵律单元内部高音成分的绝对调值在低音成分之后逐次降低的现象(Stewart 1983; Laniran 2003)。对于汉语降阶现象的研究,许毅(Xu 1999,1997)发现汉语声调之间存在正向(carry-over effect)和逆向(anticipatory effect)两种效应,正向效应大于逆向效应,同时,他主张汉语只有降阶而没有音高下倾。石基琳(Shih,C. 1988)在对汉语降阶的研究中发现,当高音前为上声(L)时,降阶的作用最大;当高音前为阳平(R)和去声(F)时,降阶的作用比较弱;当高音前为阴平(H)时,不发生降阶。黄贤军(2007)采用设计特定声调组合的实验室语句的方法,研究了汉语普通话语调降阶的规律,结果发现,在普通话语调中,同时

① 原文与王萍、石林合作,发表于《中国语音学报》2012年第3辑。

存在自动降阶和非自动降阶两种音高现象。

下倾和降阶属于人说话时普遍的自然现象，它们都与人的发音生理密切相关，只是二者形成的生理机制有所不同，前者是由说话时整体的气流机制决定的，是全局性的；后者是由于低音成分的介入而导致的声带振动频率降低，是局部的。人在正常说话时都会表现出这两种现象，它们与口气和语气无关。因此，下倾和降阶也同时并存于汉语中，而且它们在整体的语调结构中所处的层次、作用方式和程度均存在差异。音高下倾包含两个层次：全句的音高下倾（石锋、王萍、梁磊 2009）和句子内部词调域的音高下倾。降阶只在词调域这一层次上发挥作用，那么，在词调域这一韵律层级上，降阶和音高下倾的作用是叠合在一起的。石基琳（Shih，C. 1997）也曾指出：下倾和降阶等多种因素会同时对基频曲线的下倾趋势产生叠加效应。

综上所述，目前学界主要都是对于下倾或降阶的专门性研究，且研究的过程中并没有对它们各自所处的层次进行系统严格地区分，也没有用实验的方法针对不同层次的下倾和降阶进行专门的比较研究。基于此，本文以 6 位北京人（3 男、3 女）的陈述句语料为研究对象，主要考察：通过下倾度的计算方法，考察语句调域和词调域两个层次上的音高下倾的量化表现；在不同位置的词调域内部，通过降阶度的计算方法，将下倾和降阶的叠加效应进行分离，进而单独考察降阶作用的量化表现。

3.2　实验说明

本文的实验句是在沈炯（1985）的实验语句基础上适当修改而

成，共有以下 6 句[1]：

(1)张中斌星期天修收音机。　(2)吴国华重阳节回阳澄湖。

(3)李小宝五点整写讲演稿。　(4)赵树庆毕业后到教育部。

(5)李金宝五时整交讲话稿。　(6)李小刚五点半写颁奖词。

发音人共有 6 位，3 男，3 女，均为在北京长大的在校大学生，年龄为 19—23 岁。录音在南开大学语音实验室进行。每位发音人都以自然状态平稳语速发音，不出现语义强调和情感色彩。每个实验句连续说 3 遍，句与句之间间隔 4 秒，共得到 $3\times6\times6=108$ 个样品句。

使用南开大学"桌上语音工作室"对样品句进行声学实验，测算出半音值(St)的音高数据，赫兹到半音的转换可由软件自动完成，最后进行统计分析。从赫兹到半音转换的计算公式为：

$$St = 12\lg(f/fr)/\lg2$$

其中"f"表示需要转换的赫兹数值，"fr"表示参考频率，男性设为 55 赫兹，女性设为 64 赫兹。

最后利用 Excel 进行统计计算，并作出统计图表。

3.3　下倾度计算

本文的下倾度计算参考邓丹、石锋(2009)，以及石锋、王萍、梁磊(2009)的计算方法，即通过同一个语句调域中不同词调域之间的音高差异来考察语句调域内的音高下倾，通过同一个词调域内

① 设计这 6 句话的目的是为了充分表现每位发音人不同位置字音的全调域，进而得到整个语句的全调域。

部不同音节间的音高差异来考察词调域内部的音高下倾。音高下倾不仅表现在音高的上线，也表现在音高的下线。

具体的计算方法：

上线下倾度 = Hi－He/Hi－Le

下线下倾度 = Li－Le/Hi－Le

“Hi”指语句调域中句首词调域或词调域中首音节的声调聚合中最高点的音高值，“He”指语句调域中句末词调域或词调域中末音节的声调聚合中最高点的音高值，“Li”指语句调域中句首词调域或词调域中首音节的声调聚合中最低点的音高值，“Le”指语句调域中句末词调域或词调域中末音节的声调聚合中最低点的音高值。

根据上述计算方法可知：音高下倾包含两个层面，语句调域层面和词调域层面。语句调域层面和词调域层面的音高下倾度分别相当于石锋、王萍、梁磊(2009)提出的“起伏度”中的 Q 值(全句的音高起伏度)和 q 值(整个词调域的音高起伏度)。

3.4　语句调域的音高下倾

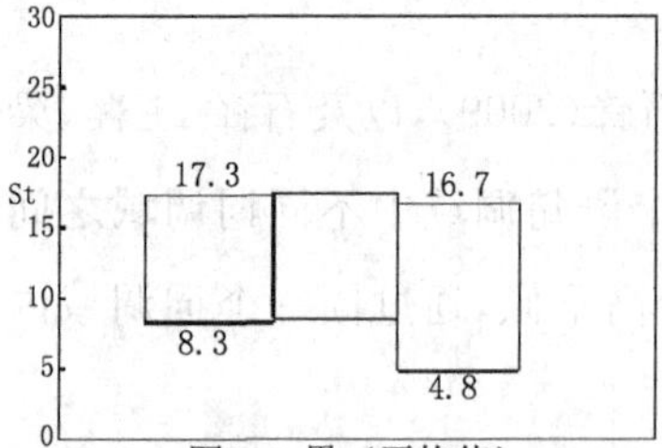

图1a　男（平均值）

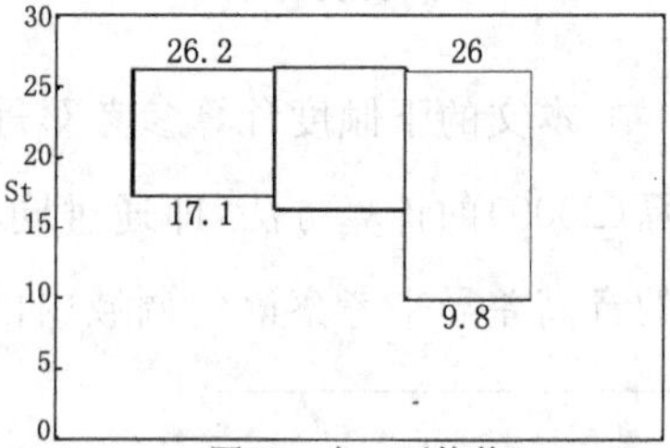

图1b　女（平均值）

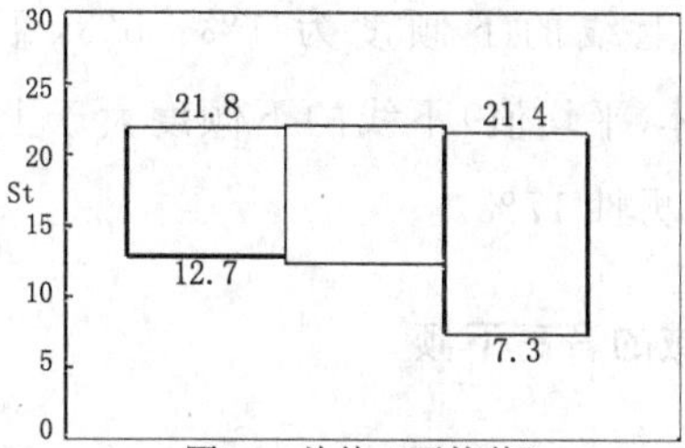

图1c　总体（平均值）

图 1　普通话陈述句语句调域的音高下倾图

表 1　全句的音高下倾度(%)

		上线	下线
男（平均值）	句首词调域	17.3	8.3
	句末词调域	16.7	4.8
	全句下倾度(%)	5	28
女（平均值）	句首词调域	26.2	17.1
	句末词调域	26	9.8
	全句下倾度(%)	1	45
总体（平均值）	句首词调域	21.8	12.7
	句末词调域	21.4	7.3
	全句下倾度(%)	3	37

按上节下倾度计算方法对六位发音人的实验数据进行测算，得到表 1 和图 1。

图 1 说明：无论男、女，还是总体，普通话陈述句语句调域，上线和下线的整体音高走势均为下倾，且下线的下倾程度比上线更显著。句中词调域相对于句首词调域，表现出很强的浮动性，无论上线还是下线，均有上升的情况。

表1表明:上线的下倾度为1%—5%,下线的下倾度为28%—45%,总体(平均值)下线的下倾度大于上线34%;女性下线的下倾度大于男性17%。

3.5 词调域的音高下倾

语句调域中的词调域包括句首和句中的三音节词调域,以及句末的动宾结构的四音节词调域。句末的动宾结构四音节短语类似于语法中的"离合词",可离可合,其紧密程度没有句首、句中的三音节词高,其结构和用法较为松散。所以,本文分别考察了句末四音节动宾短语和它的三音节宾语的音高下倾度。

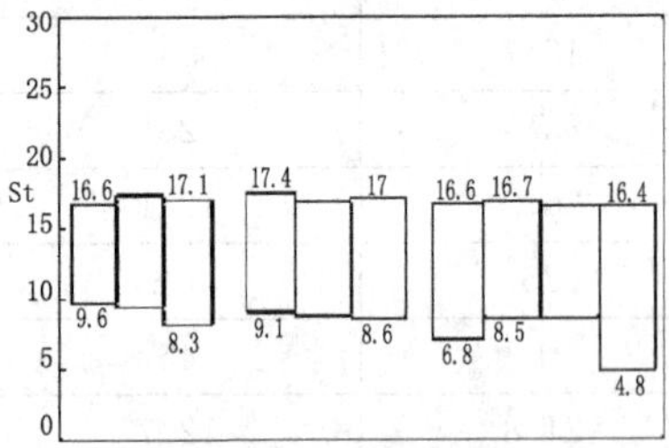

图2a 男(平均值)

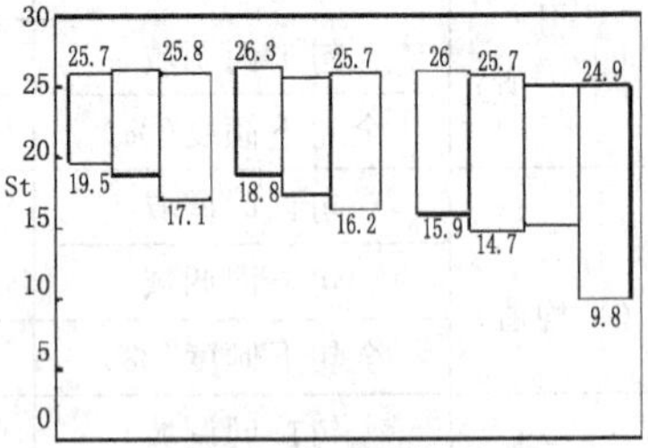

图2b 女(平均值)

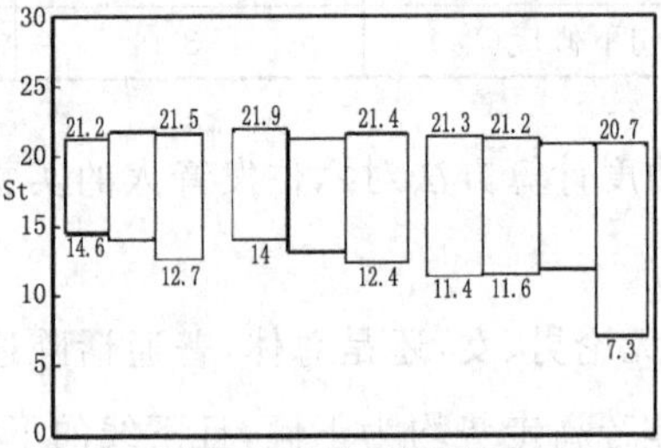

图2c 总体(平均值)

图2 普通话陈述句词调域的音高下倾图

表 2 三音节词调域音高下倾度(%)

		上线			下线		
		句首	句中	句末	句首	句中	句末
男（平均值）	前字	16.6	17.4	16.7	9.6	9.1	8.5
	后字	17.1	17	16.4	8.3	8.6	4.8
	下倾度(%)	-6	5	3	15	6	31
女（平均值）	前字	25.7	26.3	25.7	19.5	18.8	14.7
	后字	25.8	25.7	24.9	17.1	16.2	9.8
	下倾度(%)	-1	6	5	28	26	31
总体（平均值）	前字	21.2	21.9	21.2	14.6	14.0	11.6
	后字	21.5	21.4	20.7	12.7	12.4	7.3
	下倾度(%)	-3	6	4	22	16	31

根据图 2 和表 2，句首、句中和句末词调域的内部均出现了音高下倾，其中包括上线和下线的下倾。参考总体(平均值)，句首、句中和句末三个位置的下线的平均下倾度(23%)大于上线(5%)18%。下线下倾度按照句末>句首>句中的顺序依次递降，其中下线总体下倾度，句末词调域分别大于句首和句中词调域 9% 和 15%，句首词调域大于句中词调域 6%。上线总体下倾度，句中词调域大于句末词调域 2%。

此外，句首词调域的上线并没有表现为音高下倾，相反，为音高上升(“-”表示音高上升)，但总体上升的幅度(3%)和其下线总体的下降幅度(22%)相比要小 19%。

表 3 句末四音节词调域音高下倾度(%)

		句末上线	句末下线
男（平均值）	前字	16.6	6.8
	后字	16.4	4.8
	下倾度(%)	2	17

续表

女（平均值）	前字	26.0	15.9
	后字	24.9	9.8
	下倾度(%)	7	38
总体（平均值）	前字	21.3	11.4
	后字	20.7	7.3
	下倾度(%)	4	29

根据图2和表3可知，句末四音节词调域的上线和下线均表现为音高下倾，其中下线的总体下倾度(29%)大于上线(4%)25%。

综合三音节和四音节的音高下倾度的表现，女性的音高下倾度普遍大于男性，上线和下线的平均下倾度，女性（上线6%，下线31%）分别大于男性（上线3%，下线17%）3%和14%。

邓丹、石锋(2009)曾以一名女性专业播音员的400个普通话陈述句的语料库为研究对象，分别对普通话不同位置（句首、句中和句末）的三音节和四音节韵律词（即本文所指的词调域）的音高下倾度进行计算和分析。本文用相同的计算方法，且研究对象为多位普通话母语者所发的真实语句，我们将本文的结果和邓丹、石锋(2009)的结果进行对比。

表4 三音节韵律词的下倾度(邓丹、石锋 2009)

	上线			下线		
	首	中	末	首	中	末
前字	28.33	26.08	24.52	21.05	16.77	14.98
后字	25.8	23.83	22.33	15.53	13.87	10.32
下倾度(%)	19.8	18.4	15.4	43.1	23.7	32.8

表 5　四音节句末韵律词的下倾度(邓丹、石锋 2009)

	句末上线	句末下线
前字	25.80	16.16
后字	21.83	9.48
下倾度(%)	24.3	40.9

通过比较表 2 和表 4,表 3 和表 5,我们看到二者共同点和不同点并存。

共同点:句首三音节词调域(韵律词)的下线、句中和句末三音节词调域的上线和下线,句末四音节词调域的上线和下线均表现为音高下倾,且都是下线的音高下倾幅度显著大于上线。

不同点:邓丹、石锋(2009)的研究表明不同位置的三音节词调域(韵律词),无论上线和下线均表现为音高下倾,而本文的研究结果显示句首三音节词调域(韵律词)的上线无论男、女均表现为音高上升;无论三音节还是四音节词调域,本文所得到的上线和下线的下倾度均小于邓丹、石锋(2009)的结果。

以上的差异可能与语料来源的不同以及发音人选择的不同都有关系。

本文的语料为口语色彩较浓的 6 个真实句子,然后按照不同位置的三音节、四音节词调域(韵律词)分别进行统计计算,另外本文的句末四音节动宾短语类似离合词,其紧密程度相对较低。邓丹、石锋(2009)的语料来自以自然方式朗读的 400 个句子组成的语料库,通过感知判断,从语料库中切分得到三音节和四音节词调域(韵律词),而后根据不同的声调组合进行相应的统计计算。

本文的发音人均为没受过专业训练的北京话母语者(3男、3女),说话处于自然状态。邓丹、石锋(2009)的研究所选择的发音人为受过专业训练的女性播音员,各字音的发音都比较饱满,即讲究字正腔圆。另外,本文的研究也表明女性的音高下倾度普遍大于男性。

3.6　词调域内部的降阶

不同位置的词调域内部既有音高下倾的作用,又有降阶的作用,而且它们对于音高的影响常常叠加在一起。本文通过"降阶度"的计算,将"下倾"和"降阶"的叠加作用进行分离,即将"下倾"的作用剥离出去,进而单独考察不同位置词调域内部的降阶作用的量化表现。

"降阶度"就是将某个句子中某一位置的词调域内部前接"阴平"高调(下倾作用)的字音音高值(最高点和最低点)分别减去另一句子中该位置的词调域内部前接"上声"低调(降阶作用)的该位置字音的音高值(最高点和最低点),所得到的音高差值(St)(最高点和最低点)再分别除以该位置的词调域音高跨度(St),进而得到"降阶度"的百分比数值。具体的计算方法:

最高点降阶度 = H1 - H3/Hi - Le

最低点降阶度 = L1 - L3/Hi - Le("1"和"3"分别代表阴平和上声)

"H1"指某个句子中某一位置的词调域内部前接"阴平"高调的字音的最高点音高值,"H3"指另一句子中此位置的词调域内部前接"上声"低调的相同位置字音的最高点音高值,"L1"指某个句子中某一位置的词调域内部前接“阴平”高调的字音的最低点音高值，“L3”指另一句子中此位置的词调域内部前接“上声”低调的相同位置字音的最低点音高值。“Hi”指语句调域中此位置词调域中首音节的声调聚合中最高点的音高值，“Le”指语句调域中此位置词调域中末音节的声调聚合中最低点的音高值。

表6　词调域内部的降阶度

		男(平均值)		女(平均值)		总体(平均值)	
		最高点	最低点	最高点	最低点	最高点	最高点
a.句首中字	(1+)1	17.9	17.3	26.2	25.8	22.1	21.6
	(3+)1	16.2	14	25.5	24.4	20.9	19.2
	降阶度(%)	21	40	8	16	14	28
b.句首末字	(1+)1	16.6	16.1	25.8	25.7	21.2	20.9
	(3+)1	14.2	13.3	22.6	22.0	18.4	17.7
	降阶度(%)	29	34	37	43	33	38
c.句首末字	(1+)3	13.7	9.0	23.3	18.3	18.5	13.7
	(3+)3	13.1	8.4	23.2	17.7	18.2	13.1
	降阶度(%)	7	7	1	7	4	7
d.句末中字	(1+)1	16.7	15.8	25.7	24.8	21.2	20.3
	(3+)1	13.9	13.1	23.1	22.1	18.5	17.6
	降阶度(%)	24	23	16	17	20	20

注：“1”和“3”分别代表阴平和上声。

根据“降阶度”的计算方法，本文从Ⅰ到Ⅵ的6个句子中选择4对调类组合，来具体考察“降阶”的量化作用，具体见表6。

表6显示：降阶对于音高的降低作用显著大于下倾的作用（降阶度的数值全部为正）。男性（平均值）降阶度的范围为7%—40%，女性（平均值）降阶度的范围为1%—43%，总体（平均值）降阶度的范围为4%—38%。

将a和b进行对比可知，句首词调域内部，末字的降阶度显著大于中字的降阶度，女性（平均值）和总体（平均值）的表现更显著。末字女性（平均值）最高点和最低点的降阶度分别大于中字29%和27%，末字总体（平均值）最高点和最低点的降阶度分别大于中字19%和10%。

将b和c进行对比可知，降阶对于后接高调（阴平调）的作用要显著大于对于后接低调（上声调）的作用。总体（平均值）的降阶度显示，阴平的最高点和最低点分别大于上声29%和31%。这可以从发音生理上得到解释。因为上声调本身已经处于调域的下线，其下降的空间已经很小，如果音高继续降低，声带会非常紧张和费力；相反，阴平则处于调域的上线，其下降的空间很充裕，音高降低时，声带会比较放松和省力。

将a和d进行对比可知，句首和句末词调域内部的降阶度相差不大，而且最高点和最低点的降阶度存在互补性，如a最高点的总体（平均值）比d小6%，a最低点的总体（平均值）比d大8%。

3.7 结论

本文首次系统地区分出下倾和降阶的作用层次，并以六位北京话母语者的陈述句作为研究语料，分别考察了①语句调域和词调域两个层次上的音高下倾的量化表现；②不同位置的词调域内部，利用“降阶度”将下倾和降阶的叠加效应有效分离，进而得出降阶作用的量化表现。

语句调域的音高下倾表明：普通话陈述句语句调域，上线和下线的整体走势均为音高下倾，且下线的下倾度比上线更显著。

词调域的音高下倾表明：句首、句中和句末词调域的内部均出现了音高下倾，其中包括上线和下线的下倾。句首词调域上线没有表现为音高下倾，相反，为音高上升，但上升的幅度比句首词调域下线下降的幅度小很多。下线下倾度按照句末＞句首＞句中的顺序依次递降，且从数值上来看，句末词调域下线的下倾度与语句调域下线的下倾度最为接近。无论三音节还是四音节的音高下倾度，女性普遍大于男性。通过将本文的结果与邓丹、石锋(2009)的研究结果进行对比，我们发现：词调域整体的音高下倾趋势，以及下线下倾度显著大于上线等主要方面的结论是相同的；而本文词调域的下倾度相对较小，以及三音节句首词调域上线的上升等次要方面的结论略有不同，这些差异可能是由两项研究中语料来源的不同以及发音人选择的不同等原因造成的。

词调域内部的降阶表明：词调域内部，降阶对于音高的降低作用显著大于下倾的作用(降阶度的数值全部为正)。句首词调域内部，末字的降阶度显著大于中字的降阶度。降阶对于后接高调(阴平调)的作用显著大于对后接低调(上声调)的作用。句首和句末词调域内部的降阶度相差不大，而且最高点和最低点的降阶度存在互补性。

四 “了$_1$”“了$_2$”在汉语语调中的表现[①]

4.1 引言

“了”是汉语中重要的助词，在汉语的时态标记和语气等方面都起着十分重要的作用。根据《现代汉语八百词》(吕叔湘 1980)，汉语中的“了”有两个，“了$_1$”和“了$_2$”。“了$_1$”被称作词尾“了”，用在动词后，表示动作的完成。如动词有宾语，“了$_1$”用在宾语前。如：我已经问～老汪｜蔡老师早就看出～问题。“了$_2$”被称作句尾“了”，用在句末，主要肯定事态出现了变化或即将出现变化，有成句的作用。如：小明也喜欢跳舞～(已经开始喜欢)｜他同意我去～(已经同意)。

多位学者都曾对“了”的语法性质、表现和功能等进行过深入探讨。赵元任(1980)将语助词“了”的用法划分为7种类型。胡明扬(1981)认为：“了$_2$”实际上是“了$_1$”加“肯定”(或“确认”)语气，是动态·语气助词。赵世开、沈家煊(1984)对英汉翻译中“了$_1$”和“了$_2$”时体特征的出现频率进行过细致的统计，结果证明：“了$_1$”倾向于表现一般过去时和完成体，而“了$_2$”倾向于表现一般现在时和将来时。刘勋宁(1990)认为词尾“了”只在句子结构内部起作用，它表明的只是谓词本身的一种情状；而句尾“了”不同，它联系着交际双方的关系，决定着句子的性质(句子与句子的关系)。张伯江

① 原文与刘叶、王萍合作，发表于《汉藏语学报》2012年第6期。

(2005)认为"了$_1$"的作用范围是在中心谓语上，表明句子的时体特征；"了$_2$"的作用范围在整个句子上，表明句子命题内容与说话情境之间的关系，即"了$_1$"的辖域是动词，"了$_2$"的辖域是整个语句。陈小红(2007)认为"了$_1$"表"实现"，常与句中其他成分一起，共同构成"完成"或"持续"等，属于整个句子的情状义；"了$_2$"凸显"现在"时并有"延续"义。Wu Guo(2001)从篇章语段的角度，对"了"的"更新信息"(updating)这一功能做了极为详尽的考察。以上研究，使我们对助词"了"的语法性质、意义和功能等方面有了清楚的认识，从而为后续的语调研究奠定了坚实的基础。

以"语调格局"(石锋 1999)的思路为基础，石锋、王萍、梁磊(2009)和王萍、石锋(2010)利用"起伏度"的方法分别对汉语普通话的陈述句和疑问句的整体语调格局进行了初步分析，结果表明：陈述句的整体音高走势为音高下倾；疑问句的音高趋势为调域的整体提高和扩展。同时，划分句调域和词调域、计算起伏度的方法可以对语句音高进行量化分析，从而实现不同发音人之间的可比性。陈怡、石锋(2011)分别考察汉语普通话中四组不同位置强调焦点句的"起伏度"音高表现，发现：和自然焦点相比，强调焦点所在词调域最大化扩展，覆盖全部语句调域；焦点前词调域的域宽居中，具有相对稳定的音高表现，焦点后词调域的域宽大幅压缩。王萍等(2011a,2011b)系统地区分出下倾和降阶的作用层次：前者包含两个层次，全句的音高下倾和句子内部词调域的音高下倾；后者只包含词调域这一个层次。同时，还利用实验的方法证明：语调结构是有层级性的、立体的，句调域内部不同位置的词调域、词调域内部不同位置的字调域，尤其是句末词调域内部的字调域，它们的音高表现具有很强的同构性。以上对于语调的研究，使我们不断深入地认识到语调格局的基本结构模式，以及其内部不同层级单位间的相互关系，进而能够逐步揭开语调的神秘面纱。

目前，语调研究领域，对于不带助词的陈述句关注较多，但对于带助词的陈述句关注却很不够。而且，鉴于上文语法学界有关“了”的研究，我们清楚地认识到：作为时态助词的词尾“了”和作为语气助词的句尾“了”，它们在词性、意义和语法功能等方面均存在明显的不同，那么这种语法层面的不同是否会在语调和韵律层面有相对应的表现？如果答案是肯定的，二者对于语调层级的作用域以及具体的量化表现又是怎样的？以上述问题为关注点，同时运用“起伏度”的计算方法，本文对三类语句（不带“了”的陈述句、带“了$_1$”的陈述句、带“了$_2$”的陈述句）进行系统的对比分析，具体考察句调域、词调域的音高跨度和分布位置，以及语调起伏度的音高表现，从而归纳出“了$_1$”“了$_2$”在语调中的基本韵律表现。

4.2 实验说明

本文的实验句是在沈炯（1986）的基础上适当修改而成的，共有以下3组：

Ⅰ 不带“了”的陈述句（以下简称“无‘了’句”）：

a 张中斌星期天修收音机。 b 吴国华重阳节回阳澄湖。

c 李小宝五点整写讲演稿。 d 赵树庆毕业后到教育部。

e 李金宝五时整交讲话稿。 f 李小刚五点半写颁奖辞。

Ⅱ 带“了$_1$”的陈述句（以下简称“‘了$_1$’句”）：

a 张中斌星期天修了收音机。 b 吴国华重阳节回了阳澄湖。

c 李小宝五点整写了讲演稿。 d 赵树庆毕业后到了教育部。

e 李金宝五时整交了讲话稿。 f 李小刚五点半写了颁奖辞。

Ⅲ 带"了$_2$"的陈述句(以下简称"'了$_2$'句"):

a 张中斌星期天修收音机了。 b 吴国华重阳节回阳澄湖了。

c 李小宝五点整写讲演稿了。 d 赵树庆毕业后到教育部了。

e 李金宝五时整交讲话稿了。 f 李小刚五点半写颁奖辞了。

发音人共有六位(3 男、3 女),他们都是南开大学的学生,在北京出生、长大,母语均为北京话。录音在南开大学语音实验室进行,录音软件为 Cool Edit。每位发音人都以自然状态、平稳语速发音,不出现语义强调和情感色彩。每个实验句连续说 3 遍,句与句间隔 4 秒,共得到 6×3×6×3=324 个样品句。

使用专业语音分析软件"桌上语音工作室"(Mini-speech-Lab)对样品句进行声学实验,测算出音高数据,赫兹到半音的转换可由软件自动完成①。为了过滤掉不同发音人调域高低和宽窄的个性差异,使他们的实验结果具有可比性,本文的所有计算均以百分比值为单位,它是在半音(St)的基础上转化得到的,具体的计算方法参见石锋、王萍、梁磊(2009)。同时,为把三组语句(无"了"句、"了$_1$"句、"了$_2$"句)放在同一水平上比较分析,将每位发音人这三组语句的所有半音值数据放在一起,选择其中的最高点、最低点分别作为调域的两极,即 100%和 0%,计算它们的百分比值。再

① 从赫兹到半音转换的计算公式为:$St = 12\lg(f/fr)\lg 2$。其中"f"表示需要转换的赫兹数值,"fr"表示参考频率,男性设为 55 赫兹,女性设为 64 赫兹。

以百分比值为单位，分别计算句调域和词调域的音高跨度、上线/下线的分布位置，以及词调域间的音高“起伏度”。“起伏度”的计算是以词调域的百分比数据（上线/下线）为依据进行的，它可以将不同年龄和性别的发音人、不同语气和口气类型的语句放置在同一空间中对照比较，在可比性的基础上进一步具有可统计性，使语调研究进入量化分析过程，具体的计算方法参见石锋、王萍、梁磊（2009）。全部计算使用 Excel 程序完成，并作出统计图表。

4.3 句调域中的“了$_1$”“了$_2$”

根据分布位置，在句调域内部划分出不同的词调域（句首词调域、句中词调域、句末动宾短语又细分为句末单音动词和句末宾语词调域），各词调域中最高的上线就是全句调域的上线，最低的下线就是全句调域的下线，这样就得出句调域。以百分比值（%）为基础，分别计算：三组语句（无“了”句、“了$_1$”句、“了$_2$”句）中，男性发音人（3 位）、女性发音人（3 位）、全体发音人（6 位）的句调域上线、下线以及音高跨度的平均值。具体数据见表 1。

表 1　句调域平均音高跨度（%）

	男	女	总体
无“了”句	95 （2－97）	96 （3－99）	95 （3－98）
“了$_1$”句	94 （6－100）	97 （1－98）	96 （3－99）
“了$_2$”句	89 （5－94）	90 （7－97）	90 （6－96）

表 1 表明“了$_1$”句和“了$_2$”句句调域的表现是不同的。具体来说：①句调域的音高跨度，“了$_1$”句和无“了”句相差不大；“了$_2$”句和无“了”句相差较大，即“了$_2$”句的调域有一定的压缩，压缩的幅度为 5%—6%。也就是说，“了$_1$”句和“了$_2$”句相差较大。②句调域上线/下线的分布位置，和无“了”句相比，“了$_1$”句，男性重在上线和下线的提高（4%和 3%），女性重在上线和下线的降低（1%和 2%），但总体显示，无“了”句和“了$_1$”句相差不大；和无“了”句相比，“了$_2$”句，男性和女性均以下线的提高和上线的降低为主（男性，均为 3%；女性，上线 4%，下线 2%），总体显示，上线降低 2%，下线提高 3%。

4.4　词调域中的“了$_1$”“了$_2$”

为考察“了$_1$”“了$_2$”在句首、句中、动词以及句末宾语词调域中的表现，本文以百分比值（%）为单位，分别计算：三组语句（无“了”句、“了$_1$”句、“了$_2$”句），男性发音人（3 位）、女性发音人（3 位）、全体发音人（6 位）每个词调域的上线、下线以及音高跨度的平均值，具体数据见表 2。将以上全体发音人三组语句的数据分别画在 3 张图中，语句的时长采用归一的方法，这样就得到词调域图（图 1）。

图 1 和表 2 表明：相对于无“了”句，“了$_1$”句和“了$_2$”句的词调域都会不同程度地被压缩。

和无“了”句相比，“了$_1$”句，动词、句首词调域、句末词调域压缩的程度较明显，从具体的数据来看，动词被压缩的情况表现最稳定，幅度为 7%—8%，句末、句中词调域被压缩的情况较稳定，幅

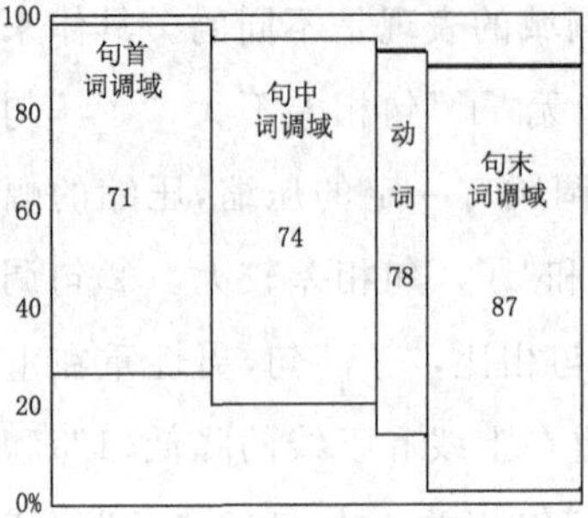

图1a　无“了”句

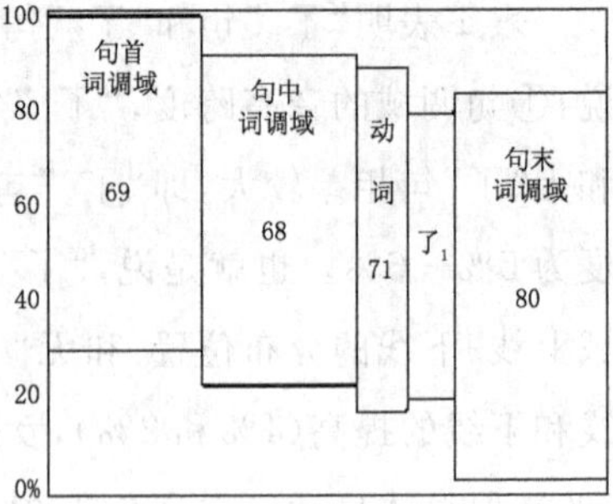

图1b　“了$_1$”句

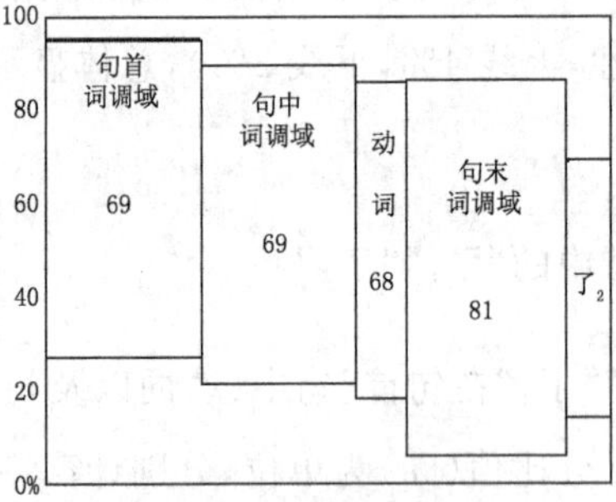

图1c　“了$_2$”句

图 1　词调域图

表 2　词调域平均音高跨度(%)

		句首词	句中词	动词+(了$_1$)	句末词+(了$_2$)
男	无“了”句	73 (25-97)	76 (17-94)	80 (10-91)	86 (2-89)
	“了$_1$”句	70 (30-100)	68 (24-92)	73 (15-89)	81 (6-88)
	“了$_2$”句	70 (24-94)	70 (19-89)	71 (13-85)	83 (5-87)

续表

女	无“了”句	70 (29－99)	72 (24－96)	77 (18－95)	87 (3－90)
	“了$_1$”句	69 (30－98)	68 (21－90)	69 (19－88)	78 (1－78)
	“了$_2$”句	68 (29－97)	67 (24－91)	66 (23－88)	81 (6－87)
总体	无“了”句	71 (27－98)	74 (21－95)	78 (14－93)	87 (3－89)
	“了$_1$”句	69 (30－99)	68 (22－91)	71 (17－88)	80 (3－83)
	“了$_2$”句	69 (27－96)	69 (21－90)	68 (18－87)	81 (6－87)

度分别5%—9%、4%—8%，句首词调域压缩的程度最低，为1%—3%。男性和女性，他们的上线和下线对于词调域压缩的贡献存在规律性的差别。具体来说，动词、句中和句末3个词调域，男性都重在下线的变化（分别为5%、7%、4%），女性则重在上线的变化（分别为7%、6%、12%）。

和无“了”句相比，“了$_2$”句，动词压缩的程度最高，为9%—11%，句中词调域和句末宾语压缩的程度次之，分别为5%—6%和3%—6%，句首词调域压缩的程度最小，为2%—3%。男性、女性，他们的上线和下线对于词调域压缩的贡献较一致，都是通过提高下线和降低上线来完成，且都以上线的变化为重。

通过上述分析可知：“了$_1$”句和“了$_2$”句，它们的相同点：动词压缩程度最高，句中和句末词调域压缩的程度次之，句首词调域压缩的幅度最小。它们的不同点:“了$_1$”句,动词被压缩的幅度比“了$_2$”句小2%—3%,而句中和句末词调域被压缩的幅度分别比“了$_2$”句大1%—2%、1%—3%。刘勋宁(1999)认为词尾“了”(“了$_1$”)是焦点动词的标志,它所依附的动词称作“焦点动词”。而焦点(非末)的实现是通过扩展焦点所在词的音高范围,压缩降低焦点后的词的音高范围来实现的(Liu & Xu 2005; Xu & Xu 2005)。所以,我们认为:在“了$_1$”对词调域的压缩和“焦点”对于词调域的扩展的双重交互作用下,使得“了$_1$”句中动词被压缩的幅度小于“了$_2$”句。

4.5 “了$_1$”“了$_2$”在语调起伏度中的表现

语句音高的起伏度是进行语调量化分析的重要指标,本文利用“起伏度”方法,进一步考察“了$_1$”“了$_2$”在语调起伏度中的表现。具体来说,以百分比值(%)为单位,分别计算:三组语句(无“了”句、“了$_1$”句、“了$_2$”句),男性发音人(3位)、女性发音人(3位)、全体发音人(6位)每个词调域的上线、下线的平均值。然后再分别计算各个相邻词调域间的起伏度,如,句中词调域的起伏度(上线/下线)=句首词调域的上线/下线-句中词调域的上线/下线,其他位置词调域的“起伏度”计算可依此类推。“了$_1$”“了$_2$”在语调起伏度中的表现见图2。

图2中,句首词调域分别标注起始点的百分比值,即句首词调域的上线和下线值。句中词调域、动词、句末词调域分别标注相对于其前一相邻词调域,它们各自的起伏度,具体算法前面已经说明,这里不再赘述。考虑到“了”的附着性,而且它并不会影响其所

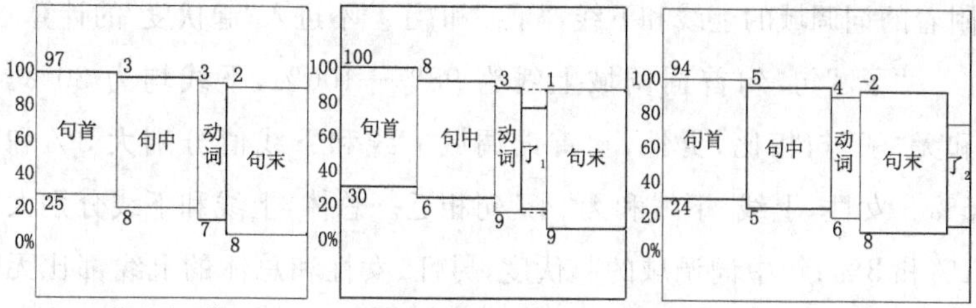

无“了”句　“了$_1$”句　“了$_2$”句

图2a　男性语调起伏度

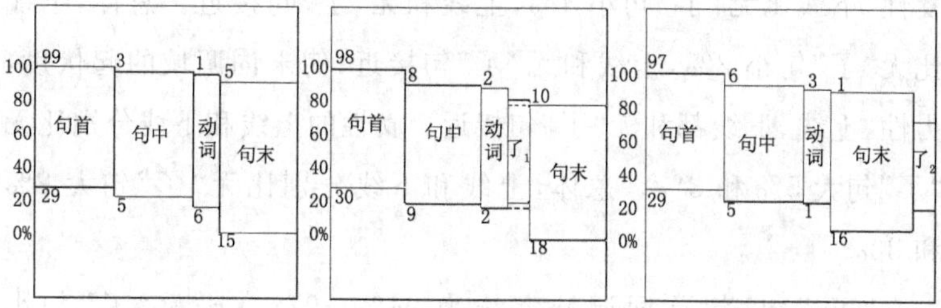

无“了”句　“了$_1$”句　“了$_2$”句

图2b　女性语调起伏度

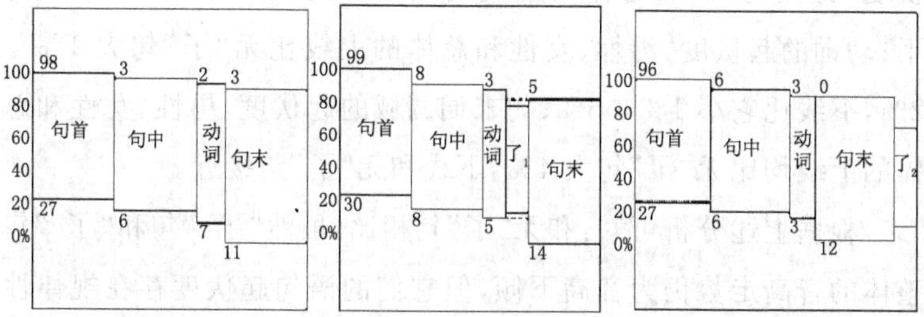

无“了”句　“了$_1$”句　“了$_2$”句

图2c　男性语调起伏度

图 2　语调起伏度表现

附着的词调域的上线和下线，“$了_1$”和“$了_2$”不进入“起伏度”的计算。

“$了_1$”句，句首词调域上线为98%—100%，下线均为30%。和无“了”句相比，男性，句首词调域上线和下线值分别大3%和5%。女性，上线、下线和无“了”句相近。总体，上线和下线分别大1%和3%；句中词调域的起伏度，男性、女性和总体的上线都比无“了”句大3%，男性和总体的下线比无“了”句大4%和2%；动词的起伏度，男性的下线比无“了”句大2%，上线和无“了”句相同。女性，下线比无“了”句小4%，上线和无“了”句接近。总体，下线比无“了”句小2%，上线和无“了”句接近；句末词调域的起伏度，男性，上线、下线都和无“了”句接近。女性的上线和下线分别比无“了”句大5%和3%。总体，上线和下线分别比无“了”句大2%和3%。

“$了_2$”句，句首词调域上线为94%—97%，比无“了”句小2%—3%，下线为24%—29%，和无“了”句相近；句中词调域的起伏度，男性、女性和总体的上线比无“了”句大2%—3%，下线持平；动词的起伏度，男性、女性和总体的上线比无“了”句大1%—2%，下线比它小1%—5%；句末词调域的起伏度，男性、女性和总体的上线均比无“了”句大4%，下线和无“了”句接近。

根据上述分析可知：和无“了”句相比，虽然“$了_1$”句和“$了_2$”句整体的音高走势仍为音高下倾，但它们的语句起伏度存在规律性差异，总的来看，“$了_1$”句主要表现为下线的变化，“$了_2$”句主要表现为上线的变化。同时，二者的句首词调域的相对位置也不同，“$了_1$”句的上线/下线均高于无“了”句，而“$了_2$”句的上线低于无“了”句，下线基本与无“了”句持平。由此可见，“$了_1$”和“$了_2$”语法性质、功能和狭域等方面的不同，在语调起伏度中存在相对应的表现，能够对语法研究提供一定的辅助作用。

4.6 结论

基于“语调格局”（石锋 1999）的思路，本文对三类语句（不带助词的陈述句、带“了$_1$”的陈述句、带“了$_2$”的陈述句）的句调域、词调域的音高跨度、语调起伏度等方面的表现进行了系统的分析和比较，发现“了$_1$”和“了$_2$”不同的语法性质、功能和辖域在语调中存在相对应的反映和投射。本文的研究可以为带其他助词语句的语调探索提供一定的参考。

根据实验结果，我们发现“了$_1$”和“了$_2$”语调表现的不同主要可以归纳为以下几点：

(1)句调域的音高跨度、上线/下线的分布位置，相对于无“了”句，“了$_1$”句和它相差不大，“了$_2$”句的句调域有一定程度的压缩，男性、女性以及总体均表现为上线的降低和下线的提高。这说明，“了$_1$”、“了$_2$”的表现可以和它们不同的语法辖域相对应。即“了$_1$”的辖域是动词，“了$_2$”的辖域是整个语句（张伯江 2005）。

(2)词调域的音高跨度，相对于无“了”句，虽然每个词调域都不同程度地被压缩，但“了$_1$”句，动词被压缩的幅度要小于“了$_2$”句，而句中、句末词调域被压缩的幅度大于“了$_2$”句。这可以看作“了$_1$”所标记的焦点动词（刘勋宁 1999）在语调中的相应表现。

(3)语调起伏度，和无“了”句相比，总的来看，“了$_1$”句主要表现为下线的变化，“了$_2$”句主要表现为上线的变化。同时，它们二者的句首词调域的相对位置也不同，即“了$_1$”句高于“了$_2$”句。

五　呼吸话语节律的初步分析[①]

5.1　引言

说话的三部曲是呼吸(respiration)、发声(phonation)及发音(articulation)(王士元 2008)。作为说话的动力,呼吸在言语产生的过程中有着非常重要的作用。参与呼吸过程的胸肌和腹肌各有四种,神经线共七条,说明言语呼吸是一个复杂的生理过程。这些敏感、复杂的肌肉运动与认知因素相综合,对言语呼吸有重要影响(MacLarnon & Hewitt 1999),同时与韵律、语义也有着对应的关系。有研究表明,由于语义表达和听觉感知的需要,每一个气呼的节落大致对应一个简单的意义单元(Passy 1930),这些"气呼节落"被 Lieberman(1967)称为"呼吸群(breath-group)",它们是产生和感知语调的重要单位。郑秋豫(Tseng 2005)在"阶层式多短语语流韵律(HPG)"架构中也将"呼吸组"作为一级重要的韵律单位。谭晶晶、李永宏、孔江平(2008)则讨论了不同文体朗读时呼吸节奏变化的现象。

以上研究均表明,呼吸在话语理解和韵律产生中有着重要作用,一方面话语呼吸受言语处理等心理方面的制约而表现出与自然呼吸不同的节律特征,另一方面它又从生理角度将底层语义外

---

① 原文与白学军、张锦玉、朱昭红合作,发表于 Journal of Chinese Linguistics, 38.2.2010。中文译稿载《语言学译林》等 2 辑,世界图书出版公司,2012。

化到表层语音韵律上来,形成呼吸群。因此,研究呼吸在话语节律中的表现对于揭示言语处理过程及生理机能与韵律结构间的关系就具有重要的意义。本文拟利用呼吸传感器记录说话时的呼吸信号,通过解读呼吸曲线和分析各种呼吸参数,进而揭示呼吸在话语节律中的表现及其与韵律、语义的关系。

5.2　实验方法

5.2.1　被试

本实验选取 5 男 7 女 12 名被试,平均年龄 26 岁,普通话均达到国家普通话测试一级乙等水平。

5.2.2　实验材料

实验语料为小故事“北风跟太阳”,被试实验前要充分练习,达到熟练程度,然后再以中等语速朗读。

5.2.3　语料录制和数据采集

本实验语料的录制和呼吸数据采集均在天津师范大学心理学研究所情绪实验室中进行。语音文件由 Audacity 软件录制,音频采样率为 11025Hz,16 位单声道。呼吸数据的采集利用美国 BIOPAC 公司生产的 MP150 数据采集系统(BIOPAC Systems MP150)3.0 版,后期数据采用该仪器自带软件 Acqknowledge 进行分析。

为了达到最大的呼吸测量灵敏性,实验时让被试吸气并屏气,在最大吸气时,将呼吸传感器(TSD101)的绷带绕被试胸部固定,使呼吸带接近最大张力,然后将传感器的两个针头插入呼吸描记放大器(RSP100A)的两个输入端,即可进行呼吸记录。同时将麦克风置于被试口边记录语音。

5.2.4　实验过程

5.2.4.1　参数说明及相对化

图1是一段呼吸曲线，其中横轴表示时间，纵轴表示由呼吸引起的电压变化幅度。曲线中的上升段表示吸气，下降段表示呼气。本实验使用的参数主要有吸气时长 Ti，呼气时长 Te，呼吸峰值 P，呼吸谷值 V，其他参数均可由以上参数计算得到。

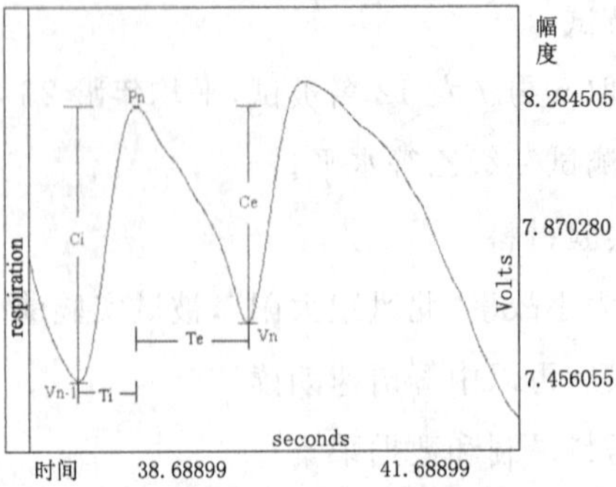

图1　呼吸曲线示例

由于不同被试呼吸幅度的绝对值不同，因此要进行比较，就需要将绝对的呼吸幅度相对化。这里我们提出呼吸度（H值），即

H＝（P－Vmin）/（Pmax－Vmin）

其中，P为某点的呼吸幅值，Pmax为被试呼吸中的最大峰值，Vmin为呼吸中的最小谷值，H即为该点的呼吸度。H值越大，呼吸度越大，呼吸幅度也越大；H值越小，呼吸度越小，呼吸幅度也越小。由于H值是一个相对化的值，可以用来比较不同被试之间的呼吸特征，因此本文中的呼吸幅度均换算为H值进行计算。

由于呼吸曲线的斜率可以综合反映呼吸中时间与幅度的关系以及呼吸的变化情况，因此本文将呼吸斜率作为考察话语节律的敏感指标和主要参数。由图 1 可见，Ci 为某段呼吸曲线的前部峰谷差，Ce 为后部峰谷差，Ci 与 Ti 的比值就是吸气斜率 Ki，Ce 与 Te 的比值则为呼气斜率 Ke。若设 Vn－1，Vn，Pn 的呼吸度分别为 H vn－1，H vn，H pn，则有：

Ki = Ci/Ti =（Hpn － H vn－1）/ Ti

Ke = Ce/Te =（ Hvn － H pn）/ Te

其中吸气曲线均为上升状曲线，其斜率为正，斜率值越大，吸气速度越快，坡度越陡；呼气曲线均为下降状曲线，其斜率为负，斜率值越小，呼气速度越快，坡度越陡。为了方便，本文均采用斜率的绝对值进行比较，即斜率的绝对值越大，呼吸曲线的陡度越大；斜率的绝对值越小，呼吸曲线的陡度越小。

5.2.4.2　数据提取及统计分析

设定一个临界值，Acqknowledge 软件可以对呼吸曲线的峰谷进行自动标注并记录其时间及幅值。本实验采用自动标注和手动标注相结合的方法，目的是修正自动标注中的错误并进一步将标注细化。数据提取完成后，根据起伏特征和峰谷差的大小将呼吸曲线划分为呼吸群、呼吸段、呼吸节三类，其中呼吸群是表现为全呼吸的段落；呼吸段是表现为半呼吸的段落；呼吸节是表现为微呼吸的段落[①]。将相应的数据进行分类统计后，再把生理上的呼

---

① 峰谷差在 0.5 以上的为全呼吸，在 0.2—0.5 之间的为半呼吸，在 0.2 以下的为微呼吸。

吸单位与语言中的韵律单位进行对比，从而确定二者之间的对应关系。

5.3 实验结果和讨论

5.3.1 话语呼吸与自然呼吸的差异

B. Conrad 和 P. Schönle(1979)认为言语呼吸与平静呼吸的表现不同。平静呼吸时，吸气时长和速率与呼气时的大小范围是相似的；而在说话时，吸气时长变短且速率增快，呼气时长变长且气流量明显减小。正如 MacLarnon 和 Hewitt(1999)所指出的，人类对于平静呼吸的调节对言语产生是非常重要的，它使得人们在快速吸气后产生了一个较长的呼气阶段，而短促的吸气段则对应了一个有意义的语言停顿。Ryalls 和 Behrens(2000)也指出，在说话时，人体的呼吸周期有 90%用于呼气，只有 10%用于吸气，呼气过程远远大于吸气过程。汉语言语呼吸与平静呼吸的差别也是这样。图 2 为三位被试自然呼吸(左侧)与话语呼吸(右侧)曲线的对照图。自然呼吸时，呼吸节律平稳，平均频率约为 16 次/分。呼吸波呈准正弦波分布，一般为单一的对称峰，呼吸时长、幅度和速率基本相同，是自然状态下呼吸的表现形式。而话语呼吸曲线峰形多样，包括平台型、斜坡型和多峰型三种，是呼吸活动受到语句结构、语句意义和情绪影响的动态表现。呼气段也并非一降到底，而是降中有升，表现为各种下降类型的共现。可见，呼气曲线的升降变化是呼吸肌肉控制肺部气流和声门下气压的表现，是人们在说话时话语结构、话语意义以及情感表达的伴随现象，反映了说话人对不同级别韵律单位的理解和处理过程。

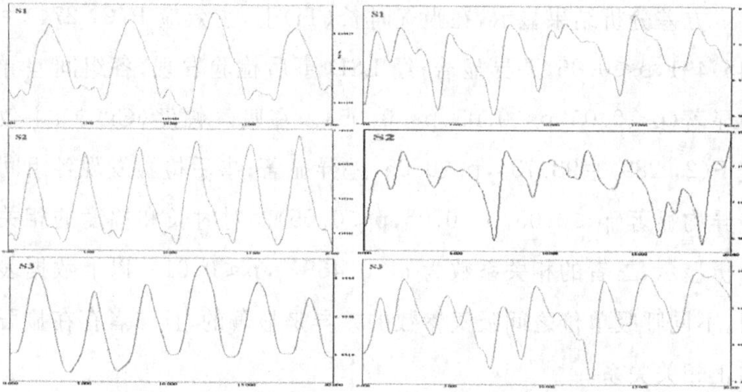

自然呼吸　　话语呼吸

图 2 自然呼吸曲线与话语呼吸曲线对照图

5.3.2 吸气段在话语节律中的表现

5.3.2.1 吸气时长(Ti)与吸气幅度(Ci)

吸气段对应于语句间的较大停顿,而吸气段峰谷差则反映了不同呼吸单位前吸气幅度的大小。研究结果表明:呼吸群前的吸气时长最长,吸气幅度最大;呼吸节前的吸气时长最短,吸气幅度最小;呼吸段前的吸气时长和吸气幅度都介于呼吸群和呼吸节之间,见表 1。

表 1 不同呼吸单位前吸气时长和吸气幅度表

	呼吸群		呼吸段		呼吸节	
	平均值	标准差	平均值	标准差	平均值	标准差
吸气时长	0.76	0.12	0.62	0.11	0.41	0.16
吸气幅度	0.62	0.17	0.35	0.20	0.10	0.08

方差分析结果显示，在吸气时长(Ti)上，主效应 $F(2, 274) = 145.491$，$p<0.05$，差异显著；经 LSD 事后检验发现，各组间差异均显著($p<0.05$，$p<0.05$，$p<0.05$)。在吸气幅度(Ci)上，主效应 $F(2, 289) = 93.734$，$p<0.05$，差异显著；事后检验发现各组间差异均显著($p<0.05$，$p<0.05$，$p<0.05$)。对时长和幅度的相关分析显示，二者的相关系数为 $r = 0.468^{**}$，$p<0.01$。以上数据表明，不同呼吸单位之间吸气参数的差异是显著的，且二者存在显著的正相关关系。

5.3.2.2 吸气斜率(Ki)

对不同吸气斜率的考察表明，呼吸群前 Ki 最大，呼吸段前 Ki 次之，呼吸节前 Ki 最小，见表 2。方差分析显示，吸气斜率(Ki)的主效应显著，$F(2, 302) = 64.757$，$p<0.05$；经 LSD 事后检验发现，各组间差异均显著($p<0.05$，$p<0.05$，$p<0.05$)。以上数据说明不同呼吸单位间 Ki 差异显著。

表 2 不同呼吸单位前吸气斜率表

	呼吸群		呼吸段		呼吸节	
	平均值	标准差	平均值	标准差	平均值	标准差
吸气斜率	0.81	0.33	0.60	0.33	0.26	0.19

从吸气斜率的分布区间来看，呼吸群和呼吸段两个单位有重合的部分。但偏分布分析(王萍、石锋 2008)表明，呼吸群的 Ki 集中区域位于上方，而呼吸段的 Ki 集中区域位于下方，这说明虽然二者的分布区间有所重合，但数据集中区域却没有重合，可见它们在一般情况下是可以区分开来的。

根据不同的吸气斜率值，我们将吸气段上升类型分为陡升（图3a）、缓升（图3b）、平升（图3c）三类。大致说来，陡升型曲线多出现在呼吸群前，Ki约在0.8左右；缓升型曲线多出现在呼吸段前，Ki约在0.6左右；平升型曲线多出现在呼吸节前，Ki约在0.3左右。

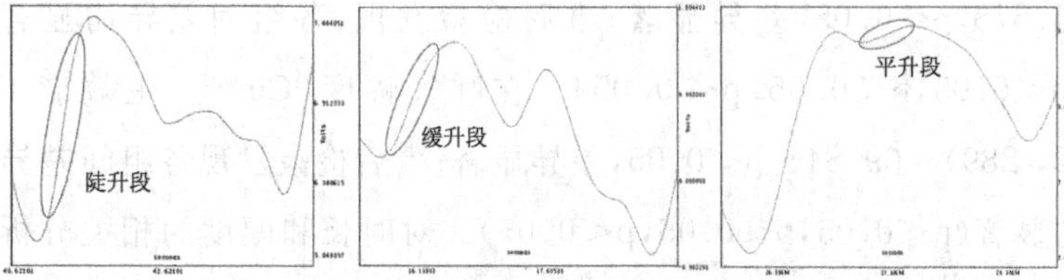

3a 陡升型吸气曲线　3b 缓升型吸气曲线　3c 平升型吸气曲线

图3 吸气段上升类型图

以上对话语呼吸中吸气段的考察表明，不同呼吸单位间在吸气时长（Ti）、吸气幅度（Ci）和吸气斜率（Ki）上的差别是很明显的，呼吸单位等级越高，吸气时长、幅度和斜率越大；呼吸单位等级越低，吸气时长、幅度和斜率越小。

5.3.3 呼气段在话语节律中的表现

5.3.3.1 呼气时长（Te）与呼气幅度（Ce）

呼气段对应于语句中的有声部分及个别的短小停顿，呼气段峰谷差则反映了不同呼吸单位总体呼气幅度的大小。研究表明，呼吸群前的呼气时长最长，呼气幅度最大；呼吸节前的呼气时长最短，呼气幅度最小；呼吸段前的呼气时长和呼气幅度都介于呼吸群和呼吸节之间，见表3。

表3 不同呼吸单位前呼气时长和呼气幅度表

	呼吸群		呼吸段		呼吸节	
	平均值	标准差	平均值	标准差	平均值	标准差
呼气时长	1.98	0.74	1.25	0.49	0.73	0.33
呼气幅度	0.60	0.20	0.33	0.18	0.15	0.09

方差分析结果显示，在呼气时长(Te)上，主效应 $F(2, 286) = 94.678$，$p<0.05$，差异显著；事后检验发现，各组间差异均显著($p<0.05$，$p<0.05$，$p<0.05$)。在呼气幅度(Ce)上，主效应 $F(2, 289) = 69.844$，$p<0.05$，差异显著；事后检验发现各组间差异均显著($p<0.05$，$p<0.05$，$p<0.05$)。对时长和幅度的相关分析显示，二者的相关系数为 $r = 0.636^{**}$，$p<0.01$。以上数据表明，不同呼吸单位之间呼气参数的差异是显著的，且二者存在显著的正相关关系。

5.3.3.2 呼气斜率(Ke)

对不同吸气斜率的考察表明，呼吸群的 Ke 与呼吸段的 Ke 平均值相同，呼吸节的 Ke 仍比较小，见表4。方差分析显示，呼气斜率(Ke)的主效应显著，$F(2, 594) = 8.268$，$p<0.05$；事后检验发现，呼吸群与呼吸段的 Ke 差异不显著($p = 0.429$)，它们与呼吸节的差异则仍然显著($p<0.05$，$p<0.05$)。以上数据说明，呼吸群与呼吸段在呼气斜率上没有明显差异，而呼吸节的呼气斜率则与二者不同，表现为较慢的呼气速率。

表4 不同呼吸单位呼气斜率表

	呼吸群		呼吸段		呼吸节	
	平均值	标准差	平均值	标准差	平均值	标准差
呼气斜率	0.26	0.15	0.26	0.15	0.20	0.11

由于说话时呼气段下降的斜率是随着韵律和语义而不断改变的，所以本文也考察了不同位置处的呼气斜率，并将呼气段分为陡降（图 4a）、缓降（图 4b）和平降（图 4c）三种类型。一般来说，陡降型曲线多出现在呼吸群和呼吸段结束前，Ke 的范围在 0.38—0.64 之间，因此可将 Ke＞0.4 的曲线看作陡降型曲线。平降型曲线多出现在较长句子的中后部，多由屏气造成，Ke 的范围约在 0.04—0.12 之间，因此可将 Ke＜0.1 的曲线确定为平降型曲线。介于陡降和平降之间的（0.1＜Ke＜0.4）就是缓降型曲线，缓降型曲线是呼吸曲线中最常见的形式。

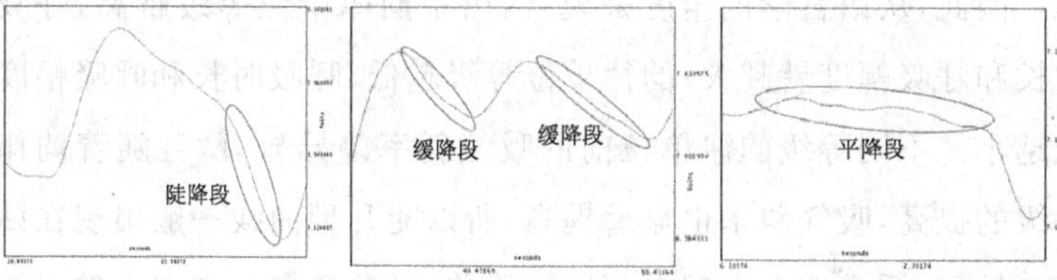

4a 陡降型呼气曲线　4b 缓降型呼气曲线　4c 平降型呼气曲线

图 4 呼气段下降类型图

以上数据表明，不同呼吸单位间在呼气时长（Te）和呼气幅度（Ce）上的差别是很明显的，呼吸单位等级越高，呼气时长、幅度越大；呼吸单位等级越低，呼气时长、幅度越小。就呼气斜率（Ke）总体情况看，呼吸群与呼吸段间没有明显差异，而呼吸节则表现为较小的斜率。

5.3.4 呼吸单位与韵律层级的对应

韵律又称节律、超音段特征、非线性特征等，主要指与强调、节奏和语调有关的言语信号成分（Lehiste 1970）。韵律包括不同的层级，它们与语音、语义、语法有着密切的联系。话语中的呼吸也被动地受语句结构、语句意义和情绪的控制，各级呼吸单位是不同的韵律层级在生理上的投影，是韵律、语法等语言单位的生理表现。因此，建立呼吸单位与韵律层级间的对应关系就成为可能。Selkirk(1984)的韵律层级模型包括话语、语调短语、大韵律短语、小韵律短语、韵律词、音步、音节几个层级。本实验根据话语呼吸曲线的特征和语篇韵律层级的分析，得到了呼吸单位与韵律层级的对应关系，即呼吸群一般对应于话语层级，呼吸段一般对应于语调短语层级，呼吸节一般对应于大韵律短语层级。

因此，从语言学的角度来说，话语中韵律单位等级越高，呼吸时长和呼吸幅度就越大；韵律单位等级越低，呼吸时长和呼吸幅度就越小。不同等级韵律单位前的吸气斜率差异显著，且随着韵律等级的提高，吸气斜率也显著提高，所以陡升型曲线一般出现在话语开始前，缓升型多出现在语调短语前，平升型多出现在大韵律短语前。

呼气斜率在话语和语调短语层级无显著差异，但大韵律短语的呼气斜率则明显较小。呼气曲线的三种类型也有规律地出现在言语韵律中：一般来说，陡降型曲线多出现在话语末和语调短语末，往往是较大韵律单位结束前的标志；缓降型曲线是呼吸曲线的主体，也是语义表达的主要载体；平降型曲线多对应于较长句子中的短暂停延、非语义焦点词及虚词。从生理角度来说，言语中的呼气首先是肺部弹性回缩造成的结果，但在一些情况下，这对于维持声门下压力是不够的。这时肋间肌和腹肌就活跃起来，从而增加了呼气动力以便维持声门下压力(Draper, Ladefoged & Whitteridge 1959)。这说明特定声门下气压的产生是要求肌肉根据肺容量而变化不同活动形式的。这正是人们根据不同韵律、语义等单位对呼气调节的生理过程,在呼吸曲线上则表现为不同的呼气幅度和呼气斜率。

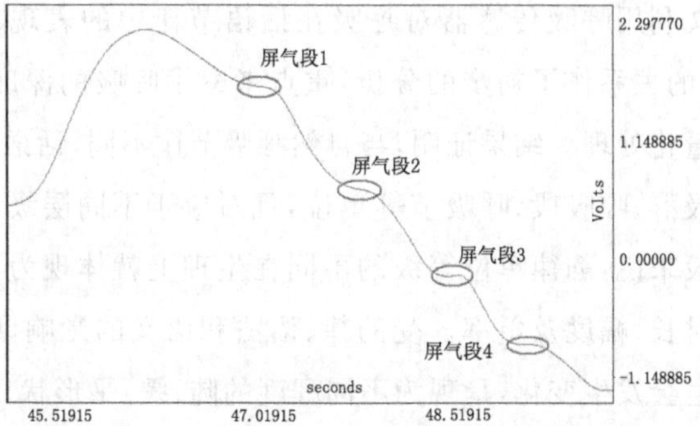

那个走道儿的(1)/马上(2)/就把那件(3)/厚大衣(4)/脱下来了。

图 5 屏气段呼吸曲线示例

平降型曲线一般由两种情况造成。一是屏气,如图 5 中被试 S3 的一段呼吸曲线,屏气段 1、4 表现为短暂停顿,屏气段 2、3 则表现为句中字音的延长,它们都是平降型曲线。可见屏气的作用就是在句中语义或语法边界处调节呼吸,停延分界,因此平降型曲线多出现在句中的短小停顿处。二是发音时用力小,这时肌肉处于相对平稳状态,音强较小,呼出的气流也较弱,它们常常出现在非强调和非重读的音节上,表现为弱读或轻声,因此多对应于非语义焦点以及结构助词、句中动词的后附成分等语义、语法单位,其斜率多在 0.10 以下。平降型曲线形成的原因也是由呼吸肌肉对声门下气压的调节造成的,因为声门下气压的控制对于人类语言的一些特征，如音强、强调、停延、声调、语调等都是非常重要的(Ladefoged 1968；MacLarnon & Hewitt 1999)。

5.4　结论

本文利用呼吸传感器对呼吸在话语节律中的表现及其与韵律、语义的关系作了初步的分析，重点考察了呼吸的深度和坡度，并将之量化处理。结果证明，与自然呼吸节律不同，话语呼吸中存在着呼吸群、呼吸段、呼吸节等单位，且对应于不同层级的韵律单位。一般来说，韵律单位等级的不同在生理上就体现为不同大小的呼吸时长、幅度及斜率。受韵律、语法和语义的影响，呼吸曲线的类型也会发生变化，呈现为不同程度的陡、缓、平形状。可见，呼吸与话语节律有着密切的联系，话语呼吸曲线反映了生理呼吸在言语处理影响下的变化。呼吸曲线的量化解读可以为研究语调、韵律等提供客观数据和量化标准，同时也有助于揭示心理感知和生理机能在处理韵律结构时的交互作用。

第五章 语调拓展研究

一 英汉陈述句和疑问句语调的对比研究[①]

1.1 引言

人类系统研究语调始于对英语语调的研究，在英语语调研究的基础上，现代语调研究业已发展为对诸多语言语调的研究，因此英语语调的研究相比其他语言语调的研究，对于语调研究理论以及实践更具有语言学价值和借鉴意义。

英语语调研究从数百年前只是语法研究的附属品到20世纪六七十年代以来的“语调繁荣”（陈虎 2008b），整体经历了语调符号标注——语调结构分析——韵律层级描述——韵律、句法、语义研究整合，从语调静态标注到语调动态描述的过程。其每阶段的研究都追随前人的探索和研究，后来者或继承或反驳前人的观点，从而发展了英语语调研究。因此一脉相承贯穿整个英语语调研究的历史，日积月累形成深厚的理论基础，为语音实验提供了现实的

① 原文与郭嘉合作，发表于《当代外语研究》2011年第9期。

可操作性，并对其他语言语调的研究产生了广泛的影响。

另一方面，由于其研究方法的延续性，英语从最初的语调标注开始，就关注对语调的客观描述，并在描述的基础上探究英语语调自身的特点。因此英语语调研究长期以来就存在只见表面特征不见深层内在关系的不对称性，即英语语调研究经过长期的发展，也只是集中在音高的标注、音高运动凸现的认识、重音模式如何体现等。因此英语语调研究的传统既有助于语调研究的系统性发展，同时也容易导致英语语调在惯性思维下难以有所突破。

石锋(1999)用“语调格局”的思路分析汉语语句的音高表现，认为“语调格局”就是指语句调型曲线的起伏格式及其所表现的各调群调域本身的宽窄和相互之间的位置关系，并基于语调格局的思路，以归一化、相对化的方法对汉语陈述句语调的音高表现进行了初步的分析(石锋、王萍、梁磊 2009)。本研究将尝试采用这种新的研究方法，进行英汉语调对比研究。

1.2　实验说明

本文实验句的语法框架以英语中最具普遍意义的主谓结构、动宾结构为基础，共设计 3 个样品句：

(1) You go to school, play sports and swim in the pool.

(2) Alice enjoys coffee, listens to music and writes novels.

(3) The students visit the company, listen to a lecture and ask questions.

本文实验选择四位发音人，两男(M1，M2)两女(F1，F2)，均来自英国利兹大学，使用标准的伦敦英语，无英语方音的影响。他们年龄均在19岁至21岁之间，职业为在校大学生。因而可以忽略年龄和教育背景的差异。录音环境安静，每位发音人均在自然平稳状态下发音，不出现语义强调和感情色彩。

采用Audacity录音软件进行录音，声卡为ONKYO USB digital audio processor Se－U33GXV。每个发音人每个实验句连续说3—5遍，取其中最稳定的3次，句与句之间间隔4秒。之后采用Praat软件对样品句进行声学分析，测出音高数据，进行统计分析。计算内容包括：分别以赫兹、半音为标度并且以百分比方式得出不同发音人的语句调域（总调域）、调群调域（分调域），以及不同调群调域之间的起伏度数据。半音（semitone）作为一种尺度衡量单位，把基频频率通过转换换成对数域中的值，从而减少了个体发音的差异而强调发音的共性。同时半音也更符合人心理听觉的感知（李爱军2005）。从赫兹到半音转换的计算公式为：

$$St = 12\lg(f/fr)/\lg 2 \qquad ①$$

其中“f”表示需要转换的赫兹数值，“fr”表示参考频率，设为64赫兹。

统计和测算内容包括：分别以赫兹、半音为标度并且以百分比方式得出不同发音人的语句调域（总调域）、调群调域（分调域）、相同调域内部的音步调域（子调域），不同调群调域之间以及不同音步之间的起伏度数据。

汉语普通话陈述句和疑问句实验句具体分析见石锋等（2009）和王萍等（2010）。实验句是在沈炯（1985）实验语句基础上适当修改而成，共有以下四个：

①张中斌星期天修收音机。 ②吴国华重阳节回阳澄湖。

③李小宝五点整写讲演稿。　④赵树庆毕业后到教育部。

发音人共有四位:甲、乙是专业播音员,丙、丁是北京长大的三年级大学生;其中甲、丙为男性,乙、丁为女性。录音分别在天津人民广播电台的专业录音室和南开大学语音实验室进行。每位发音人都以自然状态、平稳语速发音,不出现语义强调和情感色彩。每个实验句连续说 3 遍,句子之间间隔 4 秒。

起伏度计算方法详见下文说明。全部数据计算使用 Excel 程序完成,并制出统计图表。

1.3　英汉陈述句语调实验对比分析

1.3.1　语句调域的归一化

首先,分别测量出每位发音人同一个句子 3 次发音样品句的最高音赫兹值和最低音赫兹值,然后分别取平均值。再把同一发音人所发 3 个样品句的最高赫兹值和最低赫兹值进行平均,从而得到每位发音人自然焦点情况下的语句调域(全调域 full range)。采用的方法跟汉语实验测算相同,以便相互对比(石锋、王萍、梁磊 2009)。

表 1　英汉陈述句全调域对比分析

		M1	M2	F1	F2
英语	赫兹值	69.3	31.8	58.2	77
	分布区间	77.8－147.1	75.7－107.5	170.5－228.7	169.2－246.2
	半音值	11.0	6.1	5	6.5
	分布区间	3.4－14.4	2.9－9.0	17.0－22.0	16.8－23.3

续表

		甲	乙	丙	丁
汉语	赫兹值	169	203	145	129
	分布区间	70－239	153－356	81－226	143－272
	半音值	21.2	14.6	17.7	11.1
	分布区间	1.6－22.8	4.1－21.8	15.1－29.7	13.9－25

表1中，四位英语发音人的语句调域均小于四位汉语发音人的语句调域，且相差较大。将四位英语发音人的语句调域半音值进行平均，为7.2个半音。而汉语语句调域平均为16.2，是英语语句调域的两倍多。这是因为汉语是声调语言，有四个声调，在做汉语语调语句调域的时候，是把阴平、阳平、上声和去声四个声调都考虑进去；而英语没有声调，更多注重的是横向方向音步与音步之间，调群与调群之间节律的强弱，因而纵向的语句调域比汉语语句调域弱，调域值低。

1.3.2　调群调域的实验分析

调群理论（Halliday 1967）长期以来是英国语调研究传统学派的核心，该理论认为一个调群中，几乎总是只有一个重音高峰——重读音节中最突显的音节，即"调核"，它是信息焦点，是调群中心。Cruttenden（2002）和 Roach（2007）均肯定了调群在英语语调研究中的重要性，认为英语语调是在调群的基础上进行拓展和延伸。Halliday（2008）在其最新的语调研究中将语音表现和信息单位联系起来，认为一些非调核的重读音节与调核共同构成信息链，成为信息传递的主要依据。

本实验英语中的3个样品句，每句均由3个调群组成：

(4) You go to school/play sports /and swim in the pool.

(5) Alice enjoys coffee/ listens to music /and writes novels.

(6) The students visit the company/ listen to a lecture/ and ask questions.

汉语普通话的4个样品句，是根据语音词，划分为3个词调域（见石锋、王萍、梁磊 2009）。

在1.3.1实验分析的基础上，我们分别求出英语样品句中各调群的域值，即分调域（sub-range）。再分别采用赫兹值和半音值作为音高标度，随后得出了四位发音人的调群调域，跟汉语的实验数据相对照。见表2。

半音标度的数据在音高分析中具有优势。半音的换算以对数为基础，与人的听觉相对应，半音是适于反映心理一声学的对应关系的语调研究单位（李爱军 2005）。因此我们计算百分比数值也选择以半音数值为基础。

百分比数值的计算是一种相对化的归一算法，类似于T值（石锋 1986）的计算原理，计算方法如下：

$$Ki = 100 * (Gi - Smin)/(Smax - Smin) \quad ②$$

$$Kj = 100 * (Gj - Smin)/(Smax - Smin) \quad ③$$

$$Kr = Ki - Kj \quad ④$$

其中Gi代表调群调域上线半音值，Gj代表调群调域下线半音值；Smax为语句调域上限半音值，Smin是语句调域下限半音值；Ki为调群调域上线百分比，Kj为调群调域下线百分比，Kr就是调群调域的百分比数值。

表 2 英汉陈述句分调域对比分析

		赫兹(Hz)			半音(st)			百分比(%)		
		首	中	末	首	中	末	首	中	末
英语	M1	63.9 83.2-147.1	34.0 92.0-126.0	64.5 77.8-142.3	9.9 4.5-14.4	5.4 6.3-11.7	10.5 3.4-13.8	89 11-100	49 26-75	95 0-95
	M2	25.7 81.8-107.5	19.4 82-101.4	27.8 75.7-103.5	4.7 4.3-9.0	3.7 4.3-8.0	5.4 2.9-8.3	78 22-100	60 23-83	89 0-89
	F1	38.7 190-228.7	32 181-213	39.6 170.5-210.1	3.2 18.8-22.0	2.8 18-20.8	3.6 17-20.6	63 37-100	56 20-76	71 0-71
	F2	56.4 189.8-246.2	48.3 183-231.3	52.1 169.2-221.3	4.5 18.8-23.3	4.1 18.2-22.2	4.6 16.8-21.5	69 31-100	62 21-83	72 0-72
汉语	甲	139 83-222	159 80-239	126 70-196	17 4.5-21.5	18.9 3.9-22.8	17.8 1.6-19.4	80 14-94	89 11-100	84 0-84
	乙	187 169-356	159 165-324	151 153-304	12.9 16.8-29.7	11.7 16.4-28.1	11.9 15.1-27	88 12-100	80 9-89	82 0-82
	丙	115 111-226	94 112-206	115 81-196	12.3 9.5-21.8	10.5 9.7-20.2	15.3 4.1-19.4	69 31-100	59 32-91	86 0-86
	丁	95 177-272	85 167-252	113 143-256	7.4 17.6-25	7.1 16.6-23.7	10.1 13.9-24	67 33-100	64 24-88	91 0-91

从表 2 我们可以看到英语自然焦点情况下的陈述句的调群调域比汉语的调群调域要小;但是调域与调域之间的数值相差不大,这是英语和汉语的共同特点,说明了两种语言在陈述句的自然焦点情况下平稳的走势。除了汉语的 M1 之外,其他七位发音人的句中调域均小于句首和句末调域,且句末调域最大。这说明自然焦点状态下陈述句的焦点在句末,这可以视为语言的普遍性特征。

1.3.3 调群调域的起伏度

1.3.3.1 起伏度计算说明

样品句语调的起伏度计算是以调群调域的百分比数据为依

据进行的。起伏度数据可以将不同年龄和性别的发音人、不同语气类型的语句放置在同一空间中加以对照比较，在具有相同可比性的基础上使数据具有可统计性，从而对语调进行量化分析。

语句起伏度用Q值来表示，Q值的类别和位置用下标加以区分。计算方法是：

$$Qx = Kx - K(x+1) \qquad ⑤$$

其中，x =1，2，3，……是调群在语句中位次序列数；K是调群调域的相对百分比数值。

把一个调群调域的上线和下线的百分比数值相加，然后加以平均得到调群调域中线的百分比数值。用a、b、c分别代表调群调域的上线、中线和下线，分别计算三种起伏度，即上线起伏度Qa、中线起伏度Qb和下线起伏度Qc。作出一个量化的句子语调起伏线需要依据Q值的序列来描述。设Q0为起始点，分别指句首调群调域上线、中线或下线的实际百分比数值，表现句首调群调域的定位特征。Q值序列为Q0、Q1、Q2、Q3……Q。实际上Q等于Q1、Q2、Q3……的代数和。

从赫兹到半音再到百分比的处理过程，是尽量减少个性差异，从繁琐到简洁，从模糊到清晰的过程。在百分比中最高值为百分之百，最低值为零，每一个人自成一个语调格局。同时不同人不同节奏音段的发音在统一的标尺下的语调起伏情况清楚地表现出来，易于进行比较和分析。

1.3.3.2　英汉陈述句语调格局对比

表 3 英汉陈述句语句调群起伏度 Q 值表(%)

英语						汉语					
发音人＼起伏度		起点 Q0	Q1	Q2	Q	发音人＼起伏度		起点 Q0	Q1	Q2	Q
M1	上线 a	100	24	5	5	甲	上线 a	94	－6	16	10
	中线 b	55	4	8	8		中线 b	54	－1.5	13.5	12
	下线 c	11	－16	10	10		下线 c	14	3	11	14
M2	上线 a	100	16	19	19	乙	上线 a	100	11	7	18
	中线 b	63	11	23	23		中线 b	56	7	8	15
	下线 c	27	6	27	27		下线 c	12	3	9	12
F1	上线 a	100	24	29	29	丙	上线 a	100	9	5	14
	中线 b	68	20	33	33		中线 b	65.5	4	18.5	22.5
	下线 c	37	17	37	37		下线 c	31	－1	32	31
F2	上线 a	100	17	28	28	丁	上线 a	100	12	－3	9
	中线 b	65	13	30	30		中线 b	66.5	10.5	10.5	21
	下线 c	31	10	31	31		下线 c	33	9	24	33

我们分别计算出四位发音人的起伏度数据(见表 3),并得到了自然焦点情况下英语陈述句的语调格局图跟汉语陈述句的实验结果(石锋等 2009)相对照(见图 1 和图 2)。

分析表 3 的起伏度数据和图 1、图 2 的语句调群格局图形,基本上可以反映出英语和汉语陈述句的起伏度 Q 值序列的分布特征。首先无论是英语还是汉语,句首调群起点 Q0 的上线多为全句调域上限或接近上限 100,分布集中且稳定。中线和下线分布也较稳定,而句末调域的下线全是全句调域的下线。

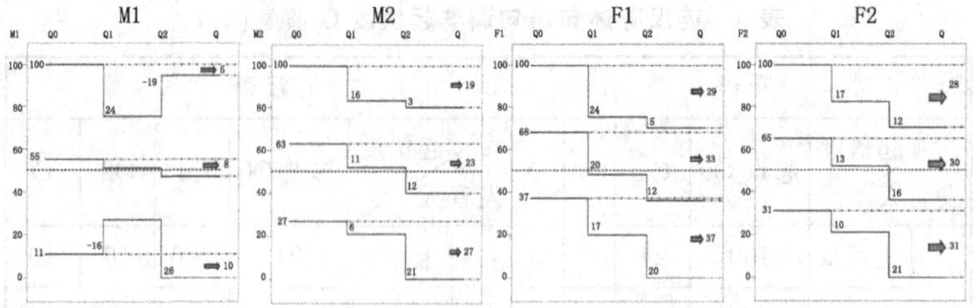

图 1　自然焦点下英语陈述句语句调群格局图

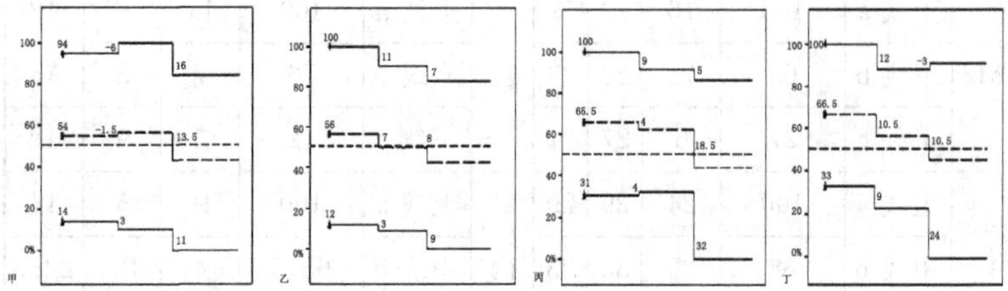

图 2　自然焦点下汉语陈述句语句调群格局图(石锋、王萍、梁磊 2009)

Q1 是句中调群的起伏度,Q2 是句末调群的起伏度。起伏度为正值表明音高下降,负值表明音高上升。从总体上看,英语和汉语 Q1、Q2 数据中绝大多数是正值,表明在英语和汉语中陈述语句中音高下倾占主流,是无标记的,下降的程度可以很大;音高上升情况很少,是有标记的,上升的程度只能很小,受到制约。从这八位发音人的具体分析可以看出,汉语的标记性略大于英语。

除了英语女性发音人 1 和汉语女性发音人 1 句中中线略低于 50%以外,其他六位发音人的句首和句中中线均高于 50%;四位发音人的句末中线均低于 50%,因而中线可作为探讨语调基础特征的一个指标。

1.3.4　英汉陈述句自然焦点下语调格局 Q 值对比

在 1.3.3.2 的基础上，我们进一步对英汉陈述句语句起伏的 Q 值进行研究分析，见表 4。

表 4　英汉语调格局中语句起伏对比(Q 值)

英语		M1	M2	F1	F2
	上线 a	5	19	29	28
	中线 b	8	23	33	30
	下线 c	10	27	37	31
汉语		甲	乙	丙	丁
	上线 a	10	18	14	9
	中线 b	12	15	22.5	21
	下线 c	14	12	31	33

结合图 1、图 2，以及表 4，我们可以看到在图 1 中箭头所指的数据分别是四位发音人上线、中线和下线各自在全句的起伏度 Q 值，从这些 Q 值中我们可以看到英语陈述句语调表现出的一致性，即：上线起伏度＜中线起伏度＜下线起伏度，分别是：M1：5＜8＜10；M2：19＜23＜27；F1：29＜33＜37；F2：28＜30＜31。可见下线在英语自然焦点下对陈述句所起的重要作用。而在汉语中，除了女性发音人乙之外，其他三位发音人也表现出相同的规律，分别是：甲 10＜12＜14；丙 14＜22.5＜31；丁 9＜21＜33。这说明下线在自然焦点下陈述句的音高走势中起了决定性作用。

四位英语发音人的上线、中线和下线全句起伏度彼此之间，相差只有几个百分点；而四位汉语发音人的上线、中线和下线全句起伏度彼此之间的差异有其实验特定的特征。汉语实验中甲和乙分别是播音员,因此他们上线、中线和下线全句起伏度彼此之间相差并不大,也只有几个百分点。而丙和丁作为自然状态下,没有经过语音培训的发音人上线、中线和下线全句起伏度彼此之间相差很大。排除甲、乙的特殊性,我们可以初步推断英语上、中、下线全句起伏度彼此之间的差异小于汉语。

当我们再进一步观察,会发现英语中除了 M1 之外,其他三位发音者上线、中线和下线全句起伏度值数值整体大于汉语的四位发音人。说明英语发音人在读样品句时整体的起伏要大于汉语发音人。这个语言现象和 1.3.1 中关于语句调域的分析正好解释了英语和汉语之间的区别。英语是重音语言,是轻重交替的节奏语言,韵律单位与韵律单位彼此之间的起伏贯穿全句,因此英语的整体起伏普遍大于汉语,如表 4 所示。而汉语是声调语言,其阴平、阳平、上声和去声四种声调影响着其语调的走势。汉语声调对语调的影响是深远而又复杂的,在本实验中,自然焦点下的陈述句中汉语的语句调域远远大于英语的语句调域。

1.4 英汉疑问句语调实验对比分析

王萍、石锋(2010)以三调群为基础,对汉语疑问句的语调起伏和语调格局进行了初步的分析,本文在语调格局研究的基础上对英汉疑问句的起伏度和语调格局进行对比。采用的方法跟陈述句相同。

1.4.1 英汉疑问句全调域对比

表 5 表明,四位英语发音人的疑问句语句调域均小于四位汉语发音人的疑问句语句调域,而且彼此之间相差较大。如果把四位英语发音人的调域半音值进行平均,为 11.2 个半音。而汉语语

句调域平均为17.1。这与前面1.3.1分析英汉陈述句句调的差异一致，即汉语声调对语调的影响较大。

表5　英汉疑问句全调域对比

		M1	M2	F1	F2
英语	半音值 分布区间	10.2 9.1－19.3	11.1 5.1－16.2	12.0 14.0－26.0	11.8 14.7－26.5
		甲	乙	丙	丁
汉语	半音值 分布区间	21.8 3.2－25	14.1 17－31.1	19.7 7.6－27.3	12.7 15.2－27.9

1.4.2　英汉疑问句分调域对比

表6　英汉疑问句分调域对比

		半音(st)			百分比(%)		
		首	中	末	首	中	末
英语疑问句	M1	8.2 10.3－18.5	6.8 11.2－18.0	10.2 9.1－19.3	80 12－92	66 21－87	100.0 0－100
	M2	7.1 6.8－13.9	6.9 6.4－13.3	11.1 5.1－16.2	64 16－80	63 11－74	100 0－100
	F1	8.6 16.3－24.8	7.2 17.0－24.2	12.0 14.0－26.0	71 19－90	60 25－85	100 0－100
	F2	8.3 17.2－25.5	8.1 17.5－25.6	11.9 14.7－26.6	70 21－90	68 23－91	100 0－100
汉语疑问句	甲	16.9 5.5－22.4	16.4 8.6－25	19.7 7.6－27.3	67 9－76	63 12－75	100 0－100
	乙	11.2 19－30.2	11.2 18.5－29.7	20.9 3.2－24.1	77 11－88	75 25－100	96 0－96
	丙	13.2 9.4－22.6	12.4 10－22.4	14.1 17－31.1	80 14－94	79 11－90	100 0－100
	丁	6.6 19.9－26.5	5.3 20.2－25.5	12.7 15.2－27.9	52 37－89	42 39－81	100 0－100

表6表明英语和汉语八位发音人的句末调域均明显大于句首

和句中调域。八位发音人各自句首调群和句中调群的调域相差不大，但是八位发音人不论是首调群还是中调群都与各自句末调群的调域相差较大，这说明在英语和汉语疑问句中句末调群对语调起到了决定性的作用。同时我们可以观察到，无论是英语还是普通话发音人的句中调域都小于句首和句末调域（其中普通话女性发音人乙的句首调域和句中调域相同），这说明在两种语言中，句中调群为了句末调域的疑问语气达到最大化，形成音高上的差距从而形成听觉上的更为强烈，进行了收敛。

1.4.3　英汉疑问句语调格局对比

按照 1.3.3.1 的计算方法，我们获得了英汉疑问句起伏度 Q 值的对比，见表 7。

表 7　英汉疑问句语句调群起伏度 Q 值表(%)

<table>
<tr><th colspan="6">英语</th><th colspan="6">汉语</th></tr>
<tr><th colspan="2">起伏度
发音人</th><th>起点 Q0</th><th>Q1</th><th>Q2</th><th>Q</th><th colspan="2">起伏度
发音人</th><th>起点 Q0</th><th>Q1</th><th>Q2</th><th>Q</th></tr>
<tr><td rowspan="3">M1</td><td>上线 a</td><td>92</td><td>5</td><td>-13</td><td>-8</td><td rowspan="3">甲</td><td>上线 a</td><td>88</td><td>-12</td><td>4</td><td>-8</td></tr>
<tr><td>中线 b</td><td>52</td><td>-2</td><td>4</td><td>2</td><td>中线 b</td><td>49.5</td><td>-13</td><td>14.5</td><td>1.5</td></tr>
<tr><td>下线 c</td><td>12</td><td>-9</td><td>21</td><td>12</td><td>下线 c</td><td>11</td><td>-14</td><td>25</td><td>11</td></tr>
<tr><td rowspan="3">M2</td><td>上线 a</td><td>80</td><td>6</td><td>-26</td><td>-20</td><td rowspan="3">乙</td><td>上线 a</td><td>94</td><td>4</td><td>-10</td><td>-6</td></tr>
<tr><td>中线 b</td><td>48</td><td>4</td><td>-7</td><td>-3</td><td>中线 b</td><td>54</td><td>3.5</td><td>0.5</td><td>4</td></tr>
<tr><td>下线 c</td><td>16</td><td>4</td><td>11</td><td>16</td><td>下线 c</td><td>14</td><td>3</td><td>11</td><td>14</td></tr>
<tr><td rowspan="3">F1</td><td>上线 a</td><td>90</td><td>5</td><td>-15</td><td>-10</td><td rowspan="3">丙</td><td>上线 a</td><td>76</td><td>1</td><td>-25</td><td>-24</td></tr>
<tr><td>中线 b</td><td>55</td><td>-1</td><td>5</td><td>5</td><td>中线 b</td><td>42.5</td><td>-1</td><td>-6.5</td><td>-7.5</td></tr>
<tr><td>下线 c</td><td>19</td><td>-6</td><td>25</td><td>19</td><td>下线 c</td><td>9</td><td>-3</td><td>12</td><td>9</td></tr>
<tr><td rowspan="3">F2</td><td>上线 a</td><td>90</td><td>-1</td><td>-9</td><td>-10</td><td rowspan="3">丁</td><td>上线 a</td><td>89</td><td>8</td><td>-19</td><td>-11</td></tr>
<tr><td>中线 b</td><td>56</td><td>-1</td><td>7</td><td>6</td><td>中线 b</td><td>63</td><td>3</td><td>10</td><td>13</td></tr>
<tr><td>下线 c</td><td>21</td><td>-2</td><td>23</td><td>21</td><td>下线 c</td><td>37</td><td>-2</td><td>39</td><td>37</td></tr>
</table>

同时得到了英汉疑问句语调格局,见下图。

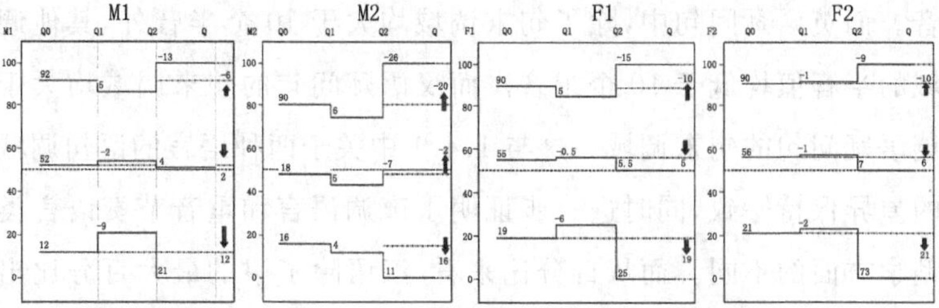

图 3 自然焦点下英语疑问句语句调群格局图

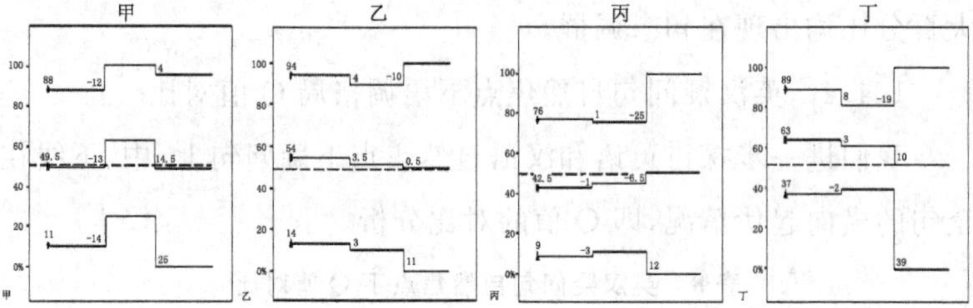

图 4 自然焦点下汉语疑问句语句调群格局图(王萍、石锋 2010)

根据表 7,同时把图 3 和图 4 进行对比分析可以得知,汉语疑问句和英语疑问句的相似之处在于最大调域均出现在句末调群;同时句中调群的调域小于句首和句末调群。句首和句中的调群调域相差并不大,约 1—2 个半音。这说明发音人在发疑问语气的时候,句首和句中(尤其是句中)起到了铺垫的作用,以便能完全地发出句末的疑问。从信息论来看,在无焦点的情况下,句子前面的信息均是旧信息,而句末信息是新信息,成为发音人的发音重点。这可以看成是语调的普遍性规律。

汉语疑问句除了发音人丁的句首调域和句中调域低于 10 个

半音以外，其他四位发音人的所有调域的半音值均大于10个半音。而英语疑问句中，除了句末调域均大于10个半音外，其他调域的半音值均低于10个半音。而汉语疑问句的句末调域均大于英语疑问句的句末调域。这与1.4.1中关于两种语言的语句调域的差异保持一致，同时进一步证明了声调语言和重音节奏语言类型学方面的不同。而从百分比来看，汉语除了甲的最大百分比出现在第二调群(原文同时也指出了该发音人的发音异常)，其他三位发音人的最大百分比均出现在第三调群。英语四位发音人的最大百分比均出现在句末调群。

1.4.4　英汉疑问句自然焦点下语调格局Q值对比

我们进一步探讨英语和汉语自然焦点下疑问句上、中、下线在全句的横向起伏情况，即Q值的对比分析。

表8　英汉疑问句自然焦点下Q值对比

		M1	M2	F1	F2
英语	上线 a	−8	−20	−10	−10
	中线 b	2	−3	4	6
	下线 c	12	16	19	21
汉语		甲	乙	丙	丁
	上线 a	−8	−6	−24	−11
	中线 b	1.5	4	−7.5	13
	下线 c	11	14	9	37

从上线来看，英语疑问句与汉语疑问句上线起伏相差并不大，八位发音人的中线起伏暂无规律，四位英语发音人的疑问句下线略大于汉语疑问句下线(丁除外)。说明整体而言，英语疑问句的起伏略大于汉语疑问句。同时与前面英语陈述句和汉语陈述句的

比较进行对照,可以看到相比于英语陈述句Q值起伏明显大于汉语陈述句,疑问句Q值的差异并不是很明显。这说明当言语中出现了明显的语音凸显(本文是疑问句的最后一个调群)以及情感体现时(本文是表示质疑),英汉两种不同类型的语言其起伏除了受到自身语言特征的影响,还存在着语言外的因素的限制,即作为主要语气情感表达之一的疑问句,相对于语气中性的陈述句,其语调的表现和音高的起伏有其独特的表现,其内在的原因将在继续研究中进一步探讨。

1.5 结论

本研究采用“语调格局”的方法,对英汉陈述句和疑问句的语调起伏分别进行了对比分析。研究表明语调格局不仅体现了英汉两种语言的共性,也表现出不同语气语调各自的个性。

首先无论是英语还是汉语,其陈述句句首调群起点Q0的上线多为全句调域上限,句末调域的下线全是全句调域的下限。两种语言Q1、Q2多为正值,表明英语和汉语中陈述语句中音高下倾占主流,属于无标记。英汉的全句起伏度下线的Q值均为最大,说明下线在自然焦点下陈述句的音高走势中起了决定性作用。与此同时,英汉陈述句也表现出了不同之处,主要表现在由于受声调的影响,汉语的语句调域大于英语的语句调域;而由于自身轻重交替,音高起伏的影响,英语的起伏度程度大于汉语起伏度。

同时英语疑问句和汉语疑问句体现了很多语调格局的相似性,如句末调域上线的最高化,句末调域下线的最低化,以及句末调域跨度的最大化和句中调域的进一步收敛。与陈述句的一样,通常情况下英语疑问句的语句调域小于汉语疑问句的语句调域，各调群的调域也小于汉语各调群的调域。

语调格局不仅体现了英汉两种语言以及陈述和疑问两种语气的共性，也表现出各自的个性。如在陈述句中英语的起伏明显大于汉语，但在疑问句中表现并没有陈述句明显，这说明不同的语气情感对语调的影响各有不同。

语调格局不仅可以定量分析发音人的语调表现，实现不同发音人之间的可比性与可统计性，也可以用于分析比较不同语气以及不同语言类型的语调研究，从而探究语调格局的普遍意义。

二　英语功能语气语调初探[①]

2.1　引言

在人类情感的语音表达中，语气与语调的关系密不可分。不同的情感可归结于不同的语气表达，同时在语音的韵律层级上呈现出不同的语调体现。就算是同一句话，同一个人在不同的场合、不同地点和不同的心情下的语气各有不同，所完成的语调的功能自然不相一致。

关于语气、言语和语调之间的关联，国内外很多学者进行了大量的理论研究，主要分为两个方面，一方面针对语气和语调系统性的研究：Halliday（1985）划分的三大功能之中，强调语气与人际

① 原文作者郭嘉、洪薇，发表于《南开语言学刊》2012年第1期。

功能的密切联系；尹洪波（2011）从类型学的角度对语气、情态、言语行为和口气进行了区分；赵春利、石定栩（2011）从语气、情态与句子的功能类型出发，详细地探讨了三者之间的关联和不同。而Fawcett（2009）从英语语义的角度对英语语气系统进行了梳理。以上的诸多研究观点可能不同，所持意见有异，但表明语气与语调的关系已经逐渐成为继语调内部的韵律层级研究之后，语调研究重点向语用层级的转向。除此之外，前人研究多集中在对具体的语气语调的理论分析，如刘红（2002），马宏程、谭明华（2009）等。而在实验语音分析中，也多集中于探讨某一具体功能语气的语调实验体现，如石锋（2009），郭嘉（2010），根本晃、石峰（2010），陈虎（2008a）等。目前在国内外的语调研究中，鲜有对不同语气，不同功能语调之间的具体实验对比研究，探究语气语调功能的空间分布，并对语调的实际应用给予帮助。

本研究依循传统的语气划分方式，即陈述语气、疑问语气、祈使语气和感叹语气，在此基础上探究语气语调的空间分布，陈虎（2008a）也认为陈述、疑问、祈使和感叹是四种基本的功能语调。郭嘉（2011）对比分析了英语陈述语气和疑问语气的不同，发现除了句首上、下线分布不同，句末调域的扩展不同以外，中线在区分这两种语气语调时起到了重要的标记性作用。其中疑问语气、祈使语气和感叹语气三种语调情态均是以直陈语气的句法特征表现出来，发音者根据不同的情态功能表达不同的情绪。正如尹洪波（2011）所指出的，这四种情态的共同点在于在一个语句所表达命题的最中性的语义值（即事实或陈述）上附加某种补充意义。在此基础上，本文以百分比概念为基点的语调格局理论为基础（石锋等

2009)，探讨不同功能语气语调的整体空间分布。

2.2　实验步骤

2.2.1　语料设计

实验句的语法框架以英语中最普遍的主谓结构、动宾结构为基础，突破了以往的研究中多以短句或多以长句为基础的研究特点，在本实验的432句话中，长、短句均有。

Halliday(1967,2008)，Cruttenden(2002)和Roach(2007)均肯定了调群理论在英语语调研究中的重要性，Selkirk(2002)和Gussenhoven(2004)均指出语调切分受到信息结构、形态句法结构和音系长度的制约(杨军2009)。鉴于语调的复杂性，本研究根据卜友红(2004)所指出的"调群的划分通常受意群和主要句法块(grammatical chunks)的影响"，按照意群和句法设计出实验句，每个调群有完整的句法意义。本研究从单调群(样品句1－1、样品句2－1和样品句3－1)到双调群(样品句1－2、样品句2－2和样品句3－2)，再到三调群(样品句1－3，样品句2－3和样品句3－3)，从短句到长句进行较为详尽的研究分析。样品句如下：

表1　三种调群样品句的调群划分

1－1	单调群	You go to school.		
1－2	双调群	You go to school	and play sports.	
1－3	三调群	You go to school	play sports	and swim in the pool.
2－1	单调群	Alice enjoys coffee.		
2－2	双调群	Alice enjoys coffee	and listens to music.	

续表

2-3	三调群	Alice enjoys coffee	listens to music	and writes novels.
3-1	单调群	The students visit the company.		
3-2	双调群	The students visit the company	and listen to a lecture.	
3-3	三调群	The students visit the company	listen to a lec-ture	and ask questions.

2.2.2 语义焦点与语音重音

通过实验语音分析的方法来研究发音者的语调特征就必然会涉及到句子中的语音重音和语义焦点的问题。根据说话者想要强调的不同语言信息,语义焦点也不同,在语音方面的表现也不尽相同。语音焦点与语义焦点的关系已被诸多学者证明息息相关,沈园(2011)指出,在英语音系研究中,"英语中的焦点一般是以核心重音,即音系短语中的最后一个音调重音来体现"。Roach(2007)指出在自然焦点的情况下,语音焦点落在句子的最后实词上面。Halliday(1985)认为在无标记的情况下,信息单位与小句重合,与此同时语调重音或语调凸显来体现新信息,通常处于语调的末尾,落在最后一个重读音节上(任绍曾 2010)。为了避免不同的语义焦点而导致的不同的语音重音,同时也为了避免发音者因为受到录音过程中若干因素的影响而使录音产生了偏离,因此在本实验中,发音者无论句子长短,按照自然焦点,把句子重音落在最后的实义动词"school","sports","pool","coffee","music","novels”,“company”,“lecture”和“questions”。

2.2.3　实验发音人

四位发音人,两男两女,均来自英国利兹大学,使用标准的伦敦英语,无英语方音的影响。年龄均在19岁至21岁之间,为利兹大学在校大二学生。因而可以忽略年龄和教育背景的差异。录音环境安静,采用Audacity录音软件进行录音,声卡为ONKYO USB digital audio processor Se-U33GXV。每位发音人每个实验句连续说3—5遍,取其中最稳定的3次,句与句之间间隔4秒。发音人按要求同一功能语调每句话读3—5次,取其中最好的三次,共获得4×3×3×3×4=432句话。之后采用Praat5.046软件对样品句进行声学分析,测出音高数据,进行统计测算。

2.2.4　实验方法

长期以来音高是实验语音学中分析韵律语音的重要手段,沈炯(2003)也强调在音高、音长和音强中,音高尤为重要,并指出“在语言中音高用来为声调和语调编码”。本实验中将主要采取发音者的音高值作为研究重点。

采用百分比对语调进行分析是近年通过实验的手段研究语调的新方法(石锋2008),并较为有效地运用到了语调的起伏度研究中(石锋2008;郭嘉、肖启迪2010;根本晃、石峰2010;地里木拉提·吐尔逊2011;等等)。通过百分比的有效转化,各位发音人韵律层级之间的空间分布更为清楚明了,从而更好地体现了“语调语句调型曲线的起伏格式及其所表现的各调群调域本身的宽窄和相互之间的位置关系”(石锋2008)。具体研究方法如下:

2.2.4.1　音高的赫兹值向半音值转换

在研究每个语句时,先把同一语气语调的同一句话的三次稳定发音进行归一,取得同句话的各韵律单位最高和最低音高的平均赫兹值,再把同一语气的三个语句进行归一,取得同一调群中同一语气各韵律单位最高和最低音高平均赫兹值。此后经过相对化计算,把音高赫兹值转化为音高半音值,尽量减少发音人个体差异,以探求英语语调的共性表现。从赫兹值转为半音值的公式为:

$$St = 12\lg(f/fr)/\lg 2 \qquad (1)$$

其中"f"表示需要转换的赫兹数值,"fr"表示参考频率,设为64赫兹。

2.2.4.2 百分比值的确定

在半音值的基础上,转换为百分比值。在本研究中,最高半音值设为百分之百,最低半音值设为零。这样每一个个体发音者的功能语气语调可以根据自身半音值的高低自成一个从百分之百到零的整体语调格局(郭嘉 2010),这样在统一的标尺下清楚地表现出语调的不同走向,易于不同的语气语调能在同一个空面层面进行对比。从半音值转换为百分比的公式如下:

$$Ki = 100 * (Gi - Smin)/(Smax - Smin) \qquad (2)$$

$$Kj = 100 * (Gj - Smin)/(Smax - Smin) \qquad (3)$$

$$Kr = Ki - Kj \qquad (4)$$

其中Gi代表调群内调域上限半音值,Gj代表调群内调域下线半音值;Smax为语句调域上限半音值,Smin是语句调域下限半音值;Ki为调群内调域上限百分比,Kj为调群内调域下限百分比,Kr就是调群内调域的百分比数值。

从赫兹到半音再到百分比的处理过程,是尽量减少个性差异,从繁琐到简洁,从模糊到清晰的过程。

2.2.4.3　语气语调的起伏度比较

经过百分比的转换后,通过语音分析软件 Praat 所获得的非线型语音语调曲拱图变为了另一个空间的调群与调群之间的起伏图,本研究中将体现语句内调群与调群之间起伏的关系的数值称之为 Q 值。

句子语调的起伏度计算是以调群调域的百分比数据为依据进行的。起伏度数据可以将不同年龄和性别的发音人、不同语气和口气类型的语句放置在同一空间中对照比较,在可比性的基础上进一步具有可统计性,使语调研究进入量化分析过程(石锋等 2009)。语句起伏度用 Q 值来表示,Q 值的类别和位置用下标加以区分。计算方法是:

$$Qx = Kx - K(x+1) \quad (5)$$

其中,x =1,2,3,……是调群或音步在语句中位次序列数;K 是调群调域的相对百分比数值。

2.2.4.4　中线的研究意义

在上述起伏度的基础上,把一个调群调域的上线和下线的百分比数值相加的和除以 2 就能够得到调群调域中线的百分比数值。用 a、b、c 分别代表调群调域的上线、中线和下线,可以分别计算三种起伏度,即上线起伏度 Qa、中线起伏度 Qb 和下线起伏度 Qc。

利用音高的最高值和音高的最低值作为研究对象在国内外的语调实验研究中屡有所见,但中线的研究在国内外实不多见。主要是因为在研究过程中,学者多关注一种或两种语气的研究(主要是陈述句和疑问句),祈使句和感叹句的研究因其难以掌控而研究甚少;另一方面是由于缺少一种有效地方法把四种语气语调放在同一平面进行研究。而在语调格局的研究方法中,基于上线、中线和下线在韵律单位起伏的基础上,我们可以把上线和下线的起伏先抽离出来,观察四位发音人在四种语气下中线的起伏状态。

选择中线作为研究切入点,一方面是因为中线起伏是上线起伏和下线起伏的综合表现,研究过程中如果既考虑上线起伏,又考虑下线起伏,不同的发音人在不同的语气中都有不同的上线和下线的表现情况,很难做到面面俱到,所得出的规律也没有充分的解释力,采用中线作为切入点,把上线和下线的整体变化也涵盖其中,所得到的规律能较全面地解释语言现象。另一方面,中线作为语调的一条看不见的"隐线",在既往的语调研究中虽然有学者提及,但尚未有具体的研究方法和方案。而关于英语语调的探索,学者们多在高低线上考察,除了详尽的描写研究,一直难有突破。借助于百分比的计算方法和语调格局起伏度的理念,我们把四位发音人四种语气的中线表现放在一起进行比较和分析。

与此同时,在最高半音值为百分之百,最低半音值为零的语调格局中,也有自身的中线,那就是50%。不同发音人不同语气的中线与50%是何种关联,以语调格局的50%为基准,我们能否大体区分不同发音人不同语气的语调空间分布,将是本研究的研究重点。

2.3 结果分析

2.3.1 四种语气语调格局中上线、中线和下线的简要分析

在经过2.2.4一系列的换算后,我们把四位发音人三种调群

四种不同语气的语调格局放在一起进行综合考察，特别是探究语调格局中线的功能体现。为了便于阐述，下面把四位发音人三种调群四种语气的语调格局放在一起进行对比，从而得出更全面的结论。首先我们先来观察上线、中线和下线都存在的情况下的语调格局简要情况。

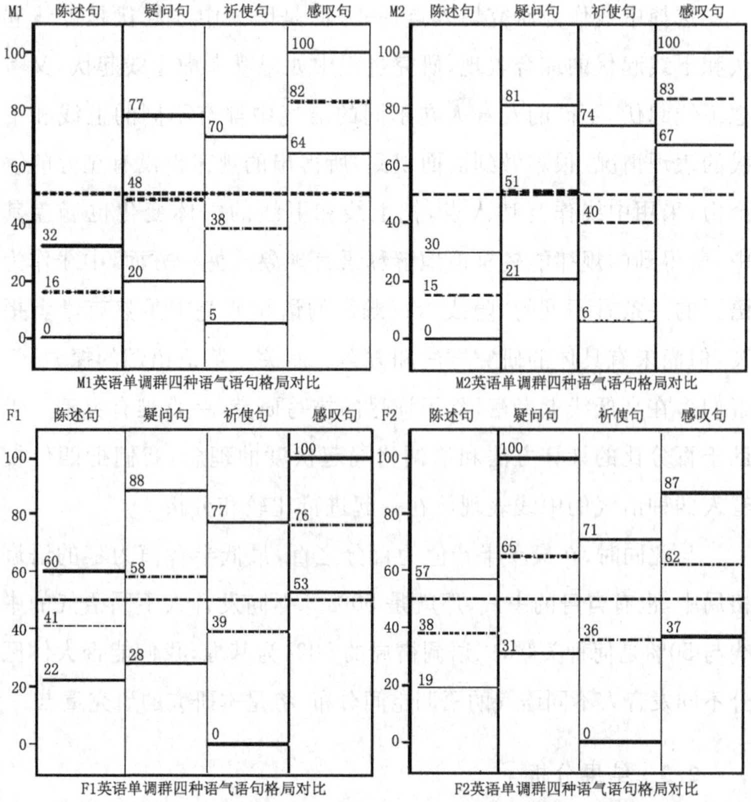

图 1　四位发音人英语单调群四种语气语句语调格局对比图

（图中虚线为中线，以下同）

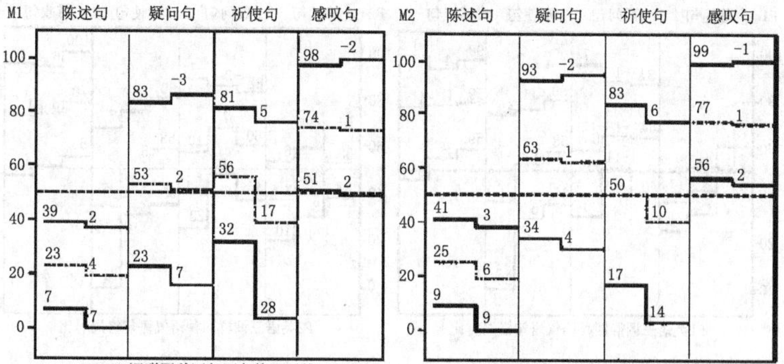

M1双调群四种语气语句格局对比　M2双调群四种语气语句格局对比

F1双调群四种语气语句格局对比　F2双调群四种语气语句格局对比

图 2　四位发音人英语双调群四种语气语句语调格局对比图

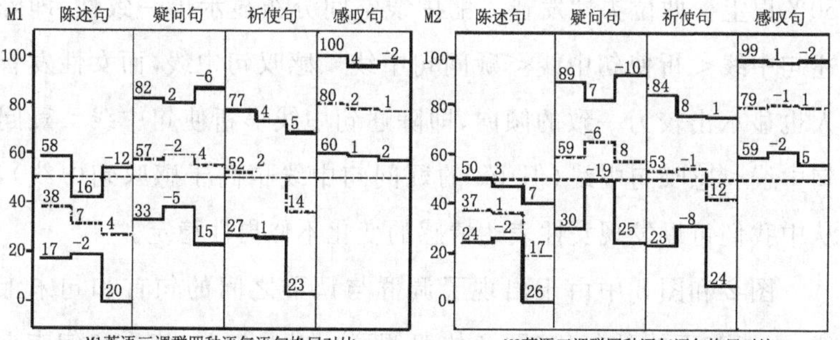

M1英语三调群四种语气语句格局对比　M2英语三调群四种语气语句格局对比

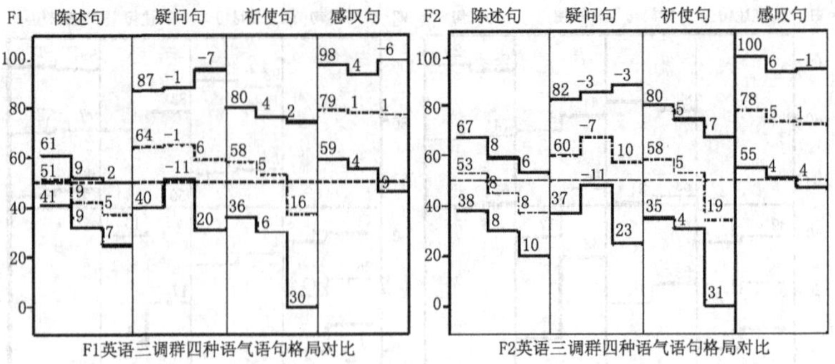

图 3　四位发音人英语三调群四种语气语句语调格局对比图

图 1、图 2 和图 3 分别都保留了四位发音人四种语气语调格局的上线、中线以及下线。在图 1 的单调群语调格局中，由于语句短小，仅有一个调群，不存在同一语气中语句内调群与调群之间的高中低起伏，因此分布显得单一，我们也能较清楚地观察到四位发音人三种语气中中线与语调格局居中线 50%之间的关系。四位发音人陈述句和祈使句的中线都在 50%以下，感叹句的中线均在 50%以上，而疑问句的中线表现略有不同，男性发音人 M1 略在 50%以下，M2 略在 50%以上，而两位女性发音人 F1 和 F2 都在 50%以上。两位男性发音人的中线空间分布显示出一致性，即陈述句中线＜祈使句中线＜疑问句中线＜感叹句中线，而女性发音人也显示出较为一致的倾向，即陈述句中线≈祈使句中线＜疑问句中线＜感叹句中线（但 F2 的疑问句中线稍高于感叹句中线），从中我们可以发现女性表达情感的变化不似男性稳定。

图 2 和图 3 中由于出现了调群与调群之间的句首和句末上线、中线和下线的起伏（图 2 的双调群），以及句首、句中和句末上

线、中线和下线的起伏（图3的三调群），情况变得颇为复杂，充分地体现出了现实生活中语调的复杂和难测。为了更好的探求功能语气语调的空间分布，我们暂把上线和下线的语音体现忽略不计[①]，集中考察四位发音人四种语气在不同调群中的体现，如下。

2.3.2　四种语气语调格局中线空间分布对比分析

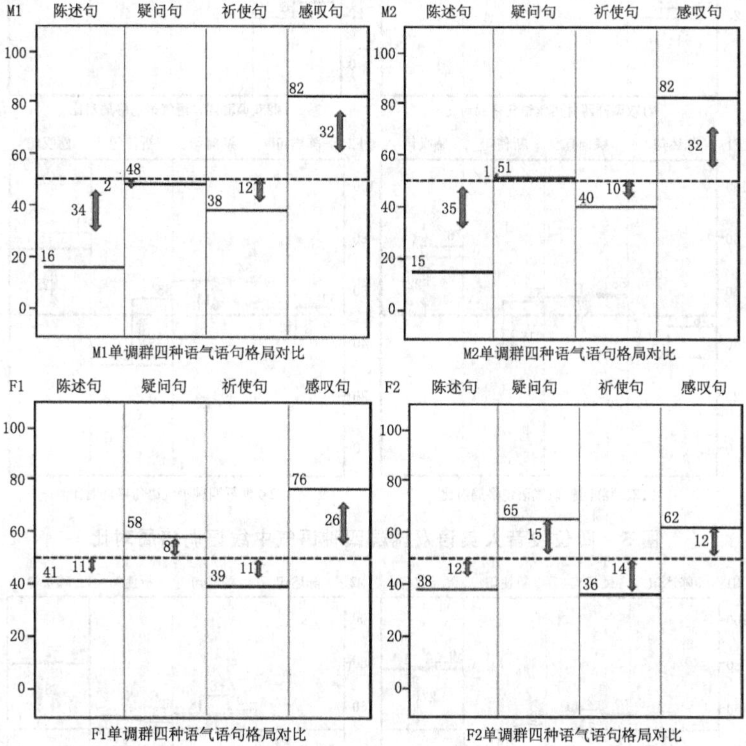

图4　四位发音人英语单调群四种语气中线语调格局对比

---

① 鉴于篇幅的关系，上线和下线的研究将另行起文。

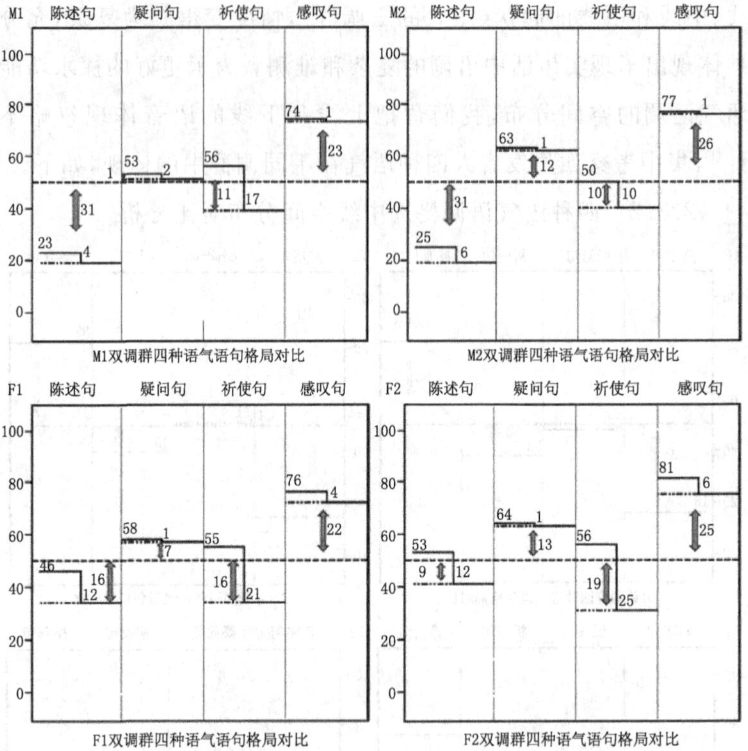

图 5　四位发音人英语双调群四种语气中线语调格局对比

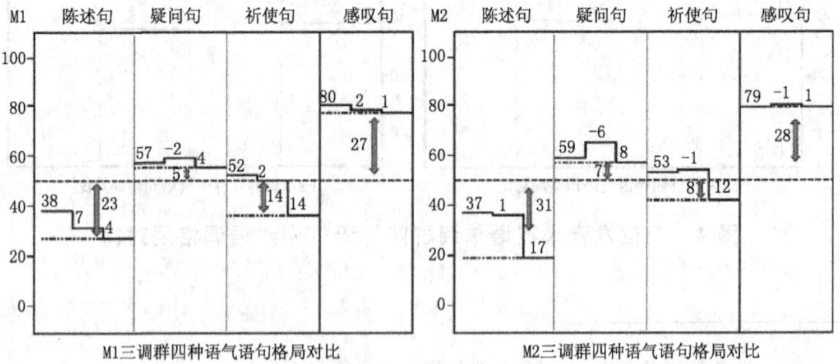

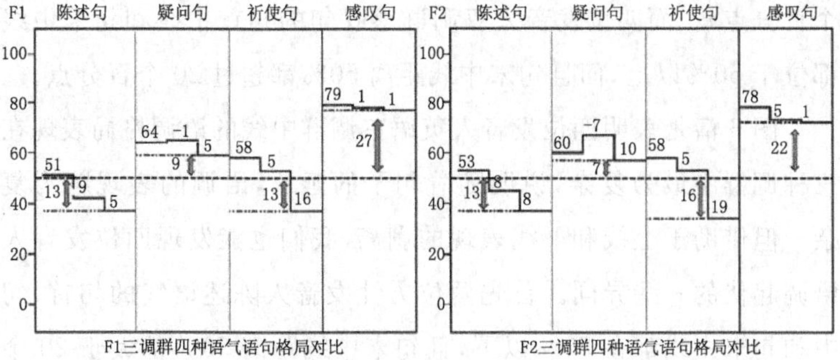

图 6　四位发音人英语三调群四种语气中线语调格局对比

图 4、图 5 和图 6 表明，当抽离了四位发音人上线和下线的复杂及多变的表现以后，作为上、下线平衡值的中线的起伏表现以及与语调格局中 50% 的关系更为清楚明了。图中箭头所示是四位四种语气句末中线到 50% 的距离。前面我们已经详尽分析了四位发音人单调群四种语气中线分布的异同，现在我们来具体探讨四位发音人双调群和三调群中线的具体表现。

图 5 中四位发音人英语双调群中线的空间分布略显复杂。首先除了 F2 陈述语气的句首中线位于 50% 之上以外，四位发音人陈述语气的句首和句末中线绝大多数都在 50% 以下，四位发音人疑问语气句首和句末中线均在 50% 以上，且句末中线距离 50% 均不远，分别是 M1:1 个百分点，M2:12 个百分点；F1:7 个百分点和 F2:13 个百分点。四位发音人双调群祈使句的语调起伏较其他语气复杂一些，四位发音人句首中线都在 50% 以上（M2 的句首中线刚好位于 50%），而句末中线都在 50% 以下，且句末中线距离 50% 的距离都大于 10 个百分点（M2 的句末中线距离 50% 刚好 10

个百分点)。而四位发音人双调群感叹句的句首中线和句末中线都位于50%以上,而且句末中线距离50%都超过20个百分点。

图6清楚表明四位发音人英语三调群中线的语调格局表现在三种调群中最为复杂,说明随着句子的延长,语调的表现越为复杂。但借助于上线和下线表现的剥离,我们也能发现四位发音人语调起伏的一些异同。首先两位男性发音人陈述语气的句首、句中和句末中线都在50%以下,且句末中线距离50%都大于20个百分点。两位女性发音人的句首中线都略高于50%,而句中和句末中线都略低于50%,其中句末中线距离50%的距离均高出10个百分点。四位发音人三调群疑问句中线分布表现出一致性,无论是句首、句中还是句末中线都高于50%,且句末中线距离50%均低于10个百分点。祈使语气的中线分布四位发音人各有特征,但也体现出一些整体性,如句首和句中的中线大多高于50%(M1刚好位于50%),而句末中线都位于50%以下,但四位发音人句末中线与50%的距离除了M2以外均大于10个百分点。四位发音人三调群感叹句的中线分布和疑问句的中线分布一样,表现出整体上的一致性,无论是句首、句中还是句末中线都在50%以上,且句末中线距离50%的距离都大于20个百分点。

在传统对语音的感知中,疑问语气和感叹语气句末语调上扬的语气语调被称为"标记性"语调,而陈述语气和祈使语气句末语调上降的语气语调被称为无标记语调(陈述语气)和弱标记语调(祈使语气)。从目前的研究中我们发现,越是标记性的语调,不同发音人反而表现出更多的一致性和趋同性,而越是无标记的语调,不同发音人反而表现出更多的相异性和个体差异性。

图4、图5和图6虽然较为简洁地表现出各种语气中线的整体表现，使四种语气在语调格局中的分布有了较为明晰的体现，但还稍显繁杂和无序。在这种情况下，我们进行了进一步的研究和细分。

2.3.3 四种语气语调句末中线空间分布对比分析

2.2.2中已说明本研究重点是自然焦点下英语语调的起伏，自然焦点下句末调群是语调重音的最大凸显。因此，本实验进一步探讨四位发音人三种调群四种语气句末中线的空间分布情况。

首先，我们先把四位发音人三种调群四种语气的句末中线放在一起进行比较，得到下表：

表2 四位发音人三种调群四种语气句末中线起伏度Q值(100%)

起伏度 \ 语气		陈述语气	疑问语气	祈使语气	感叹语气
M1	单调群	16	48	39	82
	双调群	19	51	39	73
	三调群	27	55	36	77
M2	单调群	15	51	40	82
	双调群	19	62	40	76
	三调群	19	57	42	78
F1	单调群	41	58	39	76
	双调群	34	57	34	72
	三调群	37	59	37	77
F2	单调群	38	65	36	62
	双调群	41	63	31	75
	三调群	37	57	34	72

根据表 2，我们得到了四位发音人在相同调群中的句末中线分布空间图，如下图。

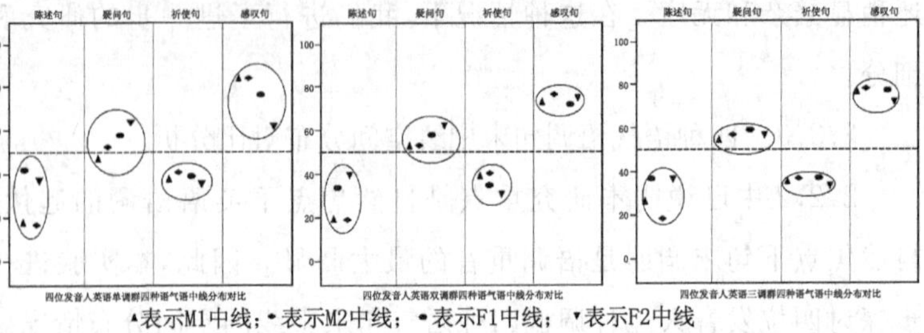

图 7　四位发音人三种调群四种功能语调句末中线分布对比

图 7 清楚地表明四位发音人在不同的调群中相同语气的分布空间。其中，四位发音人在祈使句的句末中线无论是单调群、双调群还是三调群的分布均最为集中，且都位于 50% 以下；四位发音人单调群疑问句和感叹句的句末中线分布略为分散，除了 M1 单调群疑问句的中线略低于 50% 以外，其他均高于 50%。四位发音人在三种调群的陈述句的句末调群分布均最为分散，但都集中在 50% 以下，且高低不一。

语调格局是在相对化的半音值的基础上求得百分比值，再计算的 Q 值，在计算过程中已经逐步消除个性差异，更多体现语调的共性表现。在这种情况下，我们把四位发音人同一语气的中线值进行相加，算出总值，再进行平均，从而获得了同一语气中线的平均值，在平均值的基础上，加减标准差的两倍，获得了同一语气的中线在语调格局中的分布区间，如下表。

表 3 英语语气语调中线分布区间

语气 中线	陈述语气	疑问语气	祈使语气	感叹语气
平均值	29	57	37	75
标准差	10	5	3	5
分布上限	49	67	44	86
分布下限	8	47	31	65

根据表 3,我们获得了四位发音人不同语气的中线分布空间和区间,如下图 8 和图 9。

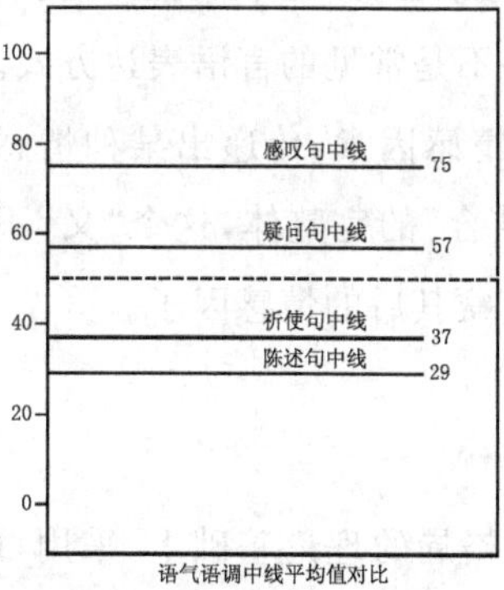

图 8 自然焦点下英语语气语调中线分布图

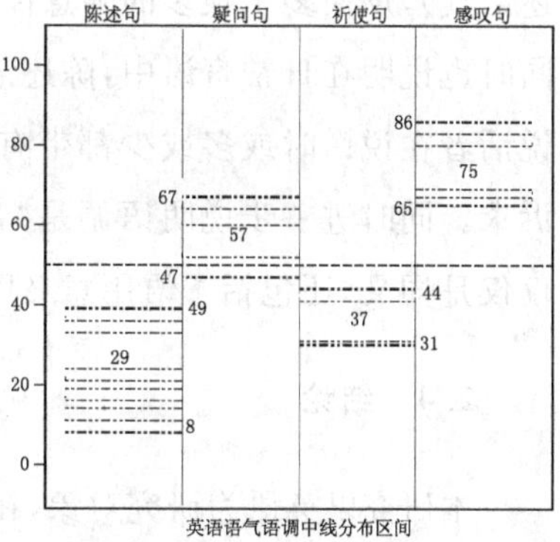

图 9 自然焦点下英语语气语调中线分布区间图

结合前面详尽的研究分析,图 8 表明,尽管在本研究的 432 句话中,有些发音者在不同语气中出现了某些独特表现和个体差异,但整体呈现出一致性和趋同性,即四种语气语调的中线空间分布中,陈述语气＜祈使语气＜50%＜疑问语气＜感叹语气,其中最靠近 50%的是疑问语气的中线分布,最远离 50%的是感叹语气的中线分布。位于 50%以下的陈述语气和祈使句语气的分布差距较小，相差不到10个百分点。

在图9的中线分布区间中，我们可以清楚地看到，陈述语气中线分布空间最大，高达41个百分点，疑问语气和感叹语气中线分布空间较接近，均为20个百分点左右，而祈使语气的中线分布空间最小，为10个百分点左右。作为无标记语气语调的陈述语气，在四位发音人三种不同调群的中线分布中且分布最大，表明不同情况下差异变化最大，这说明在发音人发音的过程中，存在着无标记语气语调和有标记语气语调的潜在区分，因为缺少标记性（如陈述语气），反而多了很多的随意性和无标准性，因此个体差异更多。同时也说明在日常言语中，陈述语气并不是常见的言语表达方式。说话者在说话时或多或少都带有某种情感因素，传递出某种情感诉求。同时进一步说明语调是"音义结合"的完整体，这个"义"不仅仅是词义，还包括了语用意义以及蕴藏其后的情感因子。

2.4 结论

本研究以英语为研究对象，在语调格局的理论基础上，采用百分比的转换方式，把传统意义上的语调曲拱图转化为语调起伏图，通过四位发音人在四种基本功能语气语调从短句到长句的整体语音表现，全面探究了自然焦点下，不同语气语调的中线空间分布情况。

研究表明，语调格局中的中线能有效区分不同的语气语调，具有"标识"功能，并能将复杂而难以确定的语调进行有效而直观地呈现。研究表明陈述语气中线和祈使语气中线分布于语调格局的50%以下，而疑问语气和感叹语气分布于50%以上，其中陈述语气中线分布最低，感叹语气最高，疑问语气最靠近50%。与此同时，在目前的研究中，四位发音人祈使语气的句末中线最为集中，疑问语气和感叹语气次之，陈述语气的句末中线最为分散，部分说明人在发出命令的口吻时，更具有语义集中性和语用目的明确性；而标记性最弱的陈述语气中，可能更具有语义的随意性和语用目的的模糊性。此外，在自然焦点的情况下，四位发音人四种语气句末中线的空间分布范围也反映出一致性，陈述语气的句末中线空间范围最大，祈使语气最小。本文的发现有助于情感语调的研究和言语工程的应用，对其他语言的语气语调（如属于声调语言的汉语）有一定的参考价值。

由于语调的复杂性，本文还有很多需进一步探讨的地方，如同属于句末语调下降的陈述语气和祈使语气，在听感上很不一样，但在句末中线的分布上很接近，但是分布区间却相差甚大（陈述语气分布空间大，祈使语气分布空间集中），说明除了音高值以外，两种语气应还有其他的区别特征，如音强、音长等。同时不同语义焦点的句子的语气语调功能情况，都有待今后进一步探索。

三　韩国语陈述句语调的起伏度研究①

3.1　引言

在研究一种语言的语调之前，需要明确三个问题：这种语言到

① 原文作者金惠成，发表于《南开语言学刊》2012年第1期。

底是什么样的语言，这种语言具有怎样的音高格式，以及其重音所在的位置。本文要分析韩国语①陈述句的语调格局，因此在第一章简单地为韩国语划分类别、分析其音高格式以及其重音所在的位置。

现代韩国语是非声调语言，但在中世时期韩国语里存在着声调对立体，而且在现代，除了首尔话之外的几种方言里还存在着一些声调的痕迹。关于声调问题，韩国语言学界还在研究。从音高表现的角度来看，现代韩国语属于固定重音语言（J.-W. Yoo 1988）。正因为如此，把握这些固定重音所在的位置和特定的音高表现以及起伏格式，就是韩国语语调研究的基础。关于韩国语重音的本体也在学界上讨论，有三种不同看法：复合重音（包括音强、音长、母音的音质）、音高重音以及音强重音。韩国语重音问题和声调问题一直没有定论是导致对韩国语语调方面的研究比较晚才开始的直接原因。这方面的问题暂不列入本文讨论的范围。

在韩国，韩国语学者李崇寧②（이숭녕）于 1960 年最先开始了对于韩国语重音的详细研究。他的开拓性研究，使人们开始关注韩国语的重音和语调方面的研究。他首先将韩国语的双音节短语分类。他把短语按照辅音情况的异同分为几种类型，并提出韩国语重音是音强重音。这项早期研究没有实验支持，缺乏科学性，因此结论没有得到广泛承认。

---

① 本文中所说的韩国语指首尔地区人所讲的普通韩国语或称首尔话。

② 参考 Cheol-jae Seong（1992）提到 S.-N. Lee（1960）「현대 서울말의 악센트 고찰」的部分。

李炫馥[①](이숭녕 1964,1973)用音节结构情况(重音节 cvc、轻音节 cv)[②]来说明韩国语的重音。他认为韩国语的重音是跟音长有关系的复合重音,重音位置根据短语首音节结构的轻重情况而变化。短语的第二音节辅音情况也会干扰到短语首音节的轻重,因为第二音节辅音的送气、紧张成分会影响到首音节发音,会使之成为词首音节的收音(coda)。本文的实验集中考察韩国语陈述句的音高表现和起伏的格式,而李炫馥的结论跟本文韩国语陈述句语调的实验结果有差异。关于韩国语重音的问题还需进一步研究讨论。

之后,Ok-mi Kang(강옥미)[③]、Cheol-jae Seong(성철재 1992)、Seon-cheol Kim(김선철 1994,2005)、Ho-young Lee(이호영 1996)、Sun-ah Jun(전선아 1989,1996,2005)等开始了有关韩国语韵律结构方面的研究。其中 Sun-ah Jun[④](1989,1996,2005)用实验的方法分析出韩国语语调的几种音高表现的类型,是韩国语语调方面的一个重要成果。本文实验与 Sun-ah Jun(1996,2005)基本原则相同。Sun-ah Jun(2005)总结出了 14 种韩国语韵律词的音高模式如下:

---

① 参考 Cheol-jae Seong(1992)提到 H.-B. Lee(1964)「*A Study of Korean(Seoul) Intonation*」London Univ.、H.-B. Lee(1973)「현대 한국어의 악센트」的部分。

② 李炫馥的轻、重音节指称结构方面的轻重,就是结构上的 heavy syllable 和 light syllable 概念,不同于本文的重读音节(stressed syllable)。

③ O. Kang(강옥미 1992)*The Korean Prosodic Phonology*. Ph. D. Dissertation University of Washington(参考 J.-Y. Shin(1999)).

④ Sun-ah Jun 的一系列研究结果为 K-ToBI(Korean Tone and Break Indices) system 的基础。

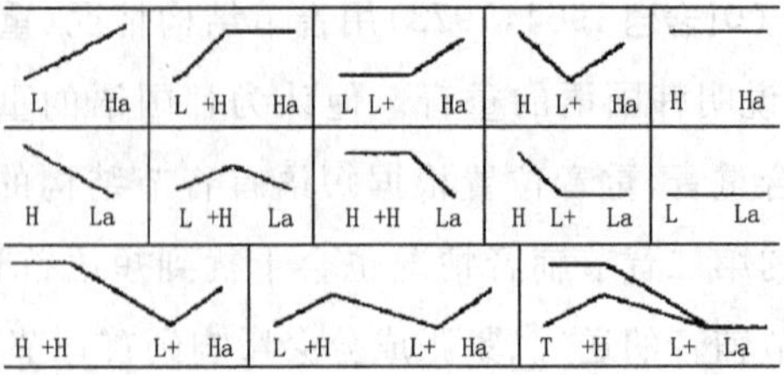

本文实验当中出现的类型为上图中第三行的4种。① H+H L+Ha(HHLH),② L+H L+Ha(LHLH),③ H+H L+ La(HHLL),④ L+H L+La(LHLL)。其中①、②出现在句首韵律词和句中韵律词,③、④出现在句末韵律词。

本文研究韩国语语调,首先考察韩国语陈述句语调的音高表现,然后用实验的方法来为语调归类,最后用统计方法来探明它们之间的规律性进而探索语言的共性。目前的研究一般按照语言系属分类方法来为语言划分类别、关注它们的异同。但定性研究较多、定量研究较少,而且对语调研究的客观量化不够深入。在不同语调组合情况下(参数:句子类别、词首音节的辅音情况、音节数、韵律词的音高组合等)的语调特征的阐述也涉足较少,况且没有从被试性别、年龄等社会语言学角度考察语调的特征。

石锋等(2008)基于语调格局的思路,以归一化、相对化的方法对汉语陈述句语调的音高表现进行分析。语调格局是“语句调型曲线的起伏度式及其所表现的各韵律词调域[①]本身的宽窄和相互之间的位置关系”(石锋等 2008)。该研究实现了不同发音人和不

① 参考资料原来的“调群调域”,后来都改称为“(韵律)词调域”。

同语句类型之间的可比性和可统计性，建立了语调的定量研究的基础。本文亦基于语调格局的研究思路对韩国语陈述句语调的音高表现进行初步分析。

3.2　实验说明

本文所使用的句子共有 8 个，每一个句子有三个韩国语韵律词构成。句首、句中韵律词是短语以及附带的助词结合起来做主语和宾语，句末韵律词是动词短语来做谓语(S + O + V)。

韩国语从形态上看属于黏着语。由于形态上的原因，韩国语词调和语调会受到音节数的影响，因此首先要把每一个韵律词的音节数统一起来。本次所使用的句子是"4 + 4 + 4(句首音节数 + 句中音节数 + 句末音节数)"，共有 12 个音节的句子。4 音节以上的韵律词具有韩国语陈述句语调中最完整的曲线模式。如下(参考 K-ToBI[①])：

THLH：出现于句首韵律词、句中韵律词 /THLL：出现于句末韵律词

(韵律词首音节是送气[+ aspirated]或者紧音[+ tense]时，T = H；其他情况都是，T = L)

分析韩国语韵律词首音节的辅音情况是韩国语语调分析的基础。因此，根据韵律词首音节的情况划分为 H 和 L。除了词首音

① UCLA 大学的语音实验室网站上(http://www.linguistics.ucla.edu/people/jun/ktobi/K-tobi.html)提供当前的 K-ToBI 版本(version 3.1 November 2000)的 K-ToBI 手册。

节的音高表现，后边 3 个音节的音高表现基本上都一样①。这样我们可以得到不同语调组合的 8 种句子类型。如下：

表 1　韩国语陈述语句的实验句②

	句首	句中	句末		句首	句中	句末
	할머니는	선풍기를	싫어한다.		할머니는	선풍기를	좋아한다.
	HHLH	HHLH	HHLL		HHLH	HHLH	LHLL
S1	/halmʌninɯn/	/sʌnpuŋgirɯl/	/ɕirʌhanda/	S2	/halmʌninɯn/	/sʌnpuŋgirɯl/	/tɕoahanda/
	haRmEninIN	sENpuQgirIR	sirEhaNda		haRmEninIN	sENpuQgirIR	zoahaNda
	奶奶	电风扇	讨厌		奶奶	电风扇	喜欢
	할머니는	금붕어를	싫어한다.		할머니는	금붕어를	좋아한다.
	HHLH	LHLH	HHLL		HHLH	LHLH	LHLL
S3	/halmʌninɯn/	/gɯmbuŋʌrɯl/	/ɕirʌhanda/	S4	/halmʌninɯn/	/gɯmbuŋʌrɯl/	/tɕoahanda/
	haRmEninIN	gIMbuQErIR	sirEhaNda		haRmEninIN	gIMbuQErIR	zoahaNda
	奶奶	金鱼	讨厌		奶奶	金鱼	喜欢
	좋아한다	금붕어를	싫어한다.		어머니는	금붕어를	좋아한다.
	LHLH	LHLH	HHLL		LHLH	LHLH	LHLL
S5	/ʌmʌninɯn/	/gɯmbuŋʌrɯl/	/ɕirʌhanda/	S6	/ʌmʌninɯn/	/gɯmbuŋʌrɯl/	/tɕoahanda/
	EmEninIN	gIMbuQErIR	sirEhaNda		EmEninIN	gIMbuQErIR	zoahaNda
	妈妈	金鱼	讨厌		妈妈	金鱼	喜欢
	어머니는	선풍기를	싫어한다.		어머니는	선풍기를	좋아한다.
	LHLH	HHLH	HHLL		LHLH	HHLH	LHLL
S7	/ʌmʌninɯn/	/sʌnpuŋgirɯl/	/ɕirʌhanda/	S8	/ʌmʌninɯn/	/sʌnpuŋgirɯl/	/tɕoahanda/
	EmEninIN	sENpuQgirIR	sirEhaNda		EmEninIN	sENpuQgirIR	zoahaNda
	妈妈	电风扇	讨厌		妈妈	电风扇	喜欢

① S1(HHLH－HHLH－HHLL)，S2(HHLH－HHLH－LHLL)，S3(HHLH－LHLH－HHLL)，S4(HHLH－LHLH－LHLL)，S5(LHLH－LHLH－HHLL)，S6(LHLH－LHLH－LHLL)，S7(LHLH－HHLH－HHLL)，S8(LHLH－HHLH－LHLL)。

② 表里排列顺序：实验句、音节音高、IPA、罗马字转写法(参照文章最后的附录)、中文翻译。

本次实验选取了四名(男女各两位)发音人[①]的音高数据作为研究对象。发音人均出生在首尔(韩国首都)、在首尔长大(小学到高中都毕业于首尔的学校)、居住时间为20年以上,监护人平时发音上没有很强的方言口音,发音人年龄为35±2岁(平均年龄:34岁),教育程度均为4年级大学本科以上学历。在安静的环境录音,每一位发音人都以自然状态、平稳语速来发音,句子和句子之间间隔2—3秒。每个实验句以陈述语气连续说3遍,共得到3×4×8=96个样品句。我们使用Praat软件对样品句进行分析,测量出音高数据。分别以赫兹值(Hz)、半音值(St)为标度并且换算成百分比值,用这些数据得出不同发音人的语句调域、韵律词调域,以及不同词调域之间的起伏度数据。测量数据的计算、统计以及统计图表等工作使用Excel程序来完成。从赫兹到半音值转换的计算公式为:

$$St = 12\lg(f/fr)/\lg 2 \quad (1)$$

其中"f"表示需要转换的赫兹数值,"fr"表示参考频率,设为64赫兹。

3.3　语句调域的分析对比

3.3.1　语句调域的相对化

为得出每个发音人的调域,首先把每位发音人每一个句子的三次发音样品的实验数据进行平均,其次按照每一个句子的句首、

① 女性发音人都在高中时候当过学校播音员,可以说受过一些发音训练。男性发音人都未受过发音训练。

句中、句末划分对每个韵律词调域分别进行平均。每个韵律词中最高的上线就是全句调域的上限,最低的下线是全句调域的下限。由此我们得出语句调域(石锋、王萍、梁磊 2008)。调域的音高标度采用了半音值。

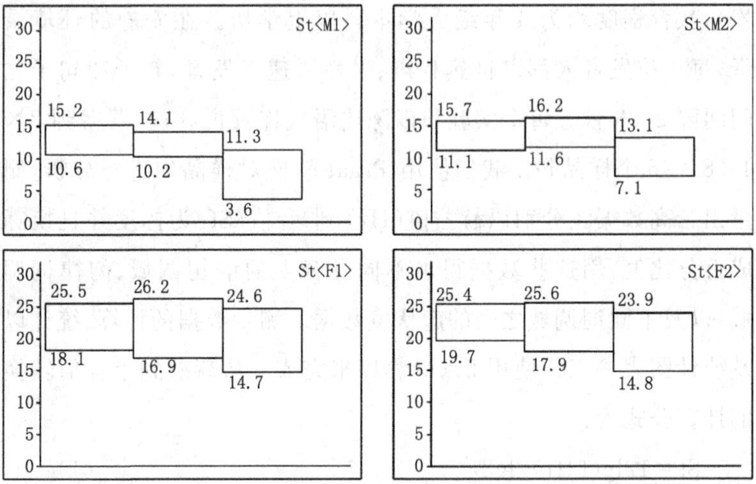

图 1 半音标度(St)的陈述语句调域图(男 M1、M2;女 F1、F2)

在语句调域图(图 1)中可以直观比较各个韵律词调域的相对位置。大体上看来:除发音人 M2 外,其他人的句中韵律词下线低于句首韵律词而高于句末韵律词;除发音人 M1 外,其他人的句中韵律词上线高于句首韵律词;只有 M1 的各个韵律词上线和下线依次递降。各发音人的韵律词调域尽管有不同程度的上下浮动,然而句末韵律词与句首韵律词相比,呈现出音高下倾。四位发音人的句末韵律词上线和下线均低于句首韵律词的上线和下线,而且发音人的句末调域明显扩展。从样品的平均值来看,韩国语陈述句的句末调域覆盖了全句调域。

每一位发音人的全句调域的情况，除了发音人 M2 的调域较狭窄以外，其余发音人都表现出一致的规律性（11 ± 1St）。与汉语、日语的语句调域相比，韩国语的语句调域较狭窄。

四位发音人的韵律词调域显示出一致的规律性：韩国语陈述句最大调域的出现位置比较固定，都集中在句末韵律词。而且，除发音人 M1 外，其他人都是句首调域最窄。

3.3.2 音高数据的起伏度计算

要比较调域之间的差异，用半音数据无法做出正确的比较，因为各位发音人的调域宽度不同。我们要先把这些半音数据转换成百分比数值。音高百分比数值的计算是一种以半音值为依据的相对化的归一算法，计算方法采用石锋等（2008）使用的公式：

$$Ki = 100 * (Gi - Smin)/(Smax - Smin) \qquad (2)$$

$$Kj = 100 * (Gj - Smin)/(Smax - Smin) \qquad (3)$$

$$Kr = Ki - Kj \qquad (4)$$

其中 Gi 为韵律词调域上线半音值，Gj 为下线半音值；Smax 为语句调域上限半音值，Smin 为语句调域下限半音值；Ki 为韵律词调域上线百分比，Kj 为韵律词调域下线百分比，Kr 就是韵律词调域的百分比跨度。

按照百分比数据作出相对化的语句调域图可以过滤发音调值高低和调域宽窄方面的差异，使不同发音人的实验结果具有可比性。句子语调的起伏度计算是以韵律词调域的百分比数据为依据进行的。起伏度数据可以将不同年龄和性别的发音人、不同语气和口气类型的语句放置在同一空间中对照比较，在可比性的基础上进一步具有可统计性，使语调研究进入量化分析过程。语句起伏度用Q值来表示，Q值计算方法参考石锋、王萍、梁磊(2008)。

表2 语句韵律词起伏度Q值表(%)

		Q0	Q1	Q2	Q			Q0	Q1	Q2	Q
M1	上线 a	99	9	24	33	F1	上线 a	92	-6	14	8
	中线 b	79	5	40	45		中线 b	61	3	16	19
	下线 c	58	2	56	58		下线 c	29	11	18	29
M2	上线 a	86	-5	29	24	F2	上线 a	93	-1	15	13
	中线 b	63	-5	36	32		中线 b	68	7	21	28
	下线 c	40	-4	44	40		下线 c	43	16	27	43

表2为采用上述的方法计算得出的四位发音人的韵律词调域的起伏度Q值表。其中有Q0(句首词调域起点)、Q1(句中词的起伏度值=句首词调域上/中/下线-句中词调域上/中/下线)、Q2(句末词的起伏度值=句中词调域上/中/下线-句末词调域上/中/下线)、Q(Q1与Q2的和数，表示上/中/下线的下倾程度)。

表2中所有的Q都是正数，说明韩国语陈述句从整体上看音高是下倾的。Q1、Q2数据中绝大多数是正值，其最大值为56，只有几个负值出现，其最小值为-6。这表明韩国语陈述句中音高下倾占主流，是无标记的，下倾的程度可以很大。音高上升情况很少，是有标记的，上升的程度很小，受到制约。四位发音人的共同特点是最大Q值出现位置都在句末词的下线上(表2涂上灰色部分)。另外，中线的表现比上线、下线更稳定，每个人的中线起伏度具有一定的相似性。上述研究结果跟汉语语调研究的结果相同，

可以说明语言的共性。

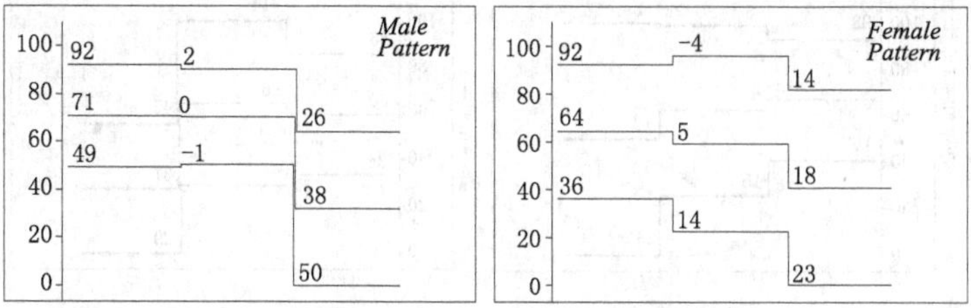

图 2　韩国语陈述句语调音高格局图

(男平均值 Male Pattern;**女平均值** Female Pattern)

四位发音人的音高起伏的格局具有一定的一致性:句首词起点的上线多为全句调域上限或接近上限 100(范围为 86—99),分布集中、稳定;句首词起点的中线分布范围为 61—79、句首词起点的下线分布范围为 29—58,与其上线分布范围相比,具有一些浮动性。由于篇幅有限,以男女发音人的平均值为例作出图 2。

3.4　结果分析以及讨论

图 3 是八个实验句的语调音高格局图。由于篇幅有限,男发音人的格局图暂不能列入。

3.4.1　分析方法

关于调域问题,可以用韵律词之间的相对关系来分析。相邻的两个韵律词之间的相对关系会影响到调域的宽度。例如:H－H、L－L、H－L、L－H;调域最大值、最小值出现位置不同情况等。关于中线变化问题,可以用各位置上的中线数据对比的方法来分析。例如:句末词对比(S1 比 S2;S3 比 S4;S5 比 S6;S7 比

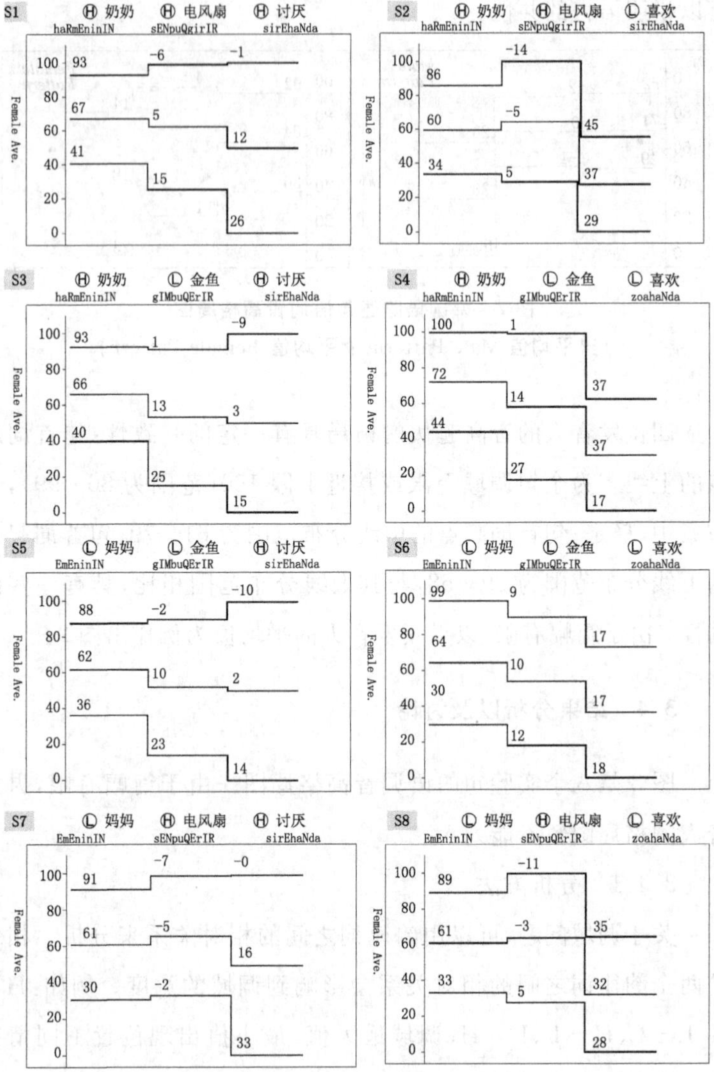

图 3　八种句子的语调音高格局图(女发音人 F1、F2 的平均值,句号 S1～S8)

S8)、句中词对比(S1 比 S3;S2 比 S4;S7 比 S5;S8 比 S6)、句首词对比(S1 比 S7;S2 比 S8;S3 比 S5;S4 比 S6)等。

3.4.2　结果

①句首韵律词的音高变化没有句末韵律词的音高变化那么明显。②各发音人的韵律词调域尽管有不同程度的上下浮动,然而句末词与非句末词(句首、句中词)相比,呈现出音高下倾。③从调域变化的角度来看,在句首、句中韵律词上往往表现出一些浮动性、例外性;句末韵律词的表现比较稳定。④从中线变化的角度来看,在句首韵律词上往往表现出一些浮动性、例外性;句中、句末韵律词的表现比较稳定。上述的②、③,跟石锋、王萍、梁磊(2008)汉语普通话陈述句语调的结论相同。从本次实验来看,石锋、王萍(2011)所说的"各种语言的语调具有共性"的看法,是正确的。⑤句中韵律词"sEN puQ gi rIR"和"gIM buQ E rIR"的首音节都是重音节(cvc 结构)。但韵律词"sEN puQ gi rIR"的首音节"sEN",以高音来实现(HHLH);韵律词"gIM buQ E rIR"的首音节"gIM",却是以低音来实现的(LHLH)。⑥句末韵律词"si rE haN da"和"zo a haN da"的首音节都是轻音节(cv 结构)。但韵律词"zo a haN da"的首音节"zo",以低音来实现(LHLH);韵律词"si rE haN da"的首音节"si"却是以高音来实现的(HHLH)。由上述的⑤、⑥看来,音节结构上的轻重不是判断韩国语陈述句语调种类的参数。本次实验所用的韩国语语料都以年轻首尔人(35±2 岁)的录音样品,从结果可以看出现代首尔话的语调格式。在结果上看不到音长或音节结构的轻重引起的音高变化。

总体来看,判断现代标准韩国语语调种类的参数可以为音节数、各韵律词首音节的辅音情况以及音节的音高表现。⑦韵律词调域对比：若句首韵律词的首音节是L，则句首韵律词的调域较宽；若句首韵律词的首音节是H，则句首韵律词的调域较窄。若句末韵律词的首音节是L，则句末韵律词的调域较窄；若句末韵律词的首音节是H，则句末韵律词的调域较宽。⑧韵律词中线对比：若韵律词的首音节是L，则其韵律词的中线较低；若韵律词的首音节是H，则其韵律词的中线较高。

3.4.3 讨论及以后工作

韩国语陈述句的韵律词调域情况中显示出一致的规律性：一般情况下，句末位置的调域最宽，句首位置的调域最窄。不同于日语陈述句（根本晃、石锋 2009，句首位置的调域一般最宽）、汉语陈述句（石锋、王萍、梁磊 2008，不同韵律词之间的调域宽度相差不大）。

通过各种语言的语调格局比较，能够找出避免外国语学习者洋腔洋调现象的教学方法。韩国语母语者学习汉语时，其发音上出现的洋腔洋调与日语、英语母语者不相同。按照本文的实验结果，可以推测以韩国语为母语的初级汉语学习者发音上容易出现的几种洋腔洋调现象。

(1)说汉语时，把句首韵律词的调域发得窄、句末韵律词的调域发得宽。这是一种较普遍的现象。

(2)由于区分词首音节的辅音情况来发音的习惯，把汉语声调和语调说错。词首音节的辅音上有喉的特征，把阳平调、上声调的音节说成阴平调、去声调等（例如，阳平：划船 huá→huā/huà、韩国人 hán→hān/hàn、上声：可以 kě→kē/kè、打电话 dǎ→dā/dà、讨厌 tǎo→tāo/tào、想起来 xiǎng→xiāng/xiàng)。词首音节的辅音上无喉的特征[①]，把阴平调、去声调的音节说成上声调、阳平调等(例如，阴平：拉肚子 lā→lǎ/lá、妈妈 mā →mǎ/má、去声：那里 nà→nǎ/ná、帽子 mào → mǎo/máo)。

(3)各韵律词的最后音节拉长、升高(韵律词边界调的影响，把最后音节说成“阳平调”或“半三声 + 阳平调”等)。韵律词最后音节一般是韩国语的助词或韵律词边界调所在的位置。因此除了阳平之外，其余声调都可以发生变化(例如，阴平：今天 tiān→tién/tǐ + yán、老师 shī→shí，上声：我 wǒ→wǒ + é、你好 hǎo→hǎ + ó，去声：最近 jìn→jín/jǐ + yín、世界 jiè→jié/jǐ + yé，轻声：爸爸 ba→bá/bǎ + á、～～的 de→dé/dě + é、谢谢 xie→xié/xǐ + yé、错了[②] le →lé/lě + é)。母语迁移现象不仅出现于声韵方面，在声调、词调以及语调等韵律方面也有很大影响。

现代韩国语陈述句韵律词的音高格式：从说首尔话的年轻发音人样品上能看到有规律性的韵律词音高：THLH，THLL[③](T = H / L：参照本文第一章、第二章)。但不同性别条件下，其曲线的升高下降幅度以及词和词之间连读格式有所差异。①男性发音人：把韵律词最后音节(Ha)常常发成低音。但，邻接的 L + 音节(倒数第二音节)相比稍高。韵律词最后音节(Ha)，若遇到 L 音节

---

① 首尔话母语者在汉语当中觉得“没有喉的特征”的辅音，只有 5 种：鼻音[m、n、ŋ]，边音[l]，卷舌音[r]。

② “谢谢、你好、错了”等例子会受到 IP、AP 两种边界调的影响。但，本文有关 IP 边界调的情况不列入。

③ THLH、THLL：词首音节是 H 或 L，次首音节是 H(+ H)，倒数第二音节是 L (L +)，最后音节是 H(Ha)或 L(La)。

(相邻的韵律词首音节),则前词的最后音节(Ha)跟后词的L音节可以以同音来连上;韵律词最后音节(Ha),若遇到H音节(相邻的韵律词首音节),则前词的最后音节(Ha)跟后词的H音节不能以同音来直接连上(把后词首音节H发得比前词最后音节Ha高)。男性发音人,发H音的时候比L音更困难,遇到了发音要高的音节,故意发成高音,而低音发得很自然。②女性发音人:把韵律词最后音节(Ha)常常发成高音。有时,比词首音节H、次首音节(+H)还高。但从每一个韵律词的最后音节群来看,句中词最后音节比句首词最后音节低,句末词最后音节比句中词最后音节低,大体上一节一节逐渐下降。韵律词最后音节(Ha),若遇到H音节(相邻的韵律词首音节),则前词的最后音节(Ha)跟后词的H音节可以以同音来连上;韵律词最后音节(Ha),若遇到L音节(相邻的韵律词首音节),则前词的最后音节(Ha)跟后词的L音节不能以同音来直接连上(把后词首音节L发得比前词最后音节Ha低)。女性发音人,发L音的时候比发H音更困难,遇到了发音要低的音节,故意发成低音,而高音发得很自然。

3.5 结语

本文基于语调格局的研究思路,采用起伏度的计算方法,对四位韩国语首尔话发音人的陈述句语料进行了初步分析,分别考察了语句调域、韵律词调域的起伏度。研究表明:总体来说,韩国语首尔话的陈述句语调中存在音高下倾的趋势,也存在降阶现象。从调域上看,若句末韵律词的首音节是重读音节(词首音节辅音是[+spread glottis]或者[+constricted glottis]),则句末的词调域覆盖全句语句调域;若句末韵律词的首音节是非重读音节(词首音节辅音是[-spread glottis]或者[-constricted glottis]),则句末的词调域覆盖不了全句语句调域。与此相反,若句首韵律词的首音节是重读音节,则句首的词调域窄;若句首韵律词的首音节是非重读音节,则句首的词调域宽。由此看来,决定韩国语语调起伏度的主要因素是每一个韵律词首音节的辅音状态(词首音节辅音上有无喉的特征)。有时,各韵律词的音节数情况等也会影响语调起伏度的格局。研究显示出起伏度是语调量化分析的重要指标。

附录

本文转写实验句发音时采用了 Sun-ah Jun(2005)提到的罗马字转写法。有些部分根据 J.-Y. Shin(신지영 2000[2004])IPA 来修改。

Romanization Convention

Consonants				Vowels		
Hangul	[IPA]	Roman letters		Hangul	[IPA]	Roman letters
		Onset	Coda			
ㅂ	[p]	b	B	ㅏ	[ɑ]	A
ㄷ	[t]	d	D	ㅓ	[ʌ]	E
ㄱ	[k]	g	G	ㅗ	[o]	o
ㅈ	[tɕ]	z	D/z	ㅜ	[u]	u
ㅍ	[pʰ]	p	B/p	ㅡ	[ɯ]	
ㅌ	[tʰ]	t	D/t	ㅣ	[i]	i
ㅋ	[kʰ]	k	G/k	ㅔ/ㅐ	[e/ɛ]	E

续表

ㅊ	[tɕʰ]	c	D/c	ㅢ	[ɯi]	U
ㅃ	[p*]	P	–	ㅑ	[ja]	ya
ㄸ	[t*]	T	–	ㅕ	[jʌ]	yE
ㄲ	[k*]	K	G/K	ㅛ	[jo]	yo
ㅉ	[tɕ*]	C	–	ㅠ	[ju]	yu
ㅅ	[s/ɕ]	s	D/s	ㅖ/ㅒ	[je/jɛ]	ye
ㅆ	[s*/ɕ*]	S	D/S	ㅘ	[wa]	wa
ㅎ	[h]	h	D/h	ㅝ	[wə]	wE
ㄹ	[l/ɾ]	r	R	ㅞ/ㅚ/ㅙ	[we/wɛ]	we
ㅁ	[m]	m	M	ㅟ	[wi/ɯ]	wi
ㄴ	[n]	n	N			
ㅇ	[ŋ]	–	Q			

四　日语声调核在陈述句语调中的表现①

4.1　引言

以往的日语语调研究主要有两个方向：一个是微观的，即基于经验观察句子内部的局部高低起伏的分析，如句首（川上蓁 1956，等等）、短句末（川上蓁 1956；上村幸雄 1989）、句末调（日本国立国語研究所 1960，1963，等等）的类别和功能的关系等。这些研究使我们对日语的语调有了较深入的认识。另外一种是宏观的，即

① 原文与根本晃合作，发表于《南开语言学刊》2010 年第 1 期。

全句以及跨句子的定量描写的研究。定量记录日语语调的手段主要有基于AM理论(autosegmental-metrical theory)对于各种韵律因素的综合描写(如Venditti1997的J-ToBI以及前川喜久雄等2004的X-J-ToBI模型等),从二语习得的需要诞生的韵律图模型(prosody graph)(串田真知子1995;松崎寛1995;等等)[①]。此外,藤崎博也等(1989)基于语音生成的韵律分析的理论框架在不同语言的语音合成方面广泛应用。这些研究主要参照语音基频F0的物理表现,以不同的相对化的方法对日语语调进行描写。

石锋、王萍、梁磊(2008)基于语调格局的思路,以归一化、相对化的方法对汉语陈述句语调的音高表现进行分析。语调格局是"语句调形曲线的起伏格式及其所表现的各调群调域本身的宽窄和相互之间的位置关系"(石锋、王萍、梁磊2008)。该研究实现了不同发音人和不同语句类型之间的对照比较,建立了语调的定量研究的基础。根本晃、石锋(2009)基于石锋、王萍、梁磊(2008)的研究思路,对四位日语标准话发音人的陈述句语料进行初步分析。研究结果表明,日语声调和语调格局具有一定的相关性。该研究还发现了一些有效参考值,对于判断局部声调表现起到一定的作用。

本文基于根本晃、石锋(2009)的研究成果,对日语语调格局和声调格局的关系加以进一步分析,进而说明日语声调对韵律表层所起到的作用。

---

① "Prosody graph(韵律图)"是以F0曲线信息为主要依据,以音节为最小韵律单位使用圆形符号和垂直线来描写音节的高低起伏、长短等各种韵律信息的韵律图模型。这个模型主要在对外日语教学中使用。

4.2　实验说明

本文所使用的日语句子来源于根本晃、石锋(2009)共有8个。每一个句子由三个日语词以及附带的助词构成。由于日语的声调[①]往往决定语调结构(窪薗晴夫 1995),因此我们首先确定了每个句子的声调组合。其次,我们按照语法上的边界和声调核[②]的概念把这些句子分成三个调群。由此我们得到8个不同的声调组合的句子。每个句子和其调群内的声调情况如下("无""有"代表声调核的有无。下面是参考译文):

S01 犬の/人形を/もらう。(无/无/无)

(从某人那里)得到小狗的布娃娃。

S02 映画の/名前を/覚える。(无/无/有)

(某人)背电影的名称。

S03 来年の/運勢は/いい。(无/有/有)

(据占卜结果,我的)明年的运气很好。

S04 姉の/未来は/ばら色だ。(无/有/无)

姐姐的未来是美好的。

S05 夜の/ネオンを/見る。(有/有/有)

---

① 这里所说的日语声调指的是某一个词语内部的音高起伏表现(词重音 word accent)。日本的日语语音学术语多使用(音高)重音(accent)来表示该现象,但是王洪君(2008)认为,音高重音在着眼于词内音节之间的对比上与音强重音类似,在音高区别上与声调类似,而区别在音高却称之为"重音",有些名不符实,因此可以称为"声调"。本文也沿着这个思路使用"声调"一词。

② 日语音系学从有无调核的角度把声调分成两类,有调核的叫有核调,没有调核的叫作无核调。没有调核的声调一直保持其音高高度,有调核的声调音高在调核后就开始下降。

(某人)看晚上的霓虹灯。

S06 海の/絵を/もらう。(有/有/无)

(我)收到一幅海洋的绘画。

S07 今の/問題は/山積みだ。(有/无/无)

现在的问题是堆积如山的。

S08 毎晩/映画を/見る。(有/无/有)

每天晚上看电影。

句子中使用的词语主要从人民教育出版社《中日交流 新编标准日本语》上下册的生词里挑选。另外,设计语料时尽量使用了零声母、鼻音、边音等响度层级高的音,以便确保 F0 曲线的完整性。

发音人共有四位,均来自日本关东地区(东京以及近郊);录音在安静的环境下进行,每位发音人都以自然状态、平稳语速发音。以陈述语气把每个例句连续说 3 遍,分别得到 $3\times4\times8=96$ 个样品句。

我们使用 Praat 软件对样品句进行声学实验,测算出音高数据,进行统计分析。计算内容包括:分别以赫兹(Hz)、半音值(semitone)为标度并且以百分比方式得出不同发音人的语句调域(总调域)、调群调域(分调域),以及不同调群调域之间的起伏度数据。从赫兹到半音转换的计算公式为:

$$St = 12\lg(f/fr)/\lg2 \quad (1)$$

其中"f"表示需要转换的赫兹数值,"fr"表示参考频率,设为 64 赫兹。

这次仅使用以上述方法转换成半音值的数据。全部计算使用 Excel 程序完成,并作出统计图表。

4.3 实验步骤以及结果

4.3.1 语句调域的相对化

为得出每个发音人的调域，首先将每一位发音人的每个句子的三次发音样品的实验数据进行平均，其次按照每个句子的句首、句中、句末划分对每个调群调域分别进行平均。各调群调域中最高的上线就是全句调域的上限，最低的下线是全句调域的下限。由此我们得出语句调域(石锋等 2008)。调域的音高标度采用半音值。

表1 四位发音人的语句调域

	JM1	JM2	JF1	JF2
半音	14.1	12.2	9.7	14.4
范围	7.5-21.7	6.8-19.0	15.6-25.3	12.2-26.6

表1是每一位发音人的全句调域的情况。语句调域除了发音人F1的调域较狭窄以外，其余发音人都表现出一致的规律性(13±1St)。

表2 四位发音人的调群调域

	半音值(St)			百分比(%)(调群调域/全句调域)		
	首	中	末	首	中	末
M1	7.8	7.0	6.4	55.2	49.5	45.3
M2	7.4	6.0	6.4	60.9	49.4	52.7
F1	4.4	4.5	4.5	45.2	46.2	46.2
F2	8.8	6.3	7.1	61.1	43.8	49.3

表2是四位发音人调群调域的情况。从中显示出：以半音值为基准，每一位发音人在句首、句中、句末位置上调群调域宽度相差不大，约为1—2个半音。但是从百分比看，存在显著的差异。除发音人F1外，其他人都是句首调域最宽，而句中调域是最狭窄的。

4.3.2 音高数据的百分比计算以及起伏度计算

音高百分比数值的计算是一种以半音值为依据的相对化的归一算法，计算方法采用石锋、王萍、梁磊(2008)使用的公式：

$$Ki = 100 * (Gi - Smin) / (Smax - Smin) \quad (2)$$

$$Kj = 100 * (Gj - Smin) / (Smax - Smin) \quad (3)$$

$$Kr = K - Kj \quad (4)$$

其中Gi为调群调域上线半音值，Gj为下线半音值；Smax为语句调域上线半音值，Smin为下线半音值；Ki为调群调域上线百分比，Kj为调群调域下线百分比，Kr就是调群调域的百分比跨度。

按照百分比数据作出相对化的语句调域图，可以过滤发音调值高低和调域宽窄方面的差异，使不同发音人的实验结果具有可比性。

4.3.3 语句内调群调域的起伏度

句子语调的起伏度计算是以调群调域的百分比数据为依据进行的。起伏度数据可以将包含不同副语言信息[①]（如不同语气、口

---

① 关于副语言信息和非语言信息的定义，主要依照 Fujisaki (1996)的定义和分类标准。

气类型)、非语言信息(如年龄、性别的差异)的语句放置在同一空间中对照比较,在可比性的基础上进一步具有可统计性,使语调研究进入量化分析过程。

语句起伏度用Q值来表示,计算Q值的公式如下(石锋、王萍、梁磊 2008):

$$Qx = Kx - K(x+1) \quad (5)$$

其中,x=1,2,3,……是调群在语句中位次序列数;K是调群调域的相对百分比数值。

在起伏度计算中,一个调群有上线、下线以及中线。其中,上线和下线是代表每个调群的百分比的最高值和最低值,中线是将上线和下线相对数值相加的和除以2得到的相对数值。每个调群的相对高低利用Q值序列来作量化描述。Q值序列为Q0、Q1、Q2、Q3、……Qn,正值表示比前一个调群下降,负值表示比前一个调群上升。全句起伏度以Q来表示,Q等于Q1、Q2、Q3、……Qn的代数和。另外,从调群的最高值减去最低值(即:上线-下线)计算调群调域。图1至图4为采用上述方法计算得出的四位发音人的调群调域的起伏度格局图。图中以"◇"、"□"、"△"来描写的线分别表示上(max)、中(mid)、下线(min),图下分别显示Q0、Q1、Q2,Q值,range表示调群调域的宽度。另外,我们把声调核的有无以符号形式在图下提示:有声调核的以(a)表示;无声调核的以(u)表示。我们下面利用这些结果来讨论日语声调核的各种表现。

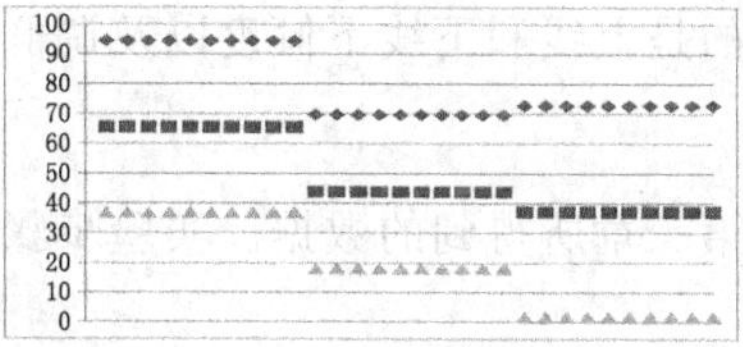

M01	Q0	Q1	Q2	Q
max	94	25	-3	22
mid	66	22	7	28
min	37	19	16	35
range	58	52	71	

图 1　语句调域起伏度格局图(M01)

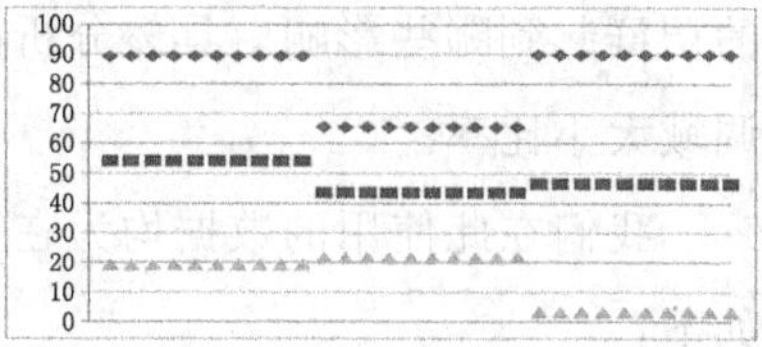

M02	Q0	Q1	Q2	Q
max	89	24	-24	0
mid	54	11	-3	8
min	19	-2	18	16
range	70	44	87	

图 2　语句调域起伏度格局图(M02)

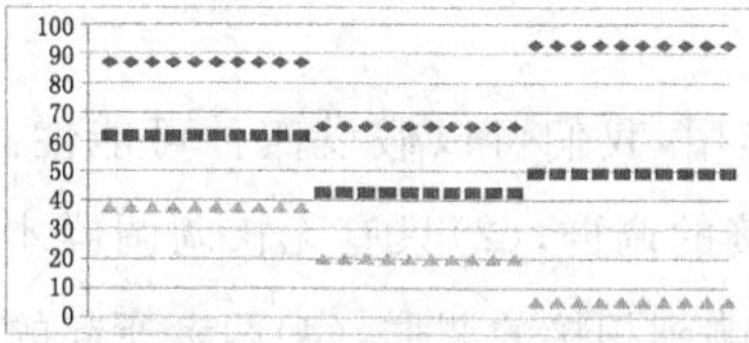

F01	Q0	Q1	Q2	Q
max	87	22	-28	-6
mid	62	20	-7	13
min	37	18	15	32
range	50	45	88	

图 3　语句调域起伏度格局图(F01)

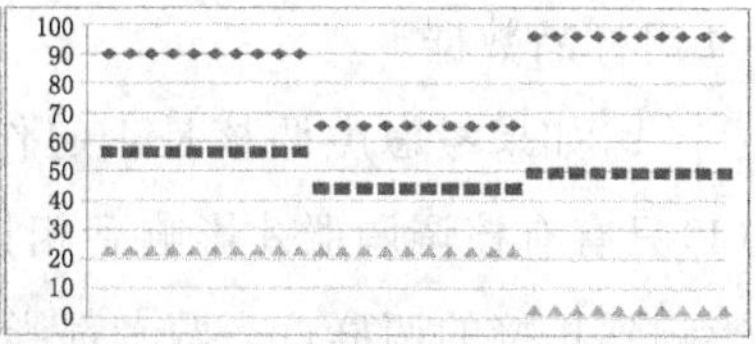

F02	Q0	Q1	Q2	Q
max	90	25	-31	-6
mid	56	12	-5	7
min	23	0	20	20
range	67	43	93	

图 4　语句调域起伏度格局图(F02)

4.4　上线、下线和声调核的关系

下面我们讨论句子内部的韵律结构。我们设计的语料由三个调群构成,每个调群所承载的声调有无核调和有核调两种。我们在图 1 至图 4 上看到,句子内部的声调结构不同,韵律表现(格局)也有所不同。但是仔细观察,每位发音人的起伏度格局有一定的规律性。为了了解这些情况,我们下面对声调本身所起的作用进行分析。

4.4.1　实验说明

我们对所有调群组合进行全面分析,了解有无声调核对相接的调群起到哪些影响。具体分析的是上线和下线下倾度以及调群调域大小比率。

我们在此使用的数据均为在第三章所得到的数据。实验步骤如下：

a. 由有核调调群和无核调调群构成的调群组合共有四种，即：有核+有核；有核+无核；无核+无核；无核+有核。我们首先从四位发音人的8种不同的句子中，抽出上述的调群组合，共得到64组样品数据。

b. 如果考虑声调核是否起作用，我们可以假设四种可能性：(1)只有有核调调群才影响到相接的调群，(2)只有无核调调群才影响到相接的调群，(3)两者都影响到相接的调群，(4)两者所起的影响不明显或不起作用。前人的研究表明，日语有核调引起后续音高最高值的下降。有核调所起到的这些上线下倾作用叫作"降阶"(downstep 或 catathesis)作用(Poser 1984；Pierrehumbert et al. 1988)。为了从上线、下线和声调核的关系观察声调核所起的作用，我们暂时借鉴其结果，设定了一个假设。即：任何两个调群之间，上线的下倾度大，下线的下倾度小。我们使用这些假设对四种调核组合进行验证工作。不同组合的声调组合的调域往往其调域的表现也有规律(根本晃等 2009)，因此得到验证结果后，与调群调域的表现综合考虑，最后做出适当的解释。

4.4.2 实验结果和分析

4.4.2.1 有核调调群+有核调调群

调核组合为"有核+有核"的组合都有 S03(Q2)、S05(Q1)、S05(Q2)、S06(Q1) 四种。表3表示四位发音人的16个不同调群组合之间的上线和下线的下倾度。表中“上”“下”分别代表上线和下线，不符合假设的分析结果在数据下面划下线（以下至4.4.2.4以此类推）。16个数据中，符合假设的组合共有14个（87.5%）。符合假设的调群组合之间，其调域大小都是前大后小。不符合假设的JM2－S03（Q2）和JF1－S05（Q1）两组恰恰相反，其调群调域大小关系都是前小后大。从以上的分析结果，我们认为这组声调核组合基本符合我们的假设。

4.4.2.2　有核调调群＋无核调调群

调核组合为“有核＋无核”的组合都有S04（Q2）、S06（Q2）、S07（Q1）、S08（Q1）四种。表4表示4位发音人的四种16个不同调群组合之间的上线和下线的下倾度。

表3　有核调调群＋有核调调群组合的情况

有：有	JM1		JM2		JF1		JF2	
句子	上	下	上	下	上	下	上	下
S03（Q2）	56	14	29	30	49	21	35	14
S05（Q1）	29	19	32	23	36	38	36	24
S05（Q2）	39	25	25	17	41	16	25	1
S06（Q1）	47	24	49	16	37	27	38	－8

16个数据中，符合假设的组合共有15个（93.8%）。符合假设的调群组合之间，其调域大小与4.4.2.1相同，还是前大后小。不符合假设的只有JF1－ S06（Q2）一组，其调群调域大小关系还是显示了前小后大的情况（有：无＝29：34）。从以上的分析结果，我们认为这组声调核组合也基本符合我们的假设。

表 4 有核调调群+无核调调群的情况

有:无	JM1		JM2		JF1		JF2	
句子	上	下	上	下	上	下	上	下
S04(Q2)	65	2	43	8	71	10	46	-14
S06(Q2)	41	8	31	18	29	34	35	12
S07(Q1)	73	19	70	17	49	34	73	8
S08(Q1)	26	0	20	13	28	-2	29	-21

4.4.2.3 无核调调群+无核调调群

调核组合为"无核+无核"的组合有 S01(Q1)、S01(Q2)、S02(Q1)、S07(Q2)四种。表 5 是其分析结果。16 个数据中,符合假设的组合有 9 个(56.2%),其中对 S01(Q1)组合,4 位发音人都显示了符合假设的结果。符合假设的调群组合之间,其调域大小还是前大后小。

不符合假设的组合有 7 个(43.8%)。不符合假设的调群调域的大小关系一律显示了前小后大的情况(JM2-S01(Q2)的前后调群调域比率是为:40.9(前)、41.4(后))。此外,与其他声调核组合相比,属于该组的调核组合的上下线相差较小的组合不少,例如 S02(Q1)等。这也许是结果数据不太稳定的原因。我们在后面继续讨论这个问题。

表 5 无核调调群+无核调调群的情况

无:无	JM1		JM2		JF1		JF2	
句子	上	下	上	下	上	下	上	下
S01(Q1)	13	-7	17	-19	13	-3	18	-6
S01(Q2)	52	34	41	41	35	44	44	28
S02(Q1)	13	-1	17	-7	14	16	8	10
S07(Q2)	2	7	-13	8	18	17	-9	9

4.4.2.4 无核调调群+有核调调群

调核组合为"无核+有核"的组合有 S02(Q2)、S03(Q1)、S04(Q1)、S08(Q2)四种。表 6 是其分析结果。16 个数据中,符合假设的组合只有 1 个,其他数据不仅不符合我们的假设,而且上下线相差较大,因此与我们的假设恰恰相反,显示了"下线的下倾度大,上线的下倾度小"的结果(符合率 93.8%)。不符合假设的调群调域的大小显示了前小后大的关系。另外,关于符合假设的 JM2-S08(Q2),其上下线相差比其他 15 个数据小。

表 6 无核调调群+有核调调群的情况

无:有	JM1		JM2		JF1		JF2	
	上	下	上	下	上	下	上	下
S02(Q2)	13	72	20	60	22	64	10	63
S03(Q1)	-1	41	6	15	1	42	7	45
S04(Q1)	-9	45	0	50	-7	27	-7	38
S08(Q2)	12	38	15	12	16	44	15	40

4.4.3 讨论

总结以上实验结果后显示了以下规律:

(1)有核+有核、有核+无核=上线的下倾度大,下线的下倾度小。其调域是前大后小。

(2)无核+有核=下线的下倾度大,上线的下倾度小。其调域是前小后大。

(3)无核+无核=上线下倾度大于下线者,其调域是前大后小;下线下倾度大于上线者,其调域是前小后大。

结果 a 和 b 显示,不仅有核调调群在前面的组合基本上其上线下倾度大，而且在后面的组合基本上其下线的下倾度大。从此我们可以知道，包含有核调调群的组合，其结果基本上稳定。因此，我们也许可以假设声调核本身拥有一定的指令，其指令影响到与其相接的调群调域、上线、下线等数值。

结果a和b相比，结果c所显示的结果有些复杂。4.4.2.3的分析结果显示，由全无核调调群构成的句子中的句首无核+无核组合显示了稳定的结果，除此之外的组合的结果不太稳定。这是为什么呢？除了在这个实验中考虑到的因素之外，可能还存在以下两种因素：(1)与该调核组相接调群的影响；(2)该调核组合在句中所在位置。就相接调群的性质而言，S02(Q1)后面和S07(Q2)前面都存在有核调调群，S01(Q2)前面和S01(Q1)后面存在无核调调群。就调核组合的位置而言，S02(Q1)位于句首部，S01(Q2)和S07(Q2)位于句末部。从上述结果看，无调核调群和上线、下线的关系并不明显，我们很难看到规律性的表现。如果无调核调群内存在指令之类的现象，全无核调句S01的调域表现应该与S05的一样，但是我们的结果显示的并不如此。这也是我们认为存在声调核指令的理由之一。

4.5　结语

本文使用起伏度方法对四位日语标准语发音人的陈述句语料进行了分析，考察了日语声调核对韵律表层所起到的作用。最后我们得到了以下结论：(1)日语声调核起到一些类似于指令的作用，声调核往往把声调核所在调群的调域扩大；(2)就有核调调群和后续调群之间而言，不管是什么调类，其上线下倾度大于下线下倾度;就有核调调群和先行调群之间而言,如果先行调群调类为有核调,上线下倾度大于下线下倾度,如果先行调群调类为无核调,恰恰相反。(3)就上下线和调域的关系而言,上线下倾度大于下线者,其调域是前大后小;下线下倾度大于上线者,其调域是前小后大。这就是对两个调群之间存在的非常稳定的规律。

以往的日语语调研究很少讨论声调单位的调域以及对于相邻调域的影响,我们通过全面的对比分析,得到了较为有意义的结果。我们的结果显示,声调核像拥有一个指令,其指令对相接的调群有一定的影响。目前我们只有陈述句的对比分析,因此这个指令具体拥有什么样的参数,是需要通过进一步分析才能得到的。

五 “洋腔洋调”初探①

5.1 引言

5.1.1 关于“洋腔洋调”

汉语口语中常有“洋腔洋调”的说法。其中“调”比较好理解,“腔”就需要多一点说明。《新华字典》腔:①乐曲的调子。②说话的腔调。说话有京腔、山东腔、娃娃腔、学生腔等。“腔调”指语言中的音高、音强、音长等韵律特征,主要指音高表现形式。对汉语而言,就是声调和语调特征。“腔调”可能还蕴含着一种汉语特有

---

① 原文作者石林、温宝莹,发表于《南开语言学刊》2012 年第 1 期,原有副标题“美国学生汉语语调习得”。

的韵味,属于文化和语用的层面。

“洋腔洋调”指外国人说汉语时在声调和语调方面的偏误现象。中介语声调和语调中带有的非汉语的特征。这是影响第二语言教学的老大难问题,长期没有得到认真的分析和解决。

5.1.2 汉语声调与语调的关联

在汉语声调与语调的研究方面具有代表性的学说有赵元任(1933)的“大波+小浪”“代数和”“橡皮带”等比喻性的说明,以及沈炯(1985)“声调音域”的分析,认为语调是由一系列的声调音域组构起来的。

声调是一个音节音高的高、低、升、降的模式,而语调是不同层级语言单位调域的宽、窄、起、伏的格局。语调建立在声调的基础之上,关系密切而又并不一致。声调研究在于分析音高曲线的高低升降的走向,及在调域内部的相对位置,而语调研究关心调域的宽窄,上移或下移的幅度(石锋 1999)。

因此,对“洋腔洋调”的研究要兼顾声调、语调之间的区别与联系。以往的研究中,在声调分析中加入语调的研究较少,方法也处于探索阶段。

5.2 实验方法

5.2.1 语料录制

发音人选取美国威斯康星大学东亚语言文学系 10 名学生,8 男 2 女。学习汉语时间为 2—3 年。

录音设备使用联想 T40 笔记本电脑,普通外置麦克风。采用 Praat 软件录音,录音格式设定为:音频 11025Hz,16 位,单声道

PCM 格式。

5.2.2 语料内容

A.张中彬 星期天 修收音机。 B.吴国华 重阳节 回阳澄湖。

C.李小宝 五点整 写讲演稿。 D.赵树庆 毕业后 到教育部。

实验语料均为自然焦点陈述句。各实验句在自然状态下连续说 3 次。录制语料样品。

5.2.3 实验过程

使用南开大学“桌上语音工作室”进行实验分析，采用 Excel 统计制图。

分析方法：取各实验句 3 次发音的音高数据并测算平均值。对得出的平均音高数据进行统计分析，分别以赫兹、百分比的方式得出语调调域，进行起伏度计算。同时与汉语母语发音人的语调调域进行对照比较。

汉语母语发音人的语调调域数据和图形来自石锋、王萍、梁磊(2008)。

5.3 实验结果和分析

5.3.1 句调域及起伏度

从句调域的宽窄来看，母语者男性发音人句调域的宽度大概在 140—160Hz，女性发音人大概在 130—200Hz。学习者男性发音人的句调域基本上小于 100Hz，女性发音人明显大于男性发音人，大概在 120—200Hz。总体上小于母语者。（见图 1）这应该是受到英语母语的影响，汉语是声调语言，在考察句调域的时候，把阴、平、上、去四个声调都考虑进去。英语是无声调语言，更多注重

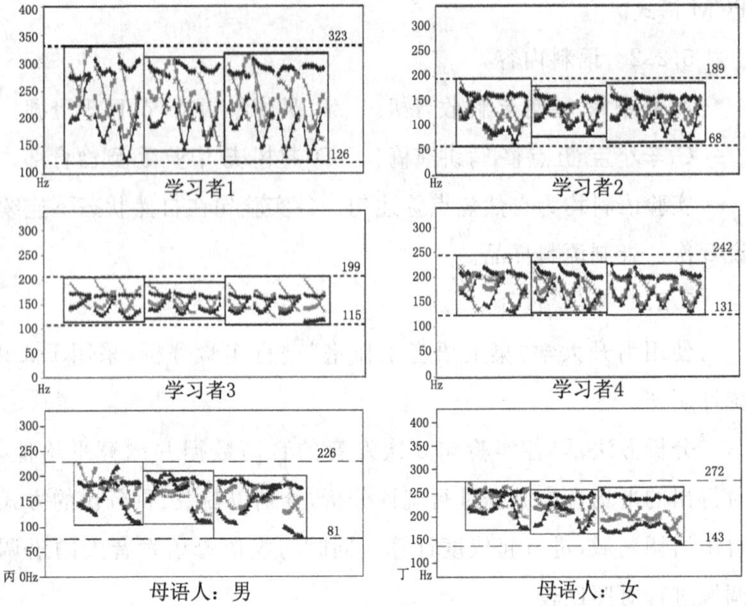

图 1　句调域的对照

的是横向音步与音步之间、根词与词之间节律的强弱，因而纵向的语句调域比汉语的语句调域弱，调域值低（郭嘉、肖启迪 2010：57）。

从句调域中各个词调域的相对关系来看，母语者句末词调域最宽，占到整个调域的 90%左右，句首词调语其次，占到整个句调域的 70%左右，句中词最小。美国学习者 10 人中有 4 人句首调域达到 100%，即句首调域等于句调域。有 3 人句末调域达到 100%，即句末调域等于句调域。也就是说学习者的陈述句调域不是由句首和句末词调域共同决定的，而是或者由句首，或者由句末词其中的一个调域决定。而且，从学习者的调域图我们可以看到，学习者的陈述句句首、句中、句末词调语基本呈现出大—小—大的格局。

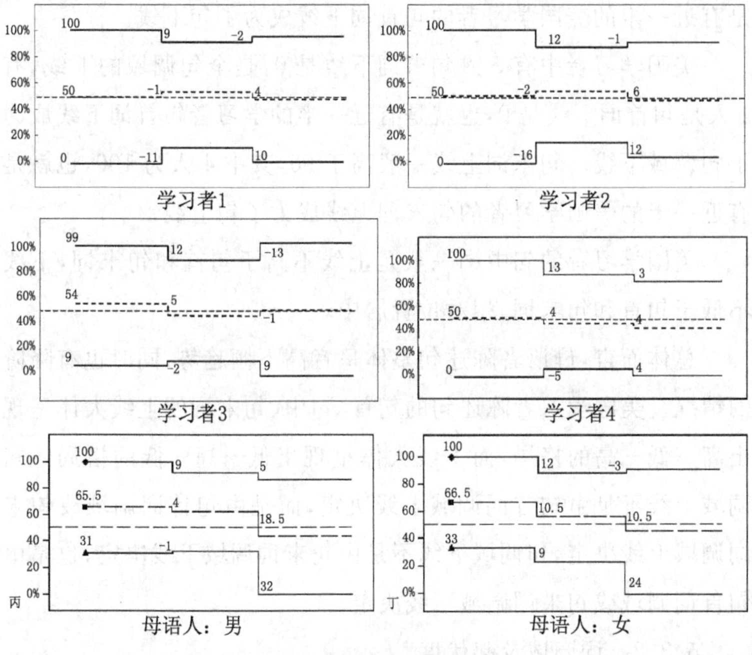

图 2　起伏度的对照

从图 2 母语对照组的句起伏度图我们看到，母语者句首词上线均为 100，是句上线，句首词下线可高可低，一般超过 30。句末词下线是 0，是句下线，上线可高可低，一般低于 90，句首、句末词的位置比较稳定，句中词具有浮动性，但是上线不高于句首词，下线不低于句末词。同时，母语者句首词中线一般高于 50，句末词中线低于 50。

美国学习者中有5人句首词上线是100,是全句调域的上线,有4人是句末词上线100,也就是有近一半的学习者句末词上线成为了句调域上线。句首词下线一般低于10,其中4人为0,也就是有近一半的美国学习者的句首词下线成为了句下线。

美国学习者中有5人句末词下线是0,是全句调域的下线,有4人是句首词下线是0,也就是有近一半的学习者句首词下线成为了句调域下线。句末词上线一般高于90,其中4人为100,也就是有近一半的美国学习者的句末词上线成为了句上线。

美国学习者的句中词一般是上线不高于句首和句末词,下线不低于句首和句末词,相对位置居中。

总体而言,母语者陈述句整体呈音高下倾趋势,同时也有降阶的情况。美国学习者陈述句的句首、句中、句末词的上线大体呈现出高—低—高的格局,而下线大体呈现出低—高—低的格局。句调域上线不是由句首词调域上线决定,而是由句首词调域或句末词调域上线决定,句调域下线不是由句末词调域下线决定,也是由句首词调域或句末词调域下线决定。

5.3.2 词调域及起伏度

我们还可以考察句中各个韵律词内部字调域的宽窄及起伏度情况,和母语者进行对照比较,以句首词为例。见图3。

从词调域的宽窄来看,母语者男性发音人字句调域的宽度大概在130—160Hz,女性发音人大概在100—200Hz。学习者男性发音人的句调域基本上小于130Hz,大概在100Hz左右,两个女性发音人调域较大,大概200Hz左右。总体上小于母语者。

从词调域中各个字调域的相对关系来看,母语者词首字和词

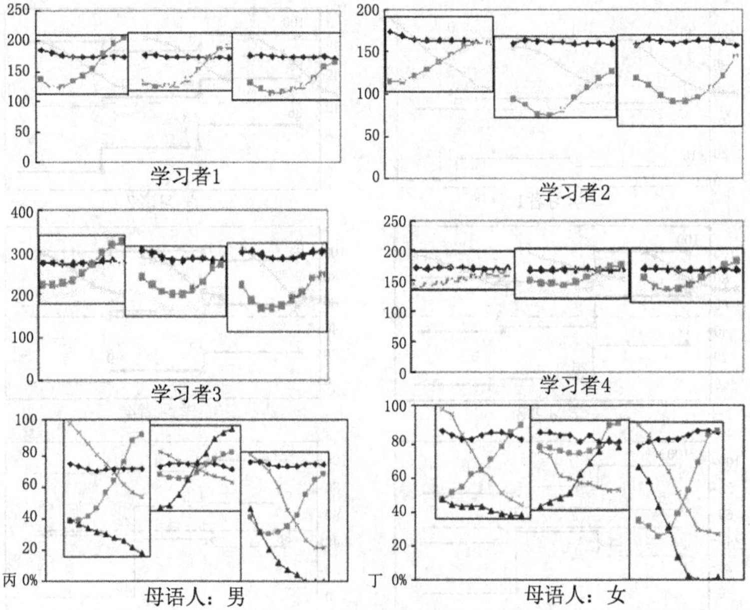

图3　词调域的对照

末字调域比较宽，特别是词末字调域，占到整个调域80%以上，词中字较小，约为词末字调域的一半左右。美国学习者也是词末字调域最大，词首字和词中字相当，但是总体而言，各字调域跨度相当，差别不大。

通过对母语者和学习者词调域图的观察，我们还发现一个现象：决定汉语母语者词调域上线的一般有三个声调：阴平、阳平和去声。决定词调域下线的只有上声一个声调。美国学习者的词调域上线也是由阴平、阳平和去声三个声调决定，但是下线和汉语母语者有所差异，是由上声、阳平和去声三个声调决定。

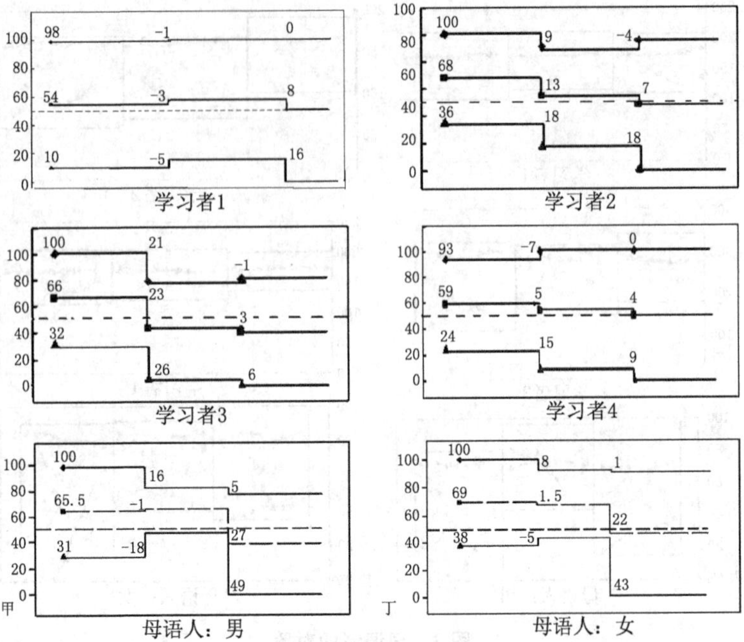

图 4　句末词字调域起伏度

从起伏度来看，母语发音人的词首字上线和词末字下线决定句首词调域的定位，词首字上线限为 100，下线一般大于 15；词末字上线一般低于 85，下线为 0，起伏度的最大值出现在末字下线，一般大于 40。词调域上线主要呈下倾趋势，起伏较为平缓；下线中字呈上升趋势，为末字大幅下降做准备，末字下线下降幅度显著，是边界调的重要表现。

美国学生的发音一般也是句首词调域由首字上线和末字下线决定，词首字上线限为一般为 100，下线一般大于 20，与母语者相似；词末字上线高于母语者，一般大于 90，下线为 0，起伏度的最大值也出现在末字下线，但是下降幅度小于母语者，一般小于20。词调域上线有些学习者呈下倾趋势，也有些学习者有平缓上升；下线中字与母语者有较大差异，没有上升，主要呈下降趋势，而且下降幅度大于或等于词末字下线。

总体来说，美国学习者词调域内各个字调的起伏度和母语者相似，上线、中线、下线都成下倾，中线和下线呈现有规则的降阶形态。差异在于末字下线下降幅度小于母语者，边界调特征不明显。

5.3.3 字调的调形和调阶

我们可以利用调域图来对照比较句中各韵律词内部不同字调调形和调阶的表现。

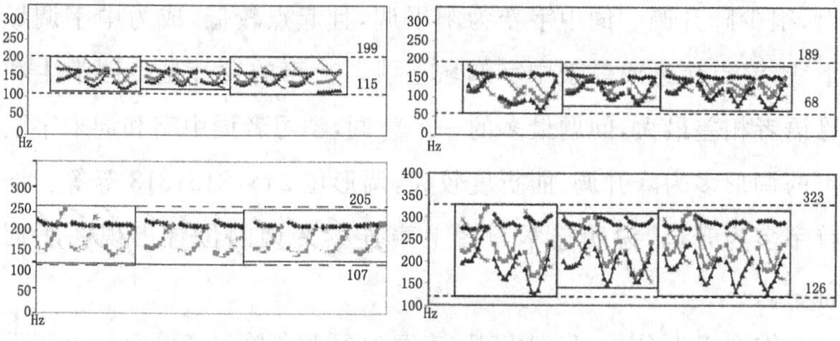

图5 美国学习者的字调调形

在语流中，母语发音人的阴平调都是高调阶的平调调形，在同一词调域内部音高基本一致。美国学生的阴平调习得的较好，调形和调阶基本上都与母语者相似。个别学习者将阴平发成与去声相似的高降调。

母语者的阳平调是在中高调阶的升调调形，在词中字位置起点较首字和末字上升平缓，接近于阴平，是跳板作用的结果。学习者的阳平调发音问题比较大,从上面四幅图我们可以看到,学习者的阳平在调形上和上声接近甚至重合,发成曲折调,低音点过低、终点不够高。而且词首、词中,词末,甚至在整个句子中调形都一致,没有语流中的音变体现。

母语者的去声调词首字和词末字起点较高,等于或接近词首或词末字调域的上线,中字调形下降平缓,有的甚至近于阴平调形。这是语流中跳板效应的表现。学习者的去声调词首和词中字发音较好,和母语者相似,但是词中字的在调形和调域上和词首、词末字的发音没有差异,没有体现语流中的音变特色。

母语者的上声调词首字和末字的调形多为低平或低降的半上,很少降升调。词中字变为阳平调,且起点较低,成为中字调域下线,终点接近或等于中字调域上线。上声的发音是美国学生和母语者相差最大,问题最多的一个声调,学习者词中字和词末字上声的调形多为降升调,曲折度较大,调形位 214,215,313 等等。词首字多为升调,说明连学习者上声连读变调的位置出现在了词首字。

综合以上分析,我们发现,美国学习者在单字音的发音上阴平和去声较好,阳平和上声在调形上还存在一定的问题。二者常常混淆在一起,阳平音区偏低、上声音区偏高,发上声时,他们先是低不下去,然后又升得太高,而且低音部分太短,上升段太长。在语流中,除了阴平调,其他三个调都存在一定的问题,其中的相似之处就是学习者或者是用单字音代替语流中的发音,如阳平和去声,或者变调的位置不正确,如上声。

5.4　结论与讨论

本文通过对10名以美国英语为母语的留学生汉语陈述句语调的实验研究，分析了美国学生汉语语调的表现，初步考察了美国学生词内部单字调的调形和调阶、字调域在词调域内部的相对位置以及各个词调域在句调域中的赢缩起伏等不同层次上的表现。

我们发现，在汉语四声单字调的习得中，美国学习者表现出阴平最易习得，去声次之，阳平和上声最难习得，学习者常常将二者相混淆，本次实验的被试都是学习2—3年的熟练学习者，说明这种偏误有石化的倾向。

另外，语流中各声调的连读变调对美国学习者来说是一大困难，学习者语流中的声调发音和单字调基本没有差异，用单字调代替语流中的变调的现象严重。特别是上声变调，对于美国学习者非常困难，母语者上声的调形多为低平或低降的半上，很少降升调。连读变调跟句法结构关联。以三个上声相连为例，1＋2结构是上声＋（阳平）＋上声，2＋1结构是（阳平）＋（阳平）＋上声。美国学习者的发音却是调形多为降升调，个别学习者有变调，但是变调的位置多在首字，跟句法结构无关，而且发音不太自然。

母语者有语感，有句法根基，可以很自然地调节，但美国学生就没有这些先天条件，要掌握这些就很难，难免顾此失彼，或许会以不变应万变，这不变就是其已经掌握的单字调的发音了。但是同时也暴露了我们汉语声调教学中的一些问题，老师在教授声调的时候，刻板地遵循单字调调值。事实上，在对外汉语教学中，应该把汉语单字声调跟连读组结合起来教学，并以连读调为主，避免只教单字调。也可以只教连读调，不教单字调。因为汉语普通话的四个声调的调值在单字调里的表现都增添了边界调的成分，在连读中出现的调值或许才是这几个声调的原本调值，也就是阴平55，阳平35，去声53，上声21。以这样的认识去进行汉语教学，或许可以减少"洋腔洋调"的产生。

正是由于单字调发音的问题，使得美国学习者的调域和汉语母语者存在差异。从上文的分析我们看到，汉语母语者的调域上线有三个声调决定：阴平、阳平的末尾、去声的开头，下限由上声一个声调决定，由此，我们认为，汉语四个声调在语调中的调域负担量不同，即单个声调对于决定调域上下线的贡献不一样。因为调域上线由三个声调决定，所以每个声调各自的调域负担量为1/3。调域下线只有上声一个声调决定，所以上声的调域负担量为1。

由此可见，调域的上线和下线并不对称，上线有三个声调决定，比较容易确定；下线只有一个声调决定，往往难以确定，造成分析的困难。四个声调的调域负担量并不平衡，阴平、阳平、去声的调域负担量各为1/3，比较轻；上声的调域负担量为1，比较重。而对于美国学习者来说，上声发音本来就是一个难点，语流中的变调更是难上加难，所以学习者调域的下线确定起来就比较困难。

从学习者和母语者的起伏度比较来看，相对于句起伏度，学习者的词起伏度与母语者更相似。学习者的句起伏度没有呈现出下倾与降阶的趋势，而词起伏度的这种趋势表现的很显著。我们结合听辨，发现学习者在说汉语句子时，存在很多停顿，比如，张中彬—星期天—修收音机，或者张—中彬，或者张—中—彬，其中第一种停顿约占90%。二语习得研究将停顿界定为第二语言学习者的语言输出中明显比母语者长许多的语音间隔，或导致语法或语义偏误的语音间隔。停顿是第二语言学习者的语言输出有别于母语者的明显表象之一。虽然我们的被试都已经有2—3年的学习经验，但是在句中停顿还是和母语者有较大差异。这也就解释了为什么学习者词起伏度好于句起伏度，因为母语者输出一个语句时，使用的是一股气流，由于气息越来越弱，语句音高越来越低，表现为句起伏度的上线和下线下倾。学习者由于句中有很多停顿，输出一个语句时，每一个韵律词的开始都会产出新的气流，所以各韵律词之间不会有音高下倾。而同一个韵律词内部则表现为规则的下倾。

但是同样是韵律词内部的音高下倾，学习者和母语者也有所差异，母语者词调域下线是中字上升，末字大幅度下降；而学习者是有规则的降阶。我们认为这是受到学习者英语母语的影响，和汉语不同的是，英语是以音步为单位的，在英语陈述句中，各音步成规则的下倾，且起伏更为明显，充分体现了英语底层音高的高低起伏（郭嘉、肖启迪 2010）。

本次实验只做了音高方面的分析，今后还可从音强、音长等角度进行分析。并且需要扩大实验样本，以统计学的方法进一步考察如前文所述的各项特征差异，从本体语言学理论和第二语言习得原理方面深入研究，从而在理论和实践上帮助外国学生克服“洋腔洋调”，提高汉语学习的效果。

六 韩国学生汉语普通话陈述句语调习得的实验研究[①]

6.1 引言

外国人说汉语，即使是学习汉语很多年、在中国生活很多年的学习者，也会被指有“洋腔洋调”。“洋腔洋调”是指外国人说汉语时在声调和语调方面的偏误现象，中介语声调和语调中带有的非汉语的特征（石林、温宝莹 2012）。

韩国语是非声调语言，韩国学生在学习汉语时，声调学习是一大难点。韩国语陈述句语调与汉语具有很大差异（金憙成 2012）。母语的语调是否会对学习者中介语语调产生影响，以及产出何种中介语，这是很值得考察的。

前人多从音系对比的角度考察韩国学生汉语语音习得的难点和偏误，多停留在元音、辅音和声调方面，还未见有韩国学生汉语语调习得方面的研究，也鲜有实用的语调教学建议。

本文将采用实验语音学的方法，着重考察以韩国语为母语的韩国留学生汉语陈述句语调的习得情况，分析韩国学生汉语陈述句语调的起伏度、字调域、词调域以及四声的习得状况，找出“洋腔洋调”的成因及表现，以期为对外汉语语音教学提出建议。

① 原文作者燕芳、温宝莹，发表于《南开语言学刊》2012 年第 1 期。

6.2 实验方法

6.2.1 被试

实验发音人为南开大学汉语言文化学院的9男9女共18名以韩国语为母语的韩国留学生，平均年龄25岁，均能说标准韩国语，学习时间分别为3个月、1年和3年以上，每个阶段3男3女6名学生。

6.2.2 实验过程

实验分别于2011年6月和10月在南开大学汉语言文化学院的安静小教室录音。录音设备为笔记本电脑，普通外置麦克风。采用Cool Edit软件录音，格式为11025Hz，16位，单声道。

6.2.3 语料

为保证调域中每个音节位置上四声俱全，且考虑到上声连读变调的影响，本次实验的实验句是在沈炯(1985)的实验句基础上适当修改而成(石锋、王萍2009)，共六句话：

A. 张中斌星期天修收音机。

B. 吴国华重阳节回阳澄湖。

C. 李小宝五点整写讲演稿。

D. 赵树庆毕业后到教育部。

E. 李金宝五时整交讲话稿。

F. 李小刚五点半写颁奖辞。

各实验句均为自然焦点句，要求发音人以自然平稳的状态发音，每句话读3遍，每句中间间隔5秒，得到6×3×8共324个样品句。

6.2.4 数据提取

采用南开大学“桌上语音工作室”(mini - speech lab)软件对样品句进行声学分析,得出音高赫兹数据,将赫兹转换为半音(转换公式见王萍、石林、石锋 2011b),将半音进行百分比归一(归一公式见石锋、王萍、梁磊 2009),根据半音作出发音人的语句调域图。根据百分比,绘制出发音人的字调域图和词调域起伏格局图。最后将每个级别的 6 名发音人的百分比平均,作出该级别发音人的平均字调域图和平均词调域起伏格局图。所有计算和绘图均在 Excel 中完成。

6.3 实验结果和分析

6.3.1 调型与调阶

6.3.1.1 四声总体习得情况

在汉语阴、阳、上、去四声中,韩国留学生阴平调习得最好,能准确掌握阴平的调型与调阶,习得其高平特点。但韵律词内部稍有起伏,调型上稍降。去声的习得也较好,基本掌握去声的高降特点。但韵律词内部起伏较大,有时降得不明显,甚至会发成平调,有时起调不够高,会发成低降调。

阳平习得情况不理想。即使是高级韩国学习者也不能习得阳平高升的特点,将阳平发成低升调,甚至发成低降调,与上声相混。

上声习得最不好,无法习得上声低平的特点(石锋、冉启斌 2011),无法区分上声和阳平。调型上升明显,易发成中升或低升调,韵律词内部起伏很大,调域不稳定。另外,从图上看,在 c 实验

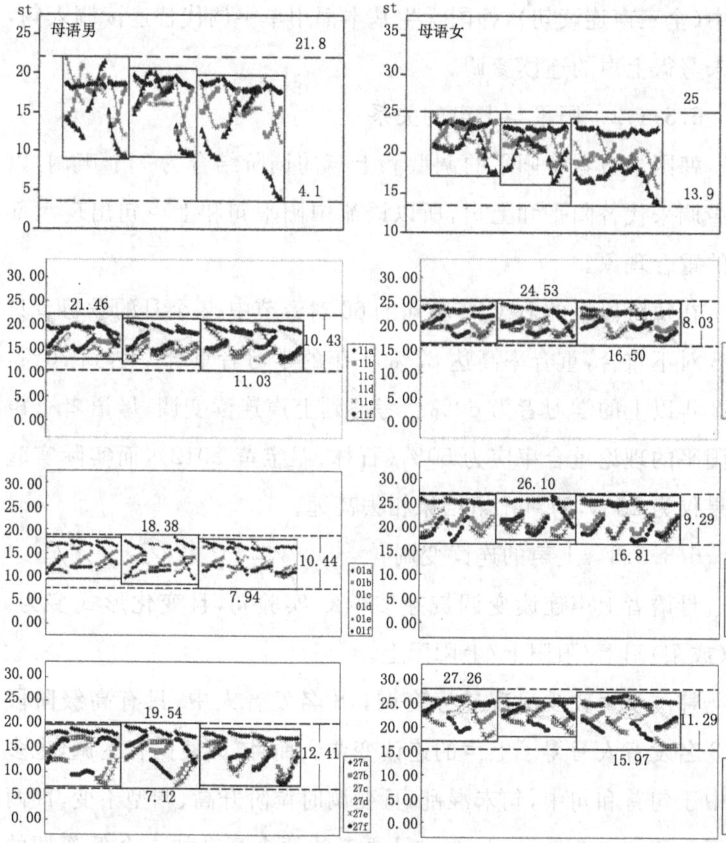

图 1 以半音为标度的调域图①

---

① 由于篇幅所限，故从每个阶段 6 名发音人中选取 1 人示图，顺序为左男右女，上下依次为 3 个月、1 年和 3 年。但各阶段分析结果依然基于每阶段 6 名发音人的数据。文中母语者数据和图表若不注明，则均来自石锋、王萍、梁磊《汉语普通话陈述句语调的起伏度》(2009)。

句中(全三声连读句),韩国学生基本都用单字调代替连读调入句,多未习得上声的连读变调。

6.3.1.2　阳平与上声的关系

韩国学习者将阳平的调型和上声的调阶结合为一个声调,以此声调来代替阳平和上声,所以语流中阳平句和上声句出现大部分的重合现象。

在每阶段组的B、C实验句的60对音节中,3个月的学习者只有8对不重合,重合率高达87%,1年的学习者重合率达到70%,而3年以上的学习者为60%。考虑到上声连读变调,母语者上声和阳平的理论重合率应为50%(石林、温宝莹2012),而实际实验结果仅为25%,两对比组结果相去甚远。

6.3.1.3　上声的连读变调

母语者上声连读变调贯穿整个C实验句,且变化形式多为:上(或阳)阳上/阳阳上/上阳阳上。

韩国学生较少出现连读变调,18名发音人中,只有高级阶段的3名发音人习得了上声的连读变调。而且,即使偶有变调,也多集中于句首和句中,句末混乱,且变调时调阶升高、调型不变,即两个高升调加一个低升调,而非母语者的两个高升加一个低降调的形式。

6.3.1.4　声调的调域负担量

石林、温宝莹(2012)指出,汉语四个声调在语调中的调域负担量不同,即单个声调对于决定调域上下线的贡献不一样。因为调域上线由三个声调决定,所以每个声调各自的调域负担量为1/3。调域下线只有上声一个声调决定,所以上声的调域负担量为1。

而韩国学习者调域上线多由去声决定（偶有阴平阳平），下线多由上声决定（偶有阳平去声）。因此，去声和上声的调域负担量显著大于平声，而上声的不完全习得直接影响了自然语调的产出。

6.3.2　字调域

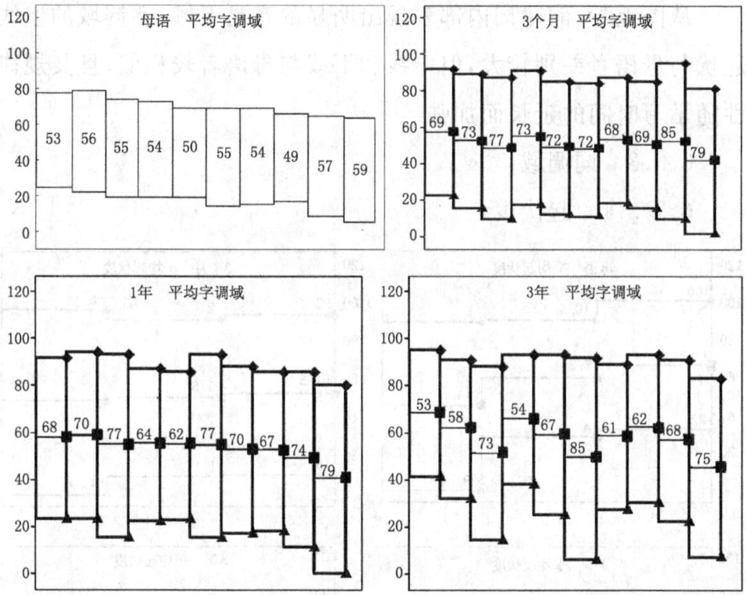

图 2　平均字调域图①

韩国学生字调域普遍比母语者宽，韵律词内部起伏大于母语者。这与四声的不完全习得有关，也与发音人使用饱满的单字调

① 母语者字调域图是在陈怡、石峰(2011)普通话自然焦点字调域格局图的基础上稍加修改而成。

入句，不能习得连读变调有关。

从平均字调域看，3个月学习者为73.7，1年学习者为70.8，3年学习者为65.6，母语者为54.2。不同阶段学习者的字调域均与母语者存在差异，但其接近程度与学习的时间呈正相关的函数关系。

从图上看，韵律词内部表现出明显的音高下倾，字调域的上线起伏与母语者差别较大，但中线和下线与母语者较相似，且其规律性随学习时间的延长而加强。

6.3.3　词调域

6.3.3.1　起伏度

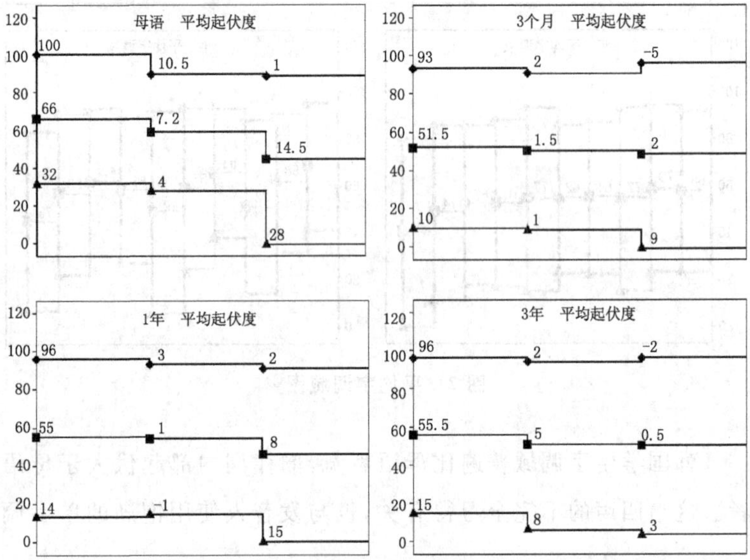

图3　词调域起伏度图

母语者句调域上线均为句首词调域上线，达到最高100。而韩国学生少有句首词调域上线是全句调域上线的，甚至有些句调域上线出现在句末词调域，与母语者有很大差别。母语者句调域下线均为句末词调域下线，达到最低0。韩国学习者情况相似，但偶有出现在句中词调域下线的。另外，中线的下倾还是比较明显的，这与母语者类似。但下倾的程度不如母语者高，不是均匀地规律下倾。

母语者的语调是一个层级立体结构，句调域、词调域、字调域，尤其是句末词调域内部的字调域，它们的音高表现具有很强的同构性，主要表现在音高跨度、音高起伏度以及调域中线三个方面（王萍、石林、石锋2011b）。韩国学生的语调很少表现出这种同构性（中线和下线有一定程度的同构，但规律不明显），与母语者存在很大差异，并且存在石化倾向。

表1　起伏度Q值表

发音人＼起伏度			Q0	Q1	Q2	Q
母语者	平均	上线a	100	10.5	1	11.5
		中线b	66	7.2	14.5	21.7
		下线c	32	4	28	32
	男	上线a	100	9	5	14
		中线b	65.5	4	18.5	22.5
		下线c	31	−1	32	31
	女	上线a	100	12	−3	9
		中线b	66.5	10.5	10.5	21
		下线c	33	9	24	33

续表

三个月学习者	平均	上线 a	93	2	−5	−3
		中线 b	51.5	1.5	2	3.5
		下线 c	10	1	9	10
	男	上线 a	94	1	0	1
		中线 b	54	2	5.5	7.5
		下线 c	14	3	11	14
	女	上线 a	92	3	−9	−6
		中线 b	49	1	−1	0
		下线 c	6	−1	7	6
1 年学习者	平均	上线 a	96	3	2	5
		中线 b	55	1	8	9
		下线 c	14	−1	15	14
	男	上线 a	95	6	4	10
		中线 b	53	3	7	10
		下线 c	11	0	10	10
	女	上线 a	97	0	0	0
		中线 b	57	−1.5	10	8.5
		下线 c	17	−3	20	17
3 年学习者	平均	上线 a	96	2	−2	0
		中线 b	55.5	5	0.5	5.5
		下线 c	15	8	3	11
	男	上线 a	93	−2	0	−2
		中线 b	51	2.5	−2.5	0
		下线 c	9	7	−5	2
	女	上线 a	100	7	−4	3
		中线 b	60.5	8.5	3	12.5
		下线 c	21	10	10	20
韩国语		上线 a	92	−7	21	14
		中线 b	65	3	24	27
		下线 c	39	12	27	39

从起伏度Q值来看，女性学习者的负值多于男性，平均分布于Q1和Q2，且上、中、下线均有负值。因此，男性学习者的语调更为自然。

上、中、下线方面，上线共出现8个负值，中线3个，下线4个。另外，总Q值中，负值均出现在上线，这也说明了上线的不稳定性和中线下线规律在语言间的普遍性。

从学习阶段来看，三个阶段学习者的负值依次为4个、3个和6个。3个月到1年，随学习时间的加长，学习者的语调下倾趋向正常，但从1年到3年，学习者的发展进入U型结构发展的前半部分，开始出现较多负值。从预测来看，3年以后，随着学习时间的加长，学习者语调发展具有两种趋势，一是补全U型结构的后部，语调更为自然，二是语调自然度不再提高，出现石化现象。

另外，中介语的负值显著多于母语和目的语，且中下线均出现负值，表现出异于母语和目标语的自有特征，说明中介语为独立的语言系统，并非是简单地母语迁移。

表2—1 停顿次数表①

停顿次数	3个月男	3个月女	1年男	1年女	3年男	3年女
总次数	53	64	41	23	20	12
每人平均	17.7	21.3	13.7	7.7	6.7	4
每句平均	0.98	1.19	0.76	0.43	0.37	0.22

① 本实验将停顿界定为大于200ms的句中停顿。

表 2—2 停顿次数表

停顿次数	3个月	1年	3年
总次数	117	64	32
每人平均	19.5	10.67	5.33
每句平均	1.08	0.59	0.30

从句中停顿来看，母语者在仅有10个音节的短句中鲜有大于200ms的句中停顿，但韩国学习者，即使是高级学习者依然会出现句中停顿（多为韵律词之间的停顿）。

18名发音人平均每人每句话的停顿次数随学习时间的延长而减少，且女性发音人的停顿次数少于男性（3个月学习者除外）。

起伏度的下线受节奏（停顿）的影响呈现下倾的特点，韩国学生多句中停顿从一方面解释了为什么韩国学生韵律词间下线下倾程度远小于汉语母语者，而韵律词内部却有明显下倾的原因。

6.3.3.2 调域跨度

表 3 词调域跨度值表

发音人＼调域		句首	句中	句末
母语者	母语男	69(100－31)	59(91－32)	86(86－0)
	母语女	67(100－33)	64(88－24)	91(91－0)
	母语平均	68(100－32)	61.5(89.5－28)	88.5(88.5－0)
三个月学习者	3个月男	80(94－14)	82(93－11)	93(93－0)
	3个月女	86(92－6)	82(89－7)	98(98－0)
	3个月平均	83(93－10)	82(91－9)	96(96－0)

续表

1年学习者	1年男	84(95－11)	78(89－11)	84(85－1)
	1年女	80(97－17)	77(97－20)	97(97－0)
	1年平均	82(96－14)	78(93－15)	90(91－1)
3年学习者	3年男	84(93－9)	93(95－2)	88(95－7)
	3年女	79(100－21)	82(93－11)	96(97－1)
	3年平均	81(96－15)	87(94－7)	92(96－4)
韩国语母语者		53(92－39)	72(99－27)	78(78－0)

从词调域跨度来看，母语者句末词调域所占比重最大，但并未达到百分百。韩国学习者也是句末调域最宽，但其比重可以达到百分百，即句末调域等于整句调域。这与普通话句末强调焦点句类似(陈怡 2011)。母语者句中词调域比重最小，句首比重居中。

3个月女性学习者和1年的学习者在调域比重分布上与母语者相似，但比重差值较小，近似平均分布。3个月男性学习者和3年的学习者的整句调域按照句首、句中、句末的顺序依次扩展，到句末达到最宽。在首中末的调域比重分布上，1年的学习者的语调比重分布是与母语者最接近的。与母语者相比，学习者的发展依然呈现U型发展的前部，今后的发展依然有两种可能，上升或石化。

这种首中末词调域分布形式，部分受韩国语母语的负迁移影响。在韩国语(首尔话)陈述句语句起伏格局图中，首中末依次扩展(金憙成 2012)。这种母语调域的负迁移影响强、时间长，使学习者很难习得自然的汉语语调。

另外，也有训练偏误造成的影响。在课堂训练中，汉语教师过多使用引导式，如此操练多了，学生习惯于轻声跟着老师说句子前部，自己独立说后部，后部形成不自觉的强调，即某某人（轻）在某某地（轻）做了某某事（重）。这种训练格式使用的时间过长的话，会使学习者在非焦点句中说出不自然的句末焦点语调。同时，课本的语言点多集中在句子谓语部分，因此句末的操练也远多于句首和句中。所以，“洋腔洋调”的形成，与汉语教师的操练方式和语言点的集中位置不无关系。

6.4 结论与讨论

6.4.1 结论

本文采用实验语音学的方法，着重考察了以韩国语为母语的韩国留学生汉语陈述句语调的习得情况，分析了韩国学生汉语陈述句语调的起伏度、字调域、词调域以及汉语四声的习得情况。

四声习得中，韩国学习者表现出阴平最易，去声次之，阳平和上声最难习得的状态，阳平上声相混，具有石化倾向，且大部分以单字调入句，不能习得上声的连读变调。

字调域普遍比母语者宽，起伏度大于母语者。调域比重分布上，按照句首、句中、句末的顺序依次扩展，类似于普通话句末强调焦点句，且很难习得汉语语调的同构规律，停顿次数也多于母语者。学习者的语调发展状态随学习时间的发展呈现“U 型”前部特征。这种中介语状态与母语迁移有关，也与汉语课堂训练方式有关。

语调上线起伏格式母语者差异较大，体现出语言的个性特征，中线和下线与母语者相似，体现出语言的共性特征。

但是学习者的中介语并非完全是母语的迁移，也表现出不同于汉语和韩国语的自有特征，这说明中介语在发展中自成系统。

6.4.2 讨论

6.4.2.1 重视语调教学

“洋腔洋调”一直是留学生说好汉语的一大障碍。究其原因，就是单字调进入语流中后，会因为边界、焦点、连读等原因改变原调，产生下倾、降阶、变调等改变。母语者凭借语感自然产生这些变化，而留学生却依然用单字调说句子，因而产生了所谓的“洋腔洋调”。另外，母语的影响和训练的方式及语言点集中位置都会作用于这些“洋腔洋调”，并使之加剧。如果不在学习的初期就特别强调这一点的话，这种语调必将会僵化下来而达到无法改进的地步。

然而，目前我们的教材中对语音教学的重视是远远不够的，语音教学仅仅停留在初级起步阶段的声母、韵母和声调教学，中高级的纠音中，一般也仅限于单字音，且中高级教材中基本没有语音教学的内容，这也是学生到高级阶段依然不能产出自然语调的原因之一。因此，我们必须提高对语调教学的重视，在各阶段加强语调训练。

6.4.2.2 以连读调为主的汉语语音可视化教学

在汉语语音教学中，我们不妨更多地用连读组代替单字调，不仅教会学生单字音，更多的是教学生二字组、三字组如何读，而不再强调发出饱满的单字调。教学中使连读组的训练远多于单字调。如此一来，学生每天听的说的都是连读调，以连读调入句，从而语调也会更加接近母语者，更加自然。

另外，我们应该更多地利用语音教学软件，通过软件的动态同步对比显示，使学生直观地看到四声在不同位置上连读时会有何种变化，化抽象为具象，不断地模仿、反复操练。长此以往，留学生"洋腔洋调"这一顽疾必将得到有效的改善。当然，具体如何训练才能真正使学生说出地道的中国话，还需要汉语教师们的不断努力和长期探索。

参考文献

卜友红 2004《英语语调的结构、功能及应用》,外语教学与研究出版社。

布龙菲尔德 1980《语言论》,赵世开、袁家骅、甘世福译,商务印书馆。

蔡莲红等 2001 汉语韵律特征的可计算性研究,载《新世纪的现代语音学——第五届全国现代语音学学术会议论文集》,蔡莲红等主编,清华大学出版社。

曹剑芬 1986 普通话轻声音节特性分析,《应用声学》第4期。

曹剑芬 1995 汉语普通话语句时长分布的基本格局,《中国语言学报》第7辑。

曹剑芬 1998 汉语普通话语音节奏的初步研究,载《语音研究报告》,中国社科院语言所语音室。

曹剑芬 2001 汉语韵律切分的语音学和语言学线索,载《新世纪的现代语音学——第五届全国现代语音学学术会议论文集》,蔡莲红等主编,清华大学出版社。

曹剑芬 2002a 普通话对话中韵律特征的声学表现,《中国语文》第6期。

曹剑芬 2002b 汉语声调与语调的关系,《中国语文》第3期。

曹剑芬 2005 音段延长的不同类型及其韵律价值,《南京师范大学文学院学报》第4期。

陈高鹏、胡郁、王仁华 2004 考虑语速和前后环境的基频 Target 模型及实现,《中文信息学报》第3期。

陈虎 2008a 汉语无标记类感叹句语调研究,《语言教学与研究》第2期。

陈虎 2008b 语调音系学与 AM 理论综论,《当代语言学》第4期。

陈小红 2007 "了$_1$"、"了$_2$"语法意义辨疑,《语言教学与研究》第5期。

陈肖霞 2001 频谱平衡在语音中作用的研究,载《新世纪的现代语音学——第五届全国现代语音学学术会议论文集》,蔡莲红等主编,清华大学出版社。

陈怡、石锋 2011 汉语北京话强调焦点句语调的起伏度,《南开语言学刊》第1期。见本书。

邓丹 2010《汉语韵律词研究》,北京大学出版社。

邓丹、陈明、吕士楠 2004 汉语去声和轻声音节的韵律特征研究,《语言科学》第3期。

邓丹、石锋 2009 普通话韵律词内部下倾度的初步分析,《南开语言学刊》第1期。见本书。

邓丹、石锋、吕士楠 2008 普通话双音节韵律词时长特性研究,《中国语音学报》第1辑。见本书。

地里木拉提·吐尔逊、古丽娜尔·艾力等 2011 维吾尔语陈述句语调的起伏度,《清华大学学报》第9期。

董秀芳 1998 述补带宾句式中的韵律制约,《语言研究》第1期。

范开泰 1985 语用分析说略,《中国语文》第6期。

方梅 1995 汉英对比焦点的句法表现手段,《中国语文》第4期。

冯隆 1985 北京话语流中声韵调的时长,载《北京语音实验录》,林涛、王理嘉等著,北京大学出版社。

冯胜利 1996 论汉语的"韵律词",《中国社会科学》第1期。

冯胜利 1997《汉语的韵律、词法与句法》,北京大学出版社。

冯胜利 2000《汉语韵律句法学》,上海教育出版社。

冯勇强、初敏、贺琳、吕士楠 2001 汉语话语音节时长统计分析,载《新世纪的现代语音学——第五届全国现代语音学学术会议论文集》,蔡莲红等主编,清华大学出版社。

根本晃、石锋 2010 日语声调核在陈述句语调中的表现,《南开语言学刊》第1期。

郭嘉 2010 英语语调实验分析研究,南开大学博士论文。

郭嘉、肖启迪 2010 英语陈述句语调起伏度实验分析,《南开语言学刊》第1期。

郭张凯伦、陆镜光 1986 香港粤语语调初探,《语文杂志》(香港)第13期。

何伟 2002 递归、嵌入与功能句法再分析,《外语学刊》第3期。

贺琳、初敏、吕士楠、钱瑶、冯勇强 2001 汉语合成语料库的韵律层级标注研究，载《新世纪的现代语音学——第五届全国现代语音学学术会议论文集》，蔡莲红等主编，清华大学出版社。
贺阳、劲松 1992 北京话语调的实验探索，《语言教学与研究》第 2 期。
胡明扬 1981 北京话的语气助词和叹词（上、下），《中国语文》第 5—6 期。
胡明扬 1987 关于北京话的语调问题，《北京话初探》，商务印书馆。
胡永利 2010 香港粤语句末语气词及语调声学语音初探，《粤语研究》第 6—7 期。
黄贤军 2007 汉语韵律短语切分及语调降阶和下倾研究，中科院心理所博士论文。
黄贤军、杨玉芳、吕士楠 2007 汉语语调降阶的实验研究，《声学学报》第 1 期。
霍凯特 1986《现代语言学教程》（上、下），商务印书馆。
金惠成 2012 韩国语（首尔话）陈述句语调的起伏度，《南开语言学刊》第 1 期。见本书。
劲松 2002《现代汉语轻声动态研究》，民族出版社。
孔江平、吕士楠 2000 汉语双音节调位的矢量量化研究，《声学学报》第 2 期。
拉波夫 2001《拉波夫语言学自选集》，北京语言文化大学出版社。
李爱军 1998 普通话韵律短语的时长特性分析，载《语音研究报告》，中国社科院语言所语音室。
李爱军 2002 普通话对话中韵律特征的声学表现，《中国语文》第 6 期。
李爱军 2005 语调研究中心理和声学等价单位，《声学技术》第 3 期。
李爱军 2008 情感句重音模式，《中国语音学报》第 1 辑。
李卫军、杨玉芳 2010 绝句韵律边界的认知加工及其脑电效应，《心理学报》第 11 期。
梁磊 2002 普通话轻声的音高模式初探，《语言研究论丛》第 9 辑。
梁磊、石锋 2010 北京话两字组音量比的分析，《南开语言学刊》第 2 期。见本书。
林焘 1983 探讨北京话轻音性质的初步实验，《语言学论丛》第 10 辑，商务印书馆。
林建平 2002 香港粤语句调研究，香港中文大学研究院哲学博士论文。
林茂灿 2000 普通话语句中间断和语句韵律短语，《当代语言学》第 4 期。

林茂灿 2002 普通话语句的韵律结构和基频(F0)高低线的构建,《当代语言学》第 4 期。

林茂灿、颜景助 1980 北京话轻声的声学性质,《方言》第 3 期。

林茂灿、颜景助、孙国华 1984 北京话两字组正常重音的初步实验,《方言》第 1 期。

林美玉 2006 普粤疑问语调对比实验研究,香港中文大学教育学部硕士论文。

刘丹青、徐烈炯 1998 焦点与背景、话题及汉语"连"字句,《中国语文》第 4 期。

刘红 2002 祈使句的显主语和隐主语,《外语与外语教学》第 7 期。

刘现强 2007 现代汉语节奏支点初探,《语言教学与研究》第 3 期。

刘勋宁 1990 现代汉语句尾"了"的语法意义及其与词尾"了"的联系,《世界汉语教学》第 2 期。

刘勋宁 1999 现代汉语的句子构造与词尾"了"的语法位置,《语言教学与研究》第 3 期。

刘珣 2000《对外汉语教育学引论》,北京语言文化大学出版社。

路继伦、林茂灿 2009 疑问句末基频"上升尾巴"与语气助词——赵元任先生"连续叠加"思想初探,《现代语音学前沿文集》,沈家煊等编,商务印书馆。

吕成国、韩纪庆、高文 2005 基于多路差别子空间的语速变化语音的识别,《计算机工程》第 3 期。

吕叔湘 1980《现代汉语八百词》,商务印书馆。

罗仁地 2005 焦点结构的类型及其对汉语词序的影响,载《焦点结构和意义的研究》,徐烈炯、潘海华主编,外语教学与研究出版社。

马宏程、谭明华 2009 祈使句的标记特征及相关解释,《湖北社会科学》第 2 期。

麦爱道 2004 普通话陈述句和疑问句对字调的影响,香港中文大学教育学部硕士论文。

麦耘 1998 广州话语调说略,载《广州话研究与教学》第 3 辑,郑定欧、蔡建华主编,中山大学出版社。

乔姆斯基,诺姆 2010 如何看待今天的生物语言学方案,司富珍译,《语言科学》第 2 期。

钱瑶、初敏、潘悟云 2001 普通话韵律单元边界的声学分析，载《新世纪的现代语音学——第五届全国现代语音学学术会议论文集》，蔡莲红等主编，清华大学出版社。

人民教育出版社、(日本)光村图书出版株式会社 2005《中日交流 新编标准日本语》(上、下)，人民教育出版社。

任绍曾 2010 信息单位与信息状态——试析语言信息的二分说与三分说，《外语教学与研究》第3期。

沈炯 1985 北京话声调的音域和语调，载《北京语音实验录》，林焘、王理嘉等著，北京大学出版社。

沈炯 1992 汉语语调模型刍议，《语文研究》第4期。

沈炯 1994 汉语语调构造和语调类型，《方言》第3期。

沈炯 1995 汉语音高系统的有声性和区别性，《语言文字应用》第2期。

沈炯 1998 汉语语调分类和标记方法试说，《语言文字应用》第1期。

沈炯 1999 汉语音高载信模型，载《中国语言学的新拓展——庆祝王士元教授六十五岁华诞》，石锋、潘悟云编，香港城市大学出版社。

沈炯 2003 运行中的语言，《语言科学》第2期。

沈园 2011 焦点的音系、语义与语用——焦点研究的新视野，《当代语言学》第3期。

石峰 1986 天津方言双字组声调分析，《语音研究》第1期。

石锋 1990 再论天津话声调及其变化，《语言研究》第2期。

石锋 1994 北京话的声调格局，载《语音丛稿》，石锋、廖荣蓉编，北京语言学院出版社。

石锋 1999 汉语语调格局在不同语速中的表现，载《中国语言学的新拓展——庆祝王士元教授六十五岁华诞》，石锋、潘悟云编，香港城市大学出版社。又收入《语音格局——语音学与音系学的交汇点》，石锋著，商务印书馆，2008。

石锋 2008《语音格局——语音学语音系学的交汇点》，商务印书馆。

石锋 2009《实验音系学探索》，北京大学出版社。

石锋、白学军、张锦玉、朱昭红 2009 呼吸话语节律的初步分析，《南开语音年报》第3卷。见本书。

石锋、梁磊 2008 试说当代汉语新方言，载《中国北方方言与文化》，严翼相、梁世旭主编，韩国文化社。

石锋、梁磊、王萍 2010 汉语普通话陈述句语调的停延率，载《研究之乐——庆祝王士元先生七十五寿辰纪念文集》，潘悟云、沈钟伟编，上海教育出版社。见本书。

石锋、冉启斌 2011 普通话上声的本质是低平调——对于《汉语平调的声调感知研究》的再分析，《南开语音年报》第 5 卷第 1 期。

石锋、王萍 2004 天津话声调的新变化，载《乐在其中——王士元教授七十华诞庆祝文集》，石锋、沈钟伟编，南开大学出版社。

石锋、王萍 2006 北京话单字调的统计分析，《中国语文》第 1 期。

石锋、王萍 2011 边界调和焦点调，《南开语音年报》第 5 卷第 1 期。

石锋、王萍、梁磊 2009 汉语普通话陈述句语调的起伏度，《南开语言学刊》第 2 期。见本书。

石锋、于秒、阎国利 2009 汉语句子阅读中基本阅读单元的眼动分析初探，《南开语音年报》第 3 卷。

石林、温宝莹 2012 “洋腔洋调”初探——美国学生汉语语调习得，《南开语言学刊》第 1 期。见本书。

孙颖、石锋 2012 普通话强调焦点句的停延率，《中国语音学报》第 3 辑。见本书。

索绪尔 1916/1982《普通语言学教程》，高名凯译，商务印书馆。

谭晶晶、李永宏、孔江平 2008 汉语普通话不同文体朗读时的呼吸重置研究，《清华大学学报(自然科学版)》第 1 期。

王安红、陈明、吕士楠 2004 基于言语数据库的汉语音高下倾现象研究，《声学学报》第 4 期。

王蓓、杨玉芳、吕士楠 2004 汉语韵律层级结构边界的声学分析，《声学学报》第 1 期。

王洪君 2000 汉语的韵律词和韵律短语，《中国语文》第 6 期。

王洪君 2002 普通话中节律边界与节律模式、语法、语用的关联，《语言学论丛》第 26 辑，商务印书馆。

王洪君 2003 试论汉语的节奏类型——松紧型，《第六届全国现代汉语语音学学术会议论文集》。
王洪君 2008《汉语非线性音系学——汉语的音系格局与单字音》(增订本),北京大学出版社。
王建勤 2010《第二语言习得研究》,商务印书馆。
王晶、王理嘉 1993 普通话多音节词音节时长分布模式,《中国语文》第2期。
王萍、石锋 2008 北京话一级元音的统计分析,《中国语音学报》第1辑。
王萍、石锋 2009 天津话声调新变化的再考察,《汉藏语学报》第3期。
王萍、石锋 2010 汉语北京话疑问句语调的起伏度,《南开语言学刊》第2期。见本书。
王萍、石林、石锋 2011a 普通话陈述句中的音高下倾和降阶,《中国语音学报》第3辑。见本书。
王萍、石林、石锋 2011b 普通话陈述句中句调域、群调域的同构性,《南开语音年报》第5卷第1期。
王士元 2002《王士元语言学论文集》,商务印书馆。
王士元 2008 宏观语音学,《中国语音学报》第1辑。
王维贤 2007《王维贤语言学论文集》,商务印书馆。
王韫佳 1996 轻声音高琐议,《世界汉语教学》第3期。
王韫佳 2004 音高和时长在普通话轻声知觉中的作用,《声学学报》第5期。
王作英、李健 2003 汉语连续语音识别的语速自适应算法,《声学学报》第3期。
吴洁敏、朱宏达 2000《汉语节律学》,语文出版社。
吴宗济 1982 普通话语句中的声调变化,《中国语文》第6期。
吴宗济 1984 普通话三字组变调规律,《中国语言学报》第2辑。
吴宗济 1988 普通话四字组变调规则,载《语音研究报告》,中国社科院语言所语音室。
吴宗济 1996 赵元任先生在汉语声调研究上的贡献,《清华大学学报(哲社科学版)》第3期。
吴宗济 1997 试论"人一机对话"中的汉语语音学,《世界汉语教学》第4期。
吴宗济 2002 中国音韵学和语音学在汉语言语合成中的应用,《语言教学与研究》第1期。

吴宗济 2004《吴宗济语言学论文集》,商务印书馆。
邢公畹等 1994《现代汉语教程》,南开大学出版社。
熊子瑜 2003 韵律单元边界特征的声学语音学研究,《语言文字应用》第3期。
徐烈炯 2005 焦点的语音表现,载《焦点结构和意义的研究》,徐烈炯、潘海华主编,外语教学与研究出版社。
徐烈炯、刘丹青 1998《话题的结构与功能》,上海教育出版社。
许毅 1986 普通话音联的声学语音学特性,《中国语文》第5期。
杨军 2009 语调切分的音系长度制约条件及其语言类型偏向,《当代语言学》第4期。
杨玉芳 1997 句法边界的韵律学表现,《声学学报》第5期。
叶军 1996 停顿的声学征兆,第三届全国语音学研讨会论文,中国社科院语言所。
尹洪波 2011 语气及相关概念,《江淮论坛》第3期。
张伯江 2005 功能语法与汉语研究,《语言科学》第6期。
张东宾、杜利民 2006 基于持续时间分布的鲁棒语速估计方法,《微计算机应用》第3期。
张洪明 2009 语言演变——基于形态句法扩散的实例研究,《南开语言学刊》第1期。
赵春利、石定栩 2011 语气、情态与句子功能类型,《外语教学与研究》第4期。
赵世开、沈家煊 1984 汉语"了"字跟英语相应的说法,《语言研究》第1期。
赵元任 1929/2002 北平语调的研究,《赵元任语言学论文集》,商务印书馆。
赵元任 1933/1992/2002 汉语的字调跟语调,载《中国现代语言学的开拓和发展——赵元任语言学论文选》,袁毓林主编,清华大学出版社。又收入《赵元任语言学论文集》,商务印书馆。
赵元任 1935/2002 国语语调(讲演),《赵元任语言学论文集》,商务印书馆。
赵元任 1959/1980《语言问题》,商务印书馆。
赵元任 1979《汉语口语语法》,吕叔湘译,商务印书馆。
赵元任 1980《中国话的文法》,丁邦新译,香港中文大学出版社。
郑秋豫 2008 语篇韵律与上层讯息——兼论语音学研究方法与发现,Language and Linguistics,9.3:659—719。

仲晓波、郑波、杨玉芳 2002 关于普通话韵律短语重音的实验研究，《声学学报》第 2 期。
周祖谟 1950《方言校笺》，中华书局。
祖漪清、陈肖霞 1999 连续语流中的音节延长及其作用，载《现代语音学论文集》，吕士楠等主编，金城出版社。

川上蓁 1956「文頭のイントネーション」，国語学，25，21—30。載『日本語アクセント論集』，61—75。
川上蓁 1963「文末などの上昇調について」国語研究，16，25—46。載『日本語アクセント論集』，274—298。
串田真知子、城生佰太郎、築地伸美、松崎寛、劉銘傑 1995「自然な日本語音声への効果的なアプローチ：プロソディーグラフ」『日本語教育』86 号、日本語教育学会。
国立国語研究所 1960『話しことばの文型(1)』，国立国語研究所。
国立国語研究所 1963『話しことばの文型(2)』，国立国語研究所。
前川喜久雄、五十嵐陽介、菊池英明、米山聖子 2004「『日本語話し言葉コーパス』のイントネーションラベリング Version 1.0」，『日本語話し言葉コーパス』，国立国语研究所。
上村幸雄 1989「日本語のイントネーション」『ことばの科学』3：193—220。
松崎寛 1995「日本語音声教育におけるプロソディーの表示法とその学習効果」『東北大学文学部日本語学科論集』，第 5 号。
藤崎博也 1989「日本語の音調の分析とモデル化—語アクセント・統語構造・談話構造と音調との関係—」『日本語と日本語教育 2　日本語の音声・音韻(上)』，明治書院，266—297。
窪薗晴夫 1995『語形成と音韻構造』，くろしお出版。

김선주 2000 「한국어 리듬패턴 변화에 관한 연구 2 음절 낱말을 중심으로(A Study on the change of Korean rhythm patterns with focus on two syllable words)」, 말소리 39(2000.6: pp.114), 한국음성학회.

김선철[Seon-cheol Kim] 1994 「국어 악센트 연구의 방향)」, 언어학 16(pp. 3—21), 한국언어학회.

김선철 2005 「국어 억양의 음운론(A Phonetic and Phonological Study on Korean Intonation with focus on Seoul dialect) 」, 서울: 경진문화사.

성철재[Seong, Cheol-jae] 1992 「표준한국어 악센트의 음향음성학적 연구(An Acoustic Phonetic Study of Word Accent in Standard Korean)」, 언어연구 6(pp. 39—64), 서울대학교 언어연구소.

성철재 1992 「표준한국어 악센트의 실험음성학적 연구(The Experimental Phonetic Study of Word Accent in Standard Korean)」, 말소리와 음성과학(pp. 43—89), 한국음성학회.

신지영[J.-Y. Shin] 1999 「한국어의 운율 단위와 경음화 현상(Prosodic units and tensification in Korean)」, 한국어학 10 (pp. 27—45).

신지영 2000/2004 「말소리의 이해」, 서울: 한국문화사.

유재원[J.-W. Yoo] 1988 「현대국어의 악센트 규칙에 대한 연구」, 성곡논총 第 19 輯.

이현복 [H.-B. Lee] 2002/2008 『한국어 표준발음사전 발음・강세・리듬 (Standard Korean Pronouncing Dictionary Sounds, Accent & Rhythm)』, 서울: 서울대학교출판부.

이호영 [Ho-yong Lee] 1987 「현대한국어의 악센트에 관한 연구」, 서울대학교 언어학과 석사학위논문.

이호영 1991 「한국어의 억양체계(The Intonation system of Korean)」, 언어학 13(pp. 129—151), 한국 언어학회.

이호영 1999 「국어 핵억양의 음향음성학적 연구(An acoustic phonetic study of Korean nuclear tones)」, 말소리 38(1999. 12: pp. 25—39), 한국음성학회.

정명숙 2002 「한국어 억양의 기본 유형과 교육 방안(The Teaching Method of Korean Intonation by Basic Pattern) 」, 한국어교육 13—1(pp. 225—241), 국제한국어교육학회.

한선희[Sun-Hee Han] 1998 「운율 경계의 음성적 특질 연구(A Study on

Properties of Prosodic Boundaries)」, 韩国音响学会誌 17.5(pp. 1221), 한국음향학회.

한선희 오미라 1999 「한국어 억양구의 경계톤(The Boundary Tones in Korean Intonational Phrases)」, 말소리와 음성과학 5—2(pp.109—129), 한국음성학회.

Bolinger, Dwight L. 1978 Intonation across languages, in: Greenberg, Joseph (ed.), Universals of Human Language. Vol. 2 (Phonology). Stanford: Stanford University Press.

Byrd, Dani, Krivokapić, Jelena, & Lee, Sungbok 2006 How far, how long: On the temporal scope of prosodic boundary effects. *Journal of the Acoustical Society of America*, 120(3): 1589—1599.

Cambier-Langeveld, T., & Turk, A. E. 1999 A cross-linguistic study of accentual lengthening: Dutch vs. English. *Journal of Phonetics*, 27: 255—280.

Chang, Nien-chuang 1958 Tone and intonation in the Chengdu dialect (Szechuan, China), Phonetica, 2: 59—85.

Chao, Y. R. (赵元任) 1968 *A Grammar of Spoken Chinese*. Berkeley. CA: University of California Pres.

Chen, Yiya 2003 Accentual lengthening in standard Chinese: evidence from four-syllable constituents, In EUROSPEECH, 793—796.

Chen, Yiya 2006 Durational adjustment under corrective focus in Standard Chinese. *Journal of Phonetics*, 34: 176—201.

Chomsky, N. 1970 *Deep structure, surface structure and semantic interpretation*. Cambridge: Cambridge University Press.

Conrad, B. & P. Schönle 1979 Speech and Respiration. *Archives of Psychiatry and Neruological Sciences*, 251—268.

Cruttenden, Alan 2002 *Intonation*. Cambridge University Press and Peking University Press.

Crystal, D. 1969 *Prosodic Systems and Intonation in English*. Cambridge: Cambridge University Press.

Crystal, D.1997 A Dictionary of Linguistics and Phonetics. Blackwell Publishers Ltd. 沈家煊译,《现代语言学词典》,商务印书馆。

Draper, M.H., Ladefoged P., D. Whitteridge 1959 Respiratory muscles in speech. *Speech Hear Res*, 2:16—27.

Ellis, R. 1985 *Understanding Second Language Acquisition*. Oxford: Oxford University Press.

Fawcett, Robin P. 2009 A Semantic System Network for Mood in English. *Journal of University and Technology Beijing (Social Science Edition)*, No. 2 and 4.

Fox, Anothony(霍冬尼), Kang-Kwong Luke(陆镜光), Owen Nancarrow(林家乐) 2008 Aspects of Intonation in Cantonese. *Journal of Chinese Lingyustic*, Vol36, No.2.

Fujisaki, H. 1996 Prosody, models, and spontaneous speech, computing prosody(Y. Sagisaka, N. Campbell and N. Higuchi, eds), Springer-Verlag, New York. 27—42.

Gósy, M., Terken, J. 1994 Question marking in Hungarian: Timing and height of pitch peaks. *Journal of Phonetics*, 22:269—281.

Guo, Jia, Feng Shi 2010 *The Fluctuation Scale of the Intonation of Statement and Declarative Question in English*, ICPhS 2011, Hong, Kong.

Gussenhoven, C. 1983 Focus, mode and the nucleus. *Journal of Linguistics*, 19.

Gussenhoven, C. 2004 *The Phonology of Tone and Intonation*. Cambridge: Cambridge University Press.

Halliday, M. A. K. 1967 *Intonation and Grammar in British English*. The Hague: Mouton.

Halliday, M. A. K. 1985 *An Introduction to Functional Grammar*. Arnold.

Halliday, M. A. K.& Williams S. Greaves 2008. *Intonation in the Grammar of English*. London: Equinox Publishing Ltd.

Hart, T. J., Collier R, Cohen A. 1990 *A perceptual study of intonation*:

an experimental phonetic approach to speech melody. Cambridge University Press.

Hirst, D.J., D. A. Cristo 1998 A survey of intonation systems. In Hirst, D.J., D. A. Cristo (eds). Intonation Systems: A Survey of Twenty Languages. Cambridge, Cambridge University Press, 1—44.

Jackendoff, R. S. 1972 *Semantics Interpretation in Generative Grammar*. MIT press.

Ladd, D. Robert 1996 *Intonational Phonology*, Cambridge: Cambridge University Press.

Ladefoged, P. 1968 Linguistic aspects of respiratory phenomena. Ann NYAcad Sci, 155:141—151.

Lambrecht, Knud 1986 *Topic, Focus, and the Grammar of Spoken French*. Ph. D. dissertation. University of California, Berkeley.

Lambrecht, Knud 1994 *Information Structure and Sentence Form: Topic Focus, and the Mental Representation of Discourse Referents*. Cambridge University Press.

Lambrecht, Knud 2000 *When subjects behave like objects: An analysis of the merging of S and O in sentence-focus constructions across language*. Studies in Language.

Laniran, Y. O. 1995 A Long-distance dependency in Yoruba tone realization. In K. Elenius & P. Branderud (eds.) *Proceedings of the* 13th *International Congressof Phonetic Sciences*, 2:734—737.

Laniran, O., G. Clements 2003 Downstep and high raising: interacting factors in Yoruba tone production. *Journal of Phonetics*, 31: 203—250.

Lehiste 1970 *Suprasegmentals*. M.I.T. Press. Cambridge, Mass.

Li, Aijun 1998 Durational characteristic of the prosodic phrase in Standard Chinese. Proceedings of the Conference on Phonetics of the Languages in China, Hong Kong.

Lieberman, P. 1967 *Intonation, Perception, and Language*. Cambridge,

The MIT Press, 20—26.

Liberman, M. & Pierrehumber, J. 1984 Intonational invariance under changes in pitch range and length. In M. Aronoff & R. T. Oehrle (eds.) *Language Sound Structure*. Cambridge, MA: MIT Press, 157—233.

Liu, F. and Xu, Y. 2005 Parallel encoding of focus and interrogative meaning in Mandarin intonation. *Phonetica* 62.

Ma, J. K. Ciocca, V., Whitehill, T. L. 2006 The Effects of Intonation Patterns on Lexical Tone Production in Cantonese. *Journal of the Acoustical Society of America*, 120 (6): 3978—3987.

Maclarnon, Ann M. & Gwen P. Hewitt 1999 The Evolution of Human Speech: The Role of Enhanced Breathing Control. *American Journal of Physical Anthropology*, 109: 341—363.

Maddieson, Ian. 1978 Universals of tone. In Joseph Greenberg (ed.), *Universals of Human Language*, Vol. 2 (Phonology). Stanford University Press, 335—365.

Palmer, Harold 1922 *English Intonation, with Systematic Exercises*. Cambridge: Heffer.

Passy P. 1930 *Outlines of Comparative Phonetic*. Shanghai: The Commercial Press, LTD.

Peng, Shu-hui 1997 Production and Perception of Taiwanese Tones in Different Tonal and Prosodic Contexts. *Journal of Phonetics*, 371—400.

Pierrehumbert, J. 1980 The phonology and phonetics of English intonation. PhD. dissertation. MIT, MA.

Pierrehumbert, Janet & Beckman, Mary E. 1988 *Japanese Tone Structure*. Cambridge, Mass: MIT Press.

Poser, W. J. 1984 The Phonetics and Phonology of Tone and Intonation in Japanese. Doctral dissertation, MIT, Cambridge, Massachusetts.

Rebuschi, G. & L. Tuller 1999 *The Grammar of Focus*. Amsterdam: John Benjamins.

Roach, Peter 2007 *English Phonetics and Phonology: A Practical Course*. Beijing: Foreign Language Teaching and Research Press (2nd edition).

Ryalls, J. H. & Behrens, S. 2000 *Introduction to Speech Science, From Basic Theories to Clinical Applications*. Needham Heights: Allyn & Bacon.

Selkirk, E. 1984 *Phonology and Syntax: The Relation Between Sound and Structure*. Mass: MIT Press.

Shih, C. L. 1988 Tone and intonation in Mandarin, *working Papers, Cornell Phonetics Laboratory*, No. 3:83—109.

Shih, Chilin 1997 Declination in Mandarin. Intonation: theory, models and applications. *Proceedings of an ESCA workshop*. Athens, Greece, 293—296.

Stewart, J. M. 1983 Downstep and Floating Low Tones in Adioukrou. *Journal of African Languages and Linguistics*.

Tseng, Chiu-yu 1990 An Acoustic Phonetic Study on Tones in Mandarin. *Academia Sinica Special Publication*, No.94. Taipei: Institute of History and Philology.

Tseng, Chiu-yu et al. 2005 Fluent speech prosody: Framework and modeling. *Speech Communication*, 46: 284—309.

Tseng, Chiu-yu & Su, Zhao-yu 2006 Corpus approach to phonetic investigation——methods, quanitative evidence and findings of Mandarin speech prosody, Oriental-COCOSDA2006, Penang, Malaysia, 123—138.

Turk, A. E., & Shattuck-Hufnagel, Stefanie 2000 Word-boundary-related durational patterns in English. *Journal of Phonetics*, 28: 397—440.

Turk, A. E., & Shattuck-Hufnagel, Stefanie 2007 Multiple targets of phrase-final lengthening in American English words. *Journal of Phonetics*, 35(4): 445—472.

van Heuven, V. J. and A. M. C. Sluijter 1996 Notes on the phonetics of word prosod. *Stress patterns of the world*. The Hague: Holland Academic Graphics.

Vanvalin, R. T. & Lapolla 2002 *Syntax: Structure, Meaning and Function*. 剑桥大学出版社授权北京大学出版社(影印本)。

Venditti, Jennifer 1997 Japanese ToBI Labelling Guidelines. In K. Ainsworth-Darnell and M. D. Imperio(Eds.) Papers from the Linguistics Laboratory, Ohio State University Working Papers in Linguistics. Vol. 50:127—162. [First distributed in 1995 at a web document.]

Wightman, C. W., Shattuck-Hufnagel, S., Ostendorf, M. & Price, P. J. 1992 Segmental durations in the vicinity of prosodic phrase boundaries. *Journal of the Acoustical Society of America*, 91(3): 1707—1717.

Wu, Zongji 1996 A new method of intonation analysis for Standard Chinese: frequency transposition processing of phrasal contours in a sentence, G. Fant et. al. (ed), Analysis, Perception and Processing of Spoken Language, Festschrift for Hiroya Fujisaki Elsevier Science, B. H. North Holland.

Wu, Guo 2001 A new approach to an old problem: on Chinese discourse LE. In Husken, Frans & Dick van der Meij (eds.), Reading Asia. Richmond: Curzon Press.

Xu, Yi 1997 Contextual tonal variations in Mandarin. *Journal of Phonetics*, 25:61—83.

Xu, Yi 1999 Effects of tone and focus on the formation and alignment of F0 contours. *Journal of Phonetic*, 27: 55—105.

Xu, Yi 2002 Sources of tonal variation in connection speech. *Journal of Chinese Linguistics*, monograph series, 17:1—31.

Xu, Yi and Xu, C. X. 2005 Phonetic realization of focus in English declarative intonation. *Journal of Phonetics*, 33.

Zhang, Lu, Yi-Qing Zu & Run-Qiang Yan 2006 Focus, Lexical Stress and Boundary Tone: Interaction of Three Prosodic Features. Chinese Spoken Language Processing Lecture Notes in Computer Science, Volume 4274, 67—75.

语调研究的实践与认识(代后记)*

语调实验的总结我们本来准备上学期期末讲的,后来因为事情太多没排上,现在开学先补上,以后再讲听觉实验的总结和叹词研究的综述。

我算了一下,语调的研究我们开始得很早,从1998年就开始了,我写了一篇文章讲不同语速的语调表现。后来到1999年,梁洁做失语症病人的声调和语调的实验研究,从那个时候到现在已经24年了,前后投入人力超过30人,这是力量下得最多的——梁洁、江海燕、邓丹、梁磊、温宝莹、王萍、杨晓安、黄彩玉、张锦玉、根本晃、郭嘉、向柠、贝先明、金熹成、石林、田野、孙颖、陈怡、曾炫、陶媛、燕芳、韩维新、王敏媛、郑晓杰、王毓筠、刘叶、阎锦婷、刘静、江姗、王丽莉,香港的刘艺也加入了,还有广西师大的同学也有研究。语调研究是重头。做听辨研究有多少人呢?我算了一下,有12个人。我说的这些人都不算我自己啊。做心理实验投入了8个人,如夏全胜做动词名词的ERP特征,于秒利用眼动做歧义结构。有的是跨领域的研究,如张锦玉利用呼吸带做语调研究。

下面主要讲四个问题:语调实验中的收获,语调研究当中的各

* 原为2012年9月3日在南开大学研究生沙龙上的讲话。

种关系，下一步的研究，方法和目标。

一 语调实验中的收获

现在我们做了这么多语调实验，就可以来讨论语调研究中的认识，讨论语调中的各种关系。如果没有做实验，没有实践，我们就不能够讲，因为我们不知道这里面有些什么奥秘。这也符合唯物论的认识论，实践—认识—再实践—再认识，所以我们在实验当中，一步一步地就懂的多一点，知道的多一点。

我们语调研究的中心是语调格局。《语调格局》一书已经拿到清样，版权页上印了两个项目：一个是社科基金的项目，陈述句的语调；一个教育部的项目，疑问句的语调。在这个基础上现在我们又增加了社科重点项目，做语气语调。我们还是要把语调放在一个重心位置。

总结过去的语调研究，我写过《语调格局》的序言，那里大概讲了语调研究的整个思路和过程，所以我们就不再多讲了。这里讲讲我们的收获。我们经过这么多人，这么长时间做实验，这么大的投入，得到的最重要的收获是什么啊？我们知道了语调具有层级性和系统性。过去我们只是说一个假设，因为语言是个系统，语调也肯定是个系统，实际上心里面并不是很有底气，但现在我们就底气足了。语调是一个系统，而且语调有一个格局，这个就有点儿把握了。因为我们已经从实践中得出来了，把格局都做出来了。我去年沙龙报告讲语调层级系统，里面有一个竖向的层级图，现在又做了一个横向的，给你们看一看：

- 语调层级
  - 上层 句调
    - 句群—句与句之间的相对关系
    - 复句(有标志、无标志、流水句)
    - 单句
      - 变式:焦点(强调、对比)语气(疑问、祈使、感叹)
      - 基式:陈述(自然)边界、下倾、变阶
  - 下层 词调
    - 短语—词与词之间的相对关系
    - 词(连调格局:二字、三字、四字)
    - 字(带调音节:声韵调格局)

上层是句调,下层是词调,句调加上句群,词调包括短语,最底下是单字,单字中有声韵调,都是成格局的。王洪君的书就是从音系方面讲单字音格局。我们以前做的元音格局、辅音格局和声调格局,实际上是在为语调格局这个大楼在打地基。多字组就是二字、三字和四字,单字调有格局,连读调也有格局。我们有人做过——邓丹、孟晓淋、陶媛,做的不很多。下层还有很多空白,需要深入。

句调的基式是自然焦点陈述句,或者叫无焦点。基式里面包括边界调、下倾和变阶。变式包括焦点,就是强调焦点,实际上还有对比焦点等等,不同的人对焦点有不同的分类。陈述是一种基本的语气,还有疑问、祈使和感叹,里面还可以再分,外面还可能再加。我们过去多是做单句,以后要注意复句。复句是我们将来要做的一个重点。复句中最多的是流水句。流水句的文章是胡明扬先生写的。他研究的面特别广,古今中外,什么都有兴趣。他只要研究一个领域,肯定就有创造,就能够达到这个领域的前沿。他研究《老乞大》复句的分类,自己搞出一套分类方法,跟现在的教科书都不一样,对我们研究句群、复句很有用处。他是要用形式标志来分复句的类别。什么叫形式标志?就是关联词语。有形式标志的下面有并列句、主从句。大量没有形式标志的作为一类别划分出来，里面再分排偶句、非排偶句。非排偶句就是流水句。流水句下面再分类。他这样分，对我们研究复句的语调就很有帮助。

为什么要把层级画出图表呢？画的好处是便于观察。能够直观地看到我们前进的轨迹，看到我们的进度，知道我们目前在哪个位置上。这图上一层一层的，实际上就是语言结构。语言是一座很大的山，横看成岭侧成峰，从语法方面看，从语义方面看，我们是从语音韵律、从语调方面来看，都能看到语言的系统。

陈述句包括肯定句、否定句、连动式和兼语式，还有把字句、被字句、存现句、话题句。学语法的时候都应该学过。刘叶做出"了$_1$"和"了$_2$"的语音表现，我很高兴。还有其他助词也要做。

我们的重点在变式。基式还有一些问题要继续深入，但是重点要放在变式上。主要就是语气调和焦点调，这两个是有联系的。其实语调问题主要是语气调，大家关注的就是语气调。我们现在对语气调做得还很少很少，刚刚开始，因为我们从声调格局开始，一直在做打基础的工作，打了二十多年。现在才开始接触到语调的重点问题、核心问题，要害就在语气调。我们只做了一点点语气调的试探性工作，刚刚接触到重点。

语调层级系统是我们语调研究一个很大的收获，里边很多内容都是我们通过实验得出来的。另外一个收获就是我们知道了语调和语气不是一回事。表达语气并不唯一，有多种形式，语调只是其中的一种形式。胡明扬老师有一篇文章叫作《北京话的叹词和语气助词》，那里面讲得很清楚。语调表达语气，语气助词也表达语气，另外有些词汇意义和句法形式也可以表达语气。如疑问句有疑问助词和疑问代词,同样可以表达疑问。所以语调的功能并不唯一。这是很重要的一个原则。胡老师有这样一个很重要的论述,有这样的一种理论,我们用实验的办法去证实它确实如此。所以我们的收获还是不小的。

实际上我们做了这么多年,就是在从下层到上层,先找到立足点,再一步一步地攀登,先易后难。如果说过去做的已经不是很简单的东西,但是那还是比较容易的问题。容易的事情我们先把它做了,最难的放到后面。最难的现在要开始干了。怎么干呢?要多动脑筋思考,多做实验探索。把这两方面结合起来,就能有所发现,有所前进。

二 语调研究当中的各种关系

这里我要讲语调研究中涉及的宏观和微观的一些重要关系。

第一,我在考虑人和动物之间的关系。语气、感情,这是比较原生性的东西,原始的东西。所以,越是原始的东西,越能和动物找到共同点。我曾经在给本科生讲课的时候讲到思维问题。我先不讲动物有没有思维,我先问他们:“感情算不算思维?”他们说:“感情算思维啊。”我说:“学习算不算思维?”“学习算思维啊。”那么,“动物有没有感情?”“动物也应该有感情。”“动物会不会学习?”“动物也会学一点东西。”实际上,动物应该是有思维的,动物之间也有交际。当然有好多人反对,说人怎么能跟动物画上等号,其实人就是高级动物,就是灵长类。现在有人叫动物学人说话,学不来就证明动物没有语言,这很不公平。应该叫人去学动物的交际,看看结果怎么样。语言表现情绪，表达感情，越原始，共性会越强。

语调最原始的部分带有人类语言的共性。语调共性最早是听荷兰的文森特讲的，赵元任很早也提到过这个意思。语言当中有各个语言的个性，也有各种语言之间的共性。个性的东西往往是后起的、继发性的；共性的东西往往是比较早的、原生性或原发性的。语调中有很强的共性。各个语言当中，各个方言当中，不管你懂不懂，但是根据说话的音高啊、说话的快慢啊、轻重啊，你就能够知道他是什么样的语气，基本上能够感觉出来。因为这是原始的。

我还讲过镜像神经元的问题。正好，曾志朗教授要到天津开第三世界院士会议，他是台湾中研院副院长，中国神经语言学第一人。我们 1991 年在美国就认识了，这次我请他开会中抽出时间来，讲一讲对于汉语的语音和汉字的最新的神经语言学的研究进展。他在台湾的一个研究小组专门研究镜像神经元。一开始意大利科学家在猴子的脑子里发现有镜像神经元，后来有更多人研究，发现人的大脑里的镜像神经元比猴子要多，还有镜像神经元的中心，和语言中心相重合。这对于人类认知、语言、文化的发生具有重要意义。镜像神经元的意义不亚于 DNA 的发现对生物遗传学的重要性。实验证明，婴儿是透过模仿来学习的，而不是皮亚杰所说的“婴儿是透过学习才会模仿”。我们在研究语调的时候，要考虑到这一点。我写索绪尔的任意性那篇文章实际就是语调研究的副产品。镜像神经元国内很少有介绍，很奇怪。

第二就是语言和非语言的关系。什么是非语言？我们在讲语音的时候讲过，一定是代表语言意义的声音，才是语音。不代表语言意义的声音，虽然是人的发音器官发出来的，也不能叫语音。比如说哭啊、受伤疼得直叫、痛苦发出的呻吟、高兴时的笑声，都不能叫语音，还有咳嗽、哈欠等等。非语言和语言的界限并不是不可跨越的鸿沟。疑问还好，我们可以分类；祈使也有强弱的分别。比如说这个感叹语气就复杂了。有人在研究情感语调。情感调和感叹调有什么区别呢？这个界限怎么划呢？所以语言和非语言中间有一个过渡带。

对叹词的分析是一个很重要的问题。叹词在语言系统当中是一个边缘词类，它的语音不进入语音系统。因为一个叹词可以有各种各样的变化。我已经看到至少有三篇重头文章。有两篇是刘丹青写的。一篇叫作《叹词的代句性》。一个叹词，就可以代替一个句子。我曾经跟郑晓杰讲过，“唉，又输了！”开头的叹词“唉”的调型，跟后面“又输了”的调域的起伏正好是一样的。她实验后告诉我确实如此，我听起来就是这样。“欸，你来了？”也是一样，前面“欸”的曲线是升的，后面也是上升的调域，很有意思。当然，刘丹青主要从语法方面来说明叹词的代句性。最近他又有一篇《叹词的去叹词化和实词的叹词化》。叹词本是在语言的边缘，它可以进到语言核心。“哈哈，你真可笑。”到“我哈哈大笑。”再到“你别打哈哈。”这个“哈哈”就去叹词化了，进到语言系统里来了。实词也同样可以叹词化，“天哪，怎么办哪？”“我的妈哟，真可怕！”“天”“妈”本来是在语言系统中心的，到这儿叹词化了。所谓的独立成分，都具有叹词性。还有一篇是南京马清华写的《论叹词形义关系的原始性》，叹词是现代语言里的化石。它的价值就像远古动植物的化石，使我们能看到当时的情景。语言的原始状态我们不知道，叹词“保留着语言初始期的遗迹。认真考察叹词的各种特征，有利于破解语言产生之谜”，让我们了解远古人类语言是怎么发生发展起来的。所以语言和非语言的关系是值得我们非常注意的事情。

第三个是语音、语法、语义的关系，包括语用。我们不能单打一地搞语音，搞语法。都说汉语是单音节语素，英语多是一个词有几个音节。英语也有单音节的词，像 dog、cat、go。现在我们知道，汉语字音叫带调音节。什么叫音节？发音的自然单位。这个不能算是语素。语素的语音形式是带调音节，就是一定要带调，单个的音节不表示任何意义。英语也同样，英语叫带重音的音节，一定要有这个重音的标志，它才能够代表意义。所以语音和语义、语音和词汇、语音和语法，这个是不能够分开的。真正想在语音学上做出成绩来，不去研究词汇、不去研究语义、不去研究语法，是做不出来的。特别是语调研究，语调研究如果不和词汇、语义、语法以及语用结合在一起，寸步难行，即使做出来，也是漏洞百出。所以我们提倡语音、语法、词汇、语义、语用都要去学，然后你再来研究语调，得心应手。

第四个关系是词调和句调的关系。因为我们现在做的实验句都比较短，所以是字调、词调、句调这样分成三层。实际上，这是最简单的一个划分。字调组成词调，词调组成句调，实际上中间还应该有一个短语调。按照音系学的说法，可以分成七级。词调和句调，一个是下层，一个是上层。沈炯曾经讲过，声调是音节水平上的音高调整，语调是对于全句各部分调域的调整，这中间还有一个词调和短语调。词调和短语调是以单字调为基础的连调。单调到连调肯定是变的。只要连起来都会变，只不过要看调位有没有发生变化。像普通话就是上上相连，前字变调。如：“油井”和“有井”，我们听起来是一样的，但是在发音的时候，实际是有差别的，这种差别可能会反映在语调当中。本来的阳平调在语调当中是很随便的，总是在调域的上下限之间浮动，不稳定；由上声变调的阳平，却大都在调域的上限。这可能有点物极必反、矫枉过正的效应。这可能影响到语调的调域变化。

词调是解决意义的问题。句调实际上就是调域的扩展或压缩，时长的加大与缩短。句子内部的停顿，实际上多是结尾的延长。句和句之间有空白停顿。这就是词调和句调的关系。短语调是词调和句调之间的结合部。我们为什么没有专设短语调，因为在前一段的语调实验当中用的都是比较短的句子。其中的动宾短语，如“修收音机”，我们可以把它作为一个单位，也可以作为两个单位来处理它。

要研究活的语言，从现象中看出语调的特征。一方面是通过形式认识本质，更重要的是了解本质才能更深入地认识形式。感觉到了的东西我们不能立刻理解它，只有理解了的东西才能更深刻地感觉它。你认识不到语调的本质是调域的变化，怎么能做出语调格局呢？阳平和上声明明是不同的调位，有人就是找不出边界。他把上声的调型定错了，定成214，和阳平去找界限。怎么找呀？我们把上声本质看为低平调，边界就得出来了。所以语调的问题，语言的问题，你认识得越清楚，实验设计就更合理，也就越能够得到其中的特征和规律。

第五个就是基式与变式的关系。语调的基式就是任何一个语气都可以用它。疑问句用它，感叹句用它，命令句也可以用。用陈述语调的时候，表达命令是靠词汇意义。如果又带有命令的词汇意义，又有命令句的语调，那这个命令就很强，很厉害了。疑问句也是一样，又有疑问词，又有疑问语调，就使它的疑问程度加强。其他都是这样。我们当时叫基式，是很重要的术语。基式就是基本式，任何东西都可以用它。基式就是默认形式，默认的另外一个说法叫缺省，就是无标记的。从这一点又可以看到语音和语法、词汇都是打通的。

基式表达不同的语气要用词汇手段，有的也要用句式的手段。变式表达语气就是用语音手段，也可以加上词汇手段和句式变化。变式就是用语音手段表达不同语气的一种方式。基式和变式可以相互对比来发现它们的特征。所以我们要先做基式的实验，然后再做变式实验。这等于先有一个立足点，然后再扩大。做任何事情都是这样，一步一步，先易后难，不断前进。

第六个就是单句、复句、句群之间的关系。王萍已经做过字调域在词调域里的表现，词调域在句调域里的表现，都是一种近似同构的关系。同构关系就是拷贝关系、模仿关系、相似关系、递归关系。递归是语法上的术语。由此我们可以推想，单句和复句是不是也有这样的关系，然后句子和句群是不是也有这样的关系，或者是在这样的关系基础上进行调节。我们可以照着这个思路再去设计一些实验。

第七是语气表达的手段之间的关系。前面讲了语气表达手段有几种，词汇意义是实词的意义，像疑问代词是实词；疑问助词、语气助词属于虚词。实词、虚词、句式、语调、语境这些都可以表达语气，它们之间有哪些关系，是互补的关系还是叠加的关系？互补的时候怎么互补？叠加的时候怎么叠加？还有它们在语音表现上的量化程度怎么样？这些都是很重要的，语调表达语气的作用并不唯一。语调的作用有限度。但是只要一个人说出句子就有语调，所以语调又是不可缺少的。此外成句的语调和不成句的语调，说一个词、一个短语和说出一句话来，这个语调有什么差别？首先是特征点，还要有量化，做到心中有数。

第八个关系到不同语言、方言的语调研究。我们为什么要研究英语的、日语的、韩语的、还有粤语的语调？就是要看语调有什么共性和个性的表现。有的相同，是共性的；有的不同，是个性的。如焦点调就有不同表现。有的焦点后的调域有一个大的落差，压缩得很厉害。汉语、英语、日语是这样的，但有的就不是这样的，如我们做的粤语，就没有明显的落差。许毅把它作为一种类型的划分。其实焦点位置上调域扩展的凸显表现都一样。这些邻接成分的陪衬的表现，在不同的位置、不同的语言之间有差异。

不同语言之间，还有一个重要的方面就是研究二语习得、语言接触，其中的语调都有怎样的表现。中国人学外语和外国人学汉语都会出现这种语调上的问题，洋腔洋调或者土腔土调。林焘先生很早就提出解决洋腔洋调的问题。我们也开始做了几种实验研究，有了一些初步了解。还需要进一步去探讨。究竟是他对语音的掌握不熟练，还是对语义的理解有问题？其中有哪些规律性？这对于汉语的二语习得和教学都有理论上和应用上的意义。

以上这八种关系是我们在语调实验研究中的认识和思考。

三 下一步的研究

我们至少还要增加5到10个人，才能把语调研究初步做出眉目。第一个是要拓展，扩大范围，另一个是要深入，条分缕析。要以语气语调为中心，跟陈述句对比参照。陈述句也要再加不同的焦点、不同的句式。疑问句要划分成不同的类别，不同情况下的强疑问和弱疑问。祈使句也有命令、请求、乞求的不同。口令是最强的，像大一新生军训时教官发的口令。感叹句要从叹词入手，把感叹的各种类型做出来。

一定要分类去做，量化得出的结果才好相互对比。如果把口令和其他句子混在一起，其中的特征都相互遮掩了，就像把几张透明胶片写上字叠在一起，你怎么认出来？一张一张地分开来看，立刻就一目了然。其实分类就是分层，分类是研究的基础，也是成功的关键。

以语气语调为重点，以声学分析为基础，起伏度、停延率、音量比，这是研究语调的三件法宝。"工欲善其事，必先利其器"嘛。以声学数据作为依据，展开听觉、呼吸、眼动、脑电研究，相互结合，立体式研究。其实生理、物理、心理都是有联系的，有对应关系的。张锦玉研究呼吸得出，一个句子的呼吸是有节奏的，可以量化为呼吸度。这跟我们做出来的时长停延率、音高的起伏度能够对比分析。人说话的时候，呼吸的快慢强弱不是用大脑来指挥的，而是以语义表达的心理体认，不自觉地、无意识地调整。分析说话人的呼吸曲线可以开启新的窗口来看语义表达的方式。在语调听觉方面,以前江海燕、曾炫做过一些工作,主要用莱顿大学文森特的方法,以后我们要继续进行下去。眼动、脑电我们也都启动了,开始有了硕士论文和博士论文。眼动就是在一句一句阅读的时候,眼睛注视点怎么停留、怎么变化。大脑的研究怎么跟语调联系,心理所杨玉芳老师做的工作对我们很有启发。这些都要先找到突破点,边学边做。

在研究对象方面,要进行中国人说母语跟外国人讲汉语,儿童讲汉语跟成人讲汉语的比较研究。把外国人讲汉语跟中国成人讲汉语进行比较;把外国人讲汉语跟中国儿童讲汉语进行比较,相互对照;然后再跟方言区人讲普通话做比较。普通话、方言、民族语、外国语,我们说有语感,萨丕尔叫语言直觉,比如维吾尔族人说汉语,就有他们的特点,我们一听就知道是哪儿的人。我们把这种感觉、直觉变成数据、变成图形,从中找出量化的证据。相同的方案,同一个设计,可以用于不同的对象,得到的结果可以相互对比,拓展我们的认识。

四 方法和目标

语言研究应该有一个中心,两个基本点。一个中心是语言系统的理念。体系的研究,格局的研究是中心,语调就是其中的一个子系统。两个基本点就是两种基本的研究方法:一个是量化,不管多么复杂,把它量化成百分比,就会心中有数。这是一个现代研究的基本思路。另一个是对比,横向的、纵向的,从不同的角度来进行对比,尤其是量化的对比。人类的发现都是从比较中得出来的。

语言学就是从比较开始的，这是一个传统的研究思路。一个现代的，一个传统的，古今结合，继承发展，缺一不可。

在研究方式上面要大力提倡开放性的研究：参与人员的开放、理论方法的开放、眼界胸怀的开放。这是相互联系的。人员的开放，不只是南开大学的人来做，其他的人来做都可以。北京的人、兰州的人、广西的人、四川的人、广州的人、香港的人，包括国外日、美、韩、欧洲的人来做，都欢迎。现代科学是要集体性地、团队性地来进行研究，合作式地、交流式地进行研究。个体户式的小作坊搞不出什么名堂。

理论方法的开放，我们的理论和方法公开透明，谁愿意学我们都高兴教给他们。每年办语音班就是请进来，公开我们的方法，还有走出去，到北京去讲，大连去讲，河北去讲，哪里需要到哪里去教。理论可以看书看文章，方法有的就要当面学才方便。有的人思想很狭隘，很保守，自己的方法保密。像幼儿园小孩一样，自己的仪器不许别人用，甚至语料库也垄断起来。他们哪里知道，你的方法用的人越多，越有价值，我们的 T 值、V 值、Q 值等，希望大家都去用。国家经费成百万成千万花出去，仪器没人用等于废铁，语料库没人用就是垃圾，只能哄骗去视察的领导。有些领导也是做样子走过场，就不会多问一句：你们用这仪器做出哪些研究？你们用语料库做出多少成果？

眼界胸怀的开放很重要。在语言学外部要跨学科，文、史、哲、社会、经济、法律，文科当中首先要打通；再要文理结合，把心理、生理、物理都结合起来，量化离不开数学的统计。当然，由于语言现象不同于自然现象，所以自然科学的方法一定要根据语言学的特点有所变通,才能适合用来分析语言现象。在语言学内部则要跨边界和跨领域,语音、语法、词汇、语义、语用,以及古代、现代,这些都把它打开,都要去看一看,都要去关心。学无止境,科学无禁区。不要给自己划禁区,不敢越雷池一步,也不要给别人划禁区,这是我的地盘,别人不得进入。在开放面前我们都要学习,学会合作,学会交流,学会学习。学习前辈学者,学习国外学者,学习同行学者,同时要在实践中学,在实验中学。现代科学最重要的特点就是合作,所以我们要有合作的心胸。老师和同学合作,同学和同学合作,老师和老师合作,南开和外校的师生合作,中国的和外国的学者合作,那我们就一定会成功。

最近《中国社会科学报》一篇讲复制性研究的文章说,我们社会科学的定量研究应该可以被再现,需要学术透明化和开源机制,使数据和方法能在更大范围交流。这个开源机制应该就是我们讲的开放性。语言学,不管是中国的、外国的还是不同流派的,研究对象都是语言,所以是一种集体性的学术事业。横向具有集成性,纵向具有继承性。例如形式派、功能派、认知派,各领风骚。语法研究有词本位、短语本位、句本位,还有字本位,各有自己的本位,谁也不可能一手遮天。横看成岭侧成峰,百花齐放才是春,学术上只有一种声音会很危险。所以横向需要集成,就是要和其他学者互相借鉴、互相交流。我们的研究是很多前辈学者努力的积累,不是像孙悟空一样从石头缝里蹦出来的。科学不断发展,长江后浪推前浪。前人有前人的贡献,后人总应比前人更先进,可是绝不能以现在的认识去苛求前人。要像王士元先生讲的,站在前人肩上,不要总是站在前人脸上。这是尊重学术的继承性。开放性研究可以把个人的学术进步跟学科的长远发展融为一体，我们应该大力提倡。

最后是我们总的研究目标。我们做了这么多的实验，测算、分析，写文章，到底是要解决什么问题呀？目标是什么呢？总的目标就是要揭开人类语言的秘密。胡明扬老师早就说过：长期以来，对各种语法理论、语法体系和语法分析方法只有主观评价而缺乏客观的验证。所以我们用实验来验证理论，同时，用实验来发现规律，建立理论。用实验建立的理论是最科学的、最可靠的。

我对总结性的、概论性的东西也愿意做，但是见到挑战性的、探索性的新东西，立刻就把我吸引过去了。以前我说"语调是语言学家永远的诱惑"，实际上是讲我自己，它总是诱惑我去揭开它神秘的面纱。语调是很微妙的东西。现在又多一个，听觉也很神秘、很微妙。挑战性的、探索性的东西有更大的诱惑性，因为做这些事乐趣更多一些。

马克思说过："最先朝气蓬勃地投入新生活的人，他们的命运是令人羡慕的。"我曾经在语音班通知中写过这句话。你们做的是没有人做过的探索性研究，所以你们进入新生活了。你们要是被动地老师让我做，只好去做，你们就不幸福。要朝气蓬勃地投入研究，那么你们的命运就是让人羡慕的。这也就是王士元先生讲的：乐在其中。让我们一起，忙并快乐着，累并快乐着，苦并快乐着。

石锋

2012年9月15日

定稿于南开园马蹄湖畔